U0616417

高等职业教育铁道供电技术专业系列教材

牵引供电系统
继电保护及自动装置

朱　申　　刘明晓　　王志英　编著

西南交通大学出版社
·成都·

图书在版编目（CIP）数据

牵引供电系统继电保护及自动装置 / 朱申，刘明晓，
王志英编著. -- 成都：西南交通大学出版社，2024.7.
ISBN 978-7-5643-9883-5

Ⅰ. U224.4

中国国家版本馆 CIP 数据核字第 20240LM359 号

Qianyin Gongdian Xitong Jidian Baohu ji Zhidong Zhuangzhi
牵引供电系统继电保护及自动装置

朱　申　刘明晓　王志英　著

责 任 编 辑	黄淑文
封 面 设 计	原谋书装
出 版 发 行	西南交通大学出版社
	（四川省成都市金牛区二环路北一段 111 号
	西南交通大学创新大厦 21 楼）
营销部电话	028-87600564　028-87600533
邮 政 编 码	610031
网 　 址	http://www.xnjdcbs.com
印 　 刷	四川森林印务有限责任公司
成 品 尺 寸	185 mm × 260 mm
印 　 张	13.75
字 　 数	342 千
版 　 次	2024 年 7 月第 1 版
印 　 次	2024 年 7 月第 1 次
书 　 号	ISBN 978-7-5643-9883-5
定 　 价	45.00 元

前　言

　　该书是根据全国铁道职业教育教学指导委员会制定的高等职业学校铁道供电技术专业建设指导标准进行编写的，书中配套资源是铁道供电技术专业国家级教学资源库中的资源。

　　本书采用以任务驱动、实时理实一体化的教学模式，结合变电检修工工作实际，注重对学生职业能力的培养，实现了"教、学、做"一体化的教学过程，突出以职业能力培养为主线的高职教育特色，是探索高职高专教育特点的新形态教材。

　　本书在编写过程中将常规的继电保护和自动装置与微机保护相结合，内容包括继电保护基础知识、微机保护的原理及实现方式、牵引供电系统的元件保护、自动装置和综合自动化装置预防性试验等方面。为了提升学生学习效果，将书中的重点及难点部分做成数字化资源供学习者学习。

　　本书由西安铁路职业技术学院朱申、刘明晓和中国铁路西安局集团有限公司王志英编著，具体编写分工如下：朱申编写了课题四的内容二；刘明晓编写了课题一的内容一、二、四，课题二的内容一、二、三，课题三的内容一、三、五至八，课题四的内容一、四和课题五；王志英编写了课题三的内容二和课题四的内容三。另外，西安铁路职业技术学院娄刘娟、张京一、郑学伟也参与了部分内容的编写，其中娄刘娟编写了课题一的内容三，张京一和郑学伟编写了课题一的内容四和课题二的内容四；郑学伟编写了课题二的内容四和课题三的内容五。全书由朱申统稿。

　　由于作者理论水平和实践经验有限，书中错漏之处在所难免，恳请读者批评指正。

编　者

2024 年 3 月

目 录

课题一 继电保护基础知识

1. 知识目标

（1）正确理解继电保护的基本工作原理。

（2）掌握继电保护三个组成部分的动作逻辑关系。

（3）掌握继电保护四个基本要求的内涵。

2. 能力目标

（1）根据运行参数能够正确判定牵引供电系统的运行状态。

（2）能够熟练地进行电磁型继电器的定值读取和性能校验。

（3）掌握继电保护基础元件的工作原理及使用方法。

3. 素质目标

（1）树立正确的学习态度，学会主动查阅学习资料。

（2）养成自觉学习的好习惯。

（3）实践操作过程中注重团队协作意识的培养。

课题一课件

内容一 供电系统的运行状态

牵引供电系统的运行状态

一、正常工作状态

电力牵引供电系统是指从电力系统或一次供电系统接受电能，通过电压、变相或换流（将工频交流变换为低频交流或直流电压）后，向电力机车负荷提供所需电流制式（交流或直流）的电能，并完成牵引电能传输、配电等全部功能的完整系统。一般将电能通过的设备称为牵引供电系统的一次设备，如变压器、断路器、母线、输电线路、补偿电容器、接触线等；对一次设备的运行状态进行监视、测量、控制和保护的设备，称为牵引供电系统的二次设备。牵引供电系统中的某些设备，随时都有因绝缘材料的老化、制造中的缺陷、自然灾害等原因出现故障而退出运行的可能。牵引供电系统运行状态是指系统在不同运行条件下的系统与设备的工作状况。根据不同的运行条件，可以将系统的运行状态分为正常状态、不正常状态和故障状态。牵引供电系统运行控制的目的就是通过自动和人工控制，使系统尽快摆脱不正常状态和故障状态，能够长时间地在正常状态下运行。

二、常见的不正常工作状态及其危害

因负荷潮流超过电气设备的额定上限造成的电流升高（又称为过负荷），系统中出现功率缺额而引起的频率降低，发电机突然甩负荷引起的发电机频率升高，中性点不接地系统和非有效接地系统中的单相接地引起的非接地相对地电压的升高，以及电力系统发生振荡等，都属于不正常运行状态。

电流超过额定值引起的过负荷，使电气设备的载流部分和绝缘材料的温度超过散热条件的允许值而不断升高，造成载流导体的熔断或加速绝缘材料的老化和损坏，可能发展成故障。电压的升高有可能超过绝缘介质的耐压水平，造成绝缘击穿，酿成短路；照明设备的寿命将明显缩短，例如白炽灯在电压长期升高+10%时寿命将缩短一半；变压器和电动机由于铁芯饱和，损耗和温升都将增加。电压过低时，对于占负荷比重最大的异步电动机转差增大，转速降低，绕组中电流增大，温升增加，寿命缩短；转速的降低致使其拖动的发电厂用机械（如风机、泵等）出力将减小，影响到锅炉、汽轮机和发电机的出力；用户的电热设备，将因电压的降低而减少发热量，使产品产量和质量下降。另外，电压过大偏移还会引起电力系统无功潮流的改变，增加有功损耗等，不利于系统的经济、安全运行。用电设备都是按照额定频率设计和制造的，只有在额定频率附近运行时，才能发挥最好效能。频率变化对用户的不利影响主要有：频率变化引起异步电动机转速变化，由此驱动的纺织、造纸等机械制造的产品质量受到影响，甚至出现残次品；电动机转速和功率降低，导致传动机械的出力降低；工业和国防部门使用的测量、控制等电子设备将因频率的波动而影响其准确性和工作性能，甚至无法工作。

因此必须识别牵引供电系统的不正常工作状态，通过自动和人工的方式消除这种不正常现象，使系统尽快恢复到正常运行状态。由于不正常工作状态对用电设备造成的经济损失与运行时间的长短有关，加之引起不正常工作状态的原因复杂，一般由继电保护装置检测到不正常状态后发出信号，或延时切除不正常工作的元件。

三、故障状态及其危害

牵引供电系统的所有一次设备在运行过程中会由于外力、绝缘老化、过电压、误操作、设计制造缺陷等原因发生如短路、断线等故障。最常见同时也是最危险的故障是发生各种类型的短路。在发生短路时可能产生以下后果。

（1）通过短路点的短路电流和所燃起的电弧，使故障元件损坏。

（2）短路电流通过非故障元件，由于发热和电动力的作用，会使其损坏或缩短其使用寿命。

（3）部分地区的电压大大降低，将使大量设备的正常工作遭到破坏或产生废品。

（4）破坏电力系统中各发电厂之间并列运行的稳定性，引起系统振荡，甚至使系统瓦解。

各种类型的短路包括三相短路、两相短路、两相短路接地和单相接地短路。不同类型短路发生的概率是不同的，不同类型短路电流的大小也不同，一般为额定电流的几倍到几十倍。大量现场统计数据表明，单相接地短路次数占所有短路次数的85%以上。

故障和不正常运行状态都可能在系统中引起事故。事故，是指系统或其中一部分的正常工作遭到破坏，并造成对用户少送电或电能质量变换到不能允许的地步，甚至造成人身伤亡和电气设备损坏的事件。事故的发生，除了由于自然的因素（如遭受雷击、架空线路倒杆等）以外，可能由于设备制造上的缺陷、设计和安装的错误、检修质量不高或运行维护不当而引起，还可能由于故障切除迟缓或设备被错误地切除，致使故障发展成为事故甚至引起事故的扩大。

内容二　继电保护的基本原理及其组成

一、保护的作用及概念

电力系统在运行中，可能出现各种故障和不正常运行状态，最常见同时也是最危险的故障是发生各种形式的短路。表 1-1 列出了输电线路各种短路故障的示意图、表示符号及一般情况下的概率。除了短路故障外，还可能发生输电线路的断线故障，或在不同地点同时发生上述某几种故障的复故障。

短路形式及危害

表 1-1　短路故障的示意图、表示符号及一般情况下的概率

短路类型	示意图	符号	概率
三相短路		$k^{(3)}$	5%
两相短路		$k^{(2)}$	10%
两相接地短路		$k^{(1,1)}$	20%
不同地点两相接地短路			
单相接地短路		$k^{(1)}$	65%

电力系统中电气元件的正常工作遭到破坏，但没有发生故障，这种情况属于不正常运行状态。例如，因负荷超过电气设备的额定值而引起的电流升高（一般又称过负荷），就是一种最常见的不正常运行状态。由于过负荷，使元件载流部分和绝缘材料的温度不断升高，加速绝缘的老化和损坏，就可能发展成故障。此外，系统中出现功率缺额而引起的频率降低，发电机突然甩负荷而产生的过电压，以及电力系统发生振荡等，都属于不正常运行状态。

电力系统是一个整体，系统中的各元件之间有着密切的联系，当某个元件发生故障时，会立即影响到其他非故障元件的正常运行，使故障范围扩大，甚至可能发展成为严重的事故，因此，一旦发生故障，应迅速切除故障元件。切除故障元件的时间，常常要求小到十分之几秒，甚至百分之几秒。在这样短暂的时间内，由运行人员来发现故障元件并将故障元件从电力系统中切除是不可能的，因此，目前普遍利用继电保护装置来完成这个任务。所谓"继电"，是指电路的相互更替和延续，利用电路的这种相互更替和延续而构成的电力系统的保护措施称为继电保护。继电保护装置是指能够对电力系统元件故障和不正常运行状态做出反应，并能使断路器跳闸或发出信号的一种自动装置。这种装置的主要作用是：

（1）自动、迅速、有选择性地将故障元件从电力系统中切除，使故障元件免于继续遭到破坏，保证其他无故障部分迅速恢复正常运行。

（2）反映电气元件的不正常运行状态，并根据运行维护的条件（例如有无经常值班人员）而动作于发出信号、减少负荷或跳闸。此时一般不要求保护迅速动作，而是根据对电力系统及其元件的危害程度规定一定的延时，以免不必要的动作和由于干扰而引起的误动作。

（3）与自动重合闸配合，恢复由于瞬时自消性故障引起的保护动作跳闸，迅速恢复供电，提高供电可靠性。

常规的继电保护装置是由单个继电器或继电器及其附属设备的组合构成的，而微机继电保护装置是由计算机取代了单个的继电器，它的特性主要由程序决定。微机保护装置的出现很好地解决了常规继电保护装置难以解决的诸多难题。目前微机保护在电力系统中的普遍应用，极大地提高了电力系统的安全性，并保证了供电的可靠性。

二、继电保护的基本原理

为完成继电保护所担负的任务，显然应该要求它能够正确地区分系统正常运行与发生故障或不正常运行状态之间的差别，以实现保护。为实现这两点要求，保护装置需要对电力系统发生故障前后电气物理量的变化进行识别。准确识别被保护设备的电气量在故障前后的突变信息，是继电保护装置的基本要求。

电力系统发生故障后，工频电气量变化的主要特征如下：

（1）电流增大：短路时故障点与电源之间的电气设备和输电线路上的电流将急剧增加，大大超过正常运行时的负荷电流。

（2）电压降低：当发生相间短路和接地短路故障时，系统各点的相间电压或相电压值下降，且越靠近短路点，电压越低。

（3）电流与电压之间的相位角改变：正常运行时电流与电压间的相位角是负荷的功率因

数角，一般约为 20°；三相短路时，电流与电压之间的相位角是由线路的阻抗角决定的，一般为 60° ~ 85°；而在保护相反方向短路时，电流与电压之间的相位角则是 180° + （60° ~ 85°）。

（4）测量阻抗发生变化：测量阻抗的值为保护安装处电压与电流之比。正常运行时，测量阻抗为负荷阻抗；金属性短路时，测量阻抗为线路阻抗。故障后测量阻抗显著减小，而阻抗角增大。不对称短路时，出现负序分量，如两相及单相接地短路时，出现负序电流和负序电压；单相接地时，出现负序、零序电流和电压分量，这些分量在正常运行时是不出现的。

继电保护就是以这些变化的物理量为基础，及时反应电力系统故障。根据反应物理量的不同，可构成以下各种不同类型的继电保护：

（1）反应电流变化，如瞬时电流速断保护、定时限过电流保护、反时限过电流保护及零序电流保护等。

（2）反应电压改变，如低电压保护和过电压保护。

（3）既反应电流又反应电流、电压间相位变化，如方向过电流保护。

（4）反应电压与电流的比值，即反应故障点至保护安装处的阻抗，如距离保护。

（5）反应输入电流、输出电流差，如差动保护。

如图 1-1 所示为定时限过电流保护原理图。图中 TA 为电流互感器，KA 为电流继电器，KT 为时间继电器，KS 为信号继电器，KOF 为出口继电器，右侧回路中的 QF 为断路器的常开辅助触点，YR 为断路器的跳闸线圈。正常时，由于负荷电流流经电流互感器变流后流

继电保护的工作原理

入电流继电器的电流小于 KA 的动作值，所以各继电器均处于正常状态，常开触点断开。断路器处于合闸位置的动作状态，其常开辅助触点 QF 闭合。

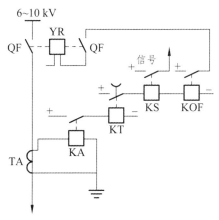

图 1-1　定时限过电流保护原理图

当一次电路发生故障时，一次侧电流增大，TA 的二次电流也随之增大，电流继电器 KA 的常开触点接通时间继电器 KT，KT 通电延时后，延时触点 KT 闭合，接通信号继电器 KS 的线圈和出口继电器 KOF 的线圈，出口继电器 KOF 动作，触点 KOF 闭合，使断路器 QF 的分闸线圈 YR 得电，使断路器分闸。另一方面信号继电器 KS 动作，使其常开触点闭合，KS 信号继电器的光字牌亮，发出灯光信号指示。

除上述反应于各种电气量的保护以外，还有根据电气设备的特点实现反应于非电量的保

护。例如，当变压器油箱内部的绕组短路时，反应于油被分解所产生的气体而构成的瓦斯保护；反应于电动机绕组的温度升高而构成的过负荷或过热保护等。

以上各种原理的保护，可以由继电保护装置来实现。

继电保护的构成及任务

三、继电保护装置的构成

通常继电保护装置由测量部分、逻辑部分和执行部分组成，其原理结构如图 1-2 所示。

图 1-2　继电保护装置原理结构图

1. 测量部分

测量部分是测量被保护对象输入的有关电气量，并与已给定的整定值进行比较，根据比较的结果，判断保护是否应该启动。如根据比较结果，给出"是""非""大于""不大于"等具有"0"或"1"性质的一组逻辑信号，从而判断保护是否应该启动。

2. 逻辑部分

逻辑部分是根据测量部分各输出量的大小、性质、输出的逻辑状态、出现的顺序或它们的组合，使保护装置按特定的逻辑关系工作，最后确定是否应该使断路器跳闸或发出信号，并将有关命令传给执行部分。继电保护中常用的逻辑回路有"与""或""非""延时启动""延时返回"以及"记忆"等回路。

3. 执行部分

执行部分是根据逻辑部分输出的信号，最后完成保护装置所担负的任务。如故障时，动作于跳闸；不正常运行时，发出信号；正常运行时，不动作等。

内容三　对继电保护的基本要求

完善的继电保护装置应满足四个技术性能的要求，即选择性、速动性、灵敏性和可靠性。

一、选择性

继电保护的选择性是指保护装置动作时，应在可能最小的区间内将故障从供电系统中断开，最大限度地保证系统中无故

继电保护的基本要求（上）

障部分仍能继续安全运行。它包含两种意思：其一是指应由装在故障元件区段内断路器上的继电保护装置动作切除故障；其二是当供电系统的保护装置或断路器拒动时，仍应保证在停电范围最小的原则下切除故障。

在供电系统中，为了使故障能可靠地被切除，一个电气元件通常装有多套保护装置，这些保护分别是主保护、后备保护和辅助保护，现分述如下。

主保护：反应被保护元件上的故障，并能在较短时间内将故障切除。

后备保护：在主保护不能动作时，该保护动作将故障切除。根据保护范围和装置的不同，有近后备和远后备两种方式。

（1）近后备保护：一般和主保护一起装在所要保护的电气元件上，只有当本元件主保护拒绝动作时，它才动作，将所保护元件上的故障切除。

（2）远后备保护：当相邻电气元件上发生故障，相邻电气元件主保护或近后备保护拒绝动作时，远后备动作将故障切除。显然近后备（和主保护装在相同元件上）和远后备分别装在不同的元件上。

（3）辅助保护：为补充主保护某种性能的不足或加速切除某部分故障而装设的简单保护，如断路器失灵保护。

在图 1-3 所示的网络中，断路器 $QF_1 \sim QF_7$ 上均装设有继电保护装置 $1 \sim 7$，每套保护通常还装设有多套保护装置，即主保护和后备保护，图中仅在保护 6 中表示出来。当线路 AB 上 k_1 点短路时，应由线路 AB 的保护动作跳开断路器 QF_1 和 QF_2，故障线路被切除。B 母线、线路 BC、CD 及变压器回路由 QF_3、QF_4 接通提供电源，停电范围仅限于 AB 线路。而在线路 CD 上 k_3 点短路时，由线路 CD 的保护动作断开断路器 QF_6，只有变电所 D 停电。故障元件上的保护装置如此有选择性地切除故障，可以使停电范围最小。

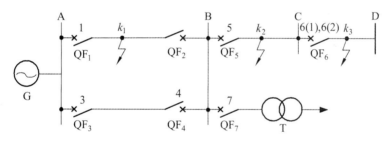

图 1-3 选择性说明原理图

对继电保护动作有选择性的要求，同时还必须考虑继电保护装置或者断路器由于自身故障等原因而拒动的可能性，因而需要考虑后备保护的问题。例如，当 k_3 故障时，若主保护装置 6（1）由于可靠性原因而拒动，则可经一定的延时后由后备保护 6（2）动作跳开 QF_6，这种后备保护称之为近后备保护。可见近后备保护动作造成的停电范围不会扩大，但切除故障的时间比主保护长。再考虑当 k_3 点故障时，由于种种原因造成断路器 QF_6 跳不开（拒动），相邻线路 BC 的保护动作跳开断路器 QF_5，相邻线路的保护对它起到了远后备作用。可见，远后备保护动作会造成停电范围扩大，且切除故障时间比相邻元件的主保护和近后备保护的时间都长。但不管是近后备保护还是远后备保护，其动作都是有选择性的。若线路 BC 的保护本来能够动作跳开 QF_5，而线路 AB 的保护抢先跳开断路器 QF_1 和 QF_3，则该保护动作是无选择性的。

这种选择性的保证，除利用一定的延时使本线路的后备保护与主保护正确配合外，还必须注意相邻元件后备保护之间的正确配合。其一是上级元件后备保护的灵敏度要低于下级元件后备保护的灵敏度;其二是上级元件后备保护的动作时间要大于下级元件后备保护的动作时间。这两点缺一不可。

二、速动性

速动性是指故障发生后,继电保护装置应能尽快地动作切除故障,以减少设备及用户在大电流、低电压状态下的运行时间,降低设备的损坏程度,提高系统并列运行的稳定性。动作迅速而又能满足选择性要求的保护装置,一般结构都比较复杂,价格昂贵,对大量的中、低压电力设备来说,不一定都有必要采用高速动作的保护。对保护速动性的要求应根据电力系统的接线和被保护设备的具体情况来确定。

一般必须快速切除的故障有以下几种情况:

(1)根据维持系统稳定的要求,必须快速切除的高压输电线路上发生的故障。

(2)使发电厂或重要用户的母线电压低于允许值(一般为 0.7 倍额定电压)的故障。

(3)大容量的发电机、变压器以及电动机内部发生的故障。

(4)1~10 kV 线路导线截面过小,为避免过热不允许延时切除的故障等。

(5)可能危及人身安全、对通信系统或铁道信号系统有强烈干扰的故障等。

故障切除的总时间包括保护装置和断路器动作时间。一般的快速保护的动作时间为 0.04~0.08 s,最快的可达 0.01~0.02;一般的断路器的动作时间为 0.06~0.15 s,最快的可达 0.02~0.06 s。

继电保护装置快速切除故障元件有以下优点:

(1)可以提高电力系统中发电机并联运行的稳定性。如图 1-4 所示,由于短路点 k 距发电机 G_1 较近,G_1 中的母线电压接近于零而卸载,而汽轮机的调速系统又来不及做相应的调整,故发电机 G_1 的转速迅速升高。相反,此时发电机 G_2 的转速却升高较小。这样,两电厂的发电机将产生转速差,亦称转角差。如果短路持续的时间较长,则等到断路器 QF_3 将短路故障切除时,两发电厂同步发电机的转速已相差很大,即所谓失去同步,并使系统产生振荡。此时系统中各点的电

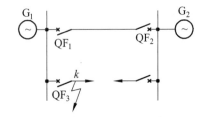

图 1-4 短路对并联运行影响说明图

流、电压都将随时间发生很大的脉动,影响正常供电,严重时甚至会造成系统解列。如果 QF_3 能迅速切除故障元件,则两发电厂同步发电机的转角差将很小,发电机可以自动拉入同步而恢复到稳定运行状态。因此,快速切除故障是提高系统稳定性、防止系统发生事故的一项重要措施。

(2)可以减轻短路电流使电气设备损坏的程度,并缩短用户在低电压状态下的工作时间,从而使电动机容易自启动。实际上,快速切除故障元件后,所有未切除的电动机都可以继续运行。

(3)可以防止故障扩大,提高自动重合闸动作的成功率。由于短路点将产生很大的电弧,短路持续的时间愈长,就有可能使设备绝缘损坏,这样,本来是临时性的故障就可能变为永久性的故障。因此,快速切除故障,不但可以防止事故扩大,而且由于故障点绝缘损坏较小,自动重合闸的成功率就较高。

三、灵敏性

继电保护的灵敏性，是指对于其保护范围内发生故障或不正常运行状态的反应能力。满足灵敏性要求的保护装置，应该是在事先规定的保护范围内部故障时，不论短路点的位置、短路的类型如何以及短路点是否有过渡电阻，都能敏锐感觉、正确反应。即要求在系统最大运行方式下发生三相短路时能可靠动作，在系统最小运行方式下发生经过较大的过渡电阻的两相或单相短路故障时也能可靠动作。

继电保护的基本要求（下）

保护装置的灵敏性，通常用灵敏系数来衡量，它主要取决于被保护元件和电力系统的参数和运行方式。灵敏系数应根据常见的不利方式和不利的短路形式计算。

保护装置灵敏与否，受电力系统运行方式的影响较大，通常在保护装置的整定计算中，只考虑系统运行方式的两种极端情况，即最大运行方式和最小运行方式。

所谓最大运行方式，就是供电系统中的发电机、并联线路、变压器等都投入时的运行方式，如图 1-5（a）所示。此时系统的发电机容量最大，电压较稳定，而且系统等值阻抗最小，短路电流最大。

所谓最小运行方式，就是供电系统中的发电机、并联线路、变压器等投入最少的一种运行方式，如图 1-5（b）所示。此时系统的发电机容量最小，电压不够稳定，而且系统等值阻抗最大，短路电流最小。

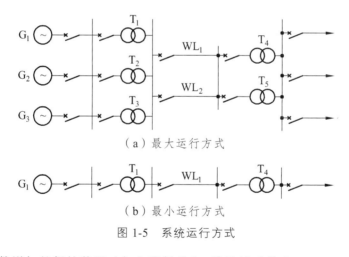

（a）最大运行方式

（b）最小运行方式

图 1-5 系统运行方式

反应故障系数增加的保护装置（如电流保护），其灵敏系数为

$$K_{\mathrm{sen}} = \frac{I_{k.\min}}{I_{\mathrm{act}}} \qquad (1\text{-}1)$$

式中 $I_{k.\min}$ ——保护区末端金属性短路时保护安装处故障参数的最小值；

I_{act} ——保护装置的动作参数。

反应故障参数降低的保护装置（如低电压保护），其灵敏系数为

$$K_{\mathrm{sen}} = \frac{U_{\mathrm{act}}}{U_{k.\max}} \qquad (1\text{-}2)$$

式中 $U_{k.\max}$ ——保护区末端金属性短路时保护安装处故障参数的最大值。

U_{act}——保护装置的动作参数。

四、可靠性

可靠性是对继电保护最根本的要求，是指被保护范围内发生故障时，保护装置动作的可靠程度，即不拒动、不误动。不拒动指在该保护装置规定的保护范围内发生了它应该动作的故障时，它不应该拒绝动作；不误动是指在任何该保护不应该动作的情况下，它不应该误动作。

可靠性取决于保护的工作原理、装置本身的制造质量、保护回路的连接和运行维护水平。一般说来，保护装置组成元件的质量越高、接线越简单、回路中继电器的触点数量越少，保护装置的工作就越可靠。同时，精细的制造工艺、正确的调整试验、良好的运行维护以及丰富的运行经验，对于提高保护的可靠性也具有重要的作用。

继电保护装置的误动作和拒绝动作都会给电力系统造成严重的危害。但提高其不误动的可靠性和不拒动的可靠性的措施常常是互相矛盾的。由于电力系统的结构和负荷性质的不同，误动和拒动的危害程度有所不同，因而提高保护装置可靠性的着重点在各种具体情况下也应有所不同，应根据电力系统和负荷的具体情况采取适当的措施。例如，母线保护，由于它的误动将会给电力系统带来严重后果，因此更强调其不误动的安全性，一般是以两套保护出口触点串联后启动跳闸回路的方式。

以上四个基本要求是分析研究继电保护性能的基础，也是贯穿全课程的一条基本线索。它们之间既有矛盾的一面，又有在一定条件下统一的一面。当统一的条件不满足时，必然催生一个继电保护的新原理来满足"四性"的要求。继电保护的科学研究、设计、制造和运行的绝大部分工作，都是围绕着如何处理好这四个基本要求之间的辩证统一关系而进行的，在学习这门课程时应注意学习和运用这样的思考和分析方法。

选择继电保护方式时，除应满足上述的基本要求外，还应该考虑经济条件。首先应从国民经济的整体利益出发，按被保护元件在电力系统中的作用和地位来确定保护方式，而不能只从保护装置本身的投资来考虑，这是因为保护不完善或不可靠而给国民经济造成的损失，一般都远远超过即使是最复杂的保护装置的投资。但要注意对较为次要的数量很多的电气元件（如低压配电线、小容量电动机等），也不应该装设过于复杂和昂贵的保护装置。因此，根据电力系统的结构和用户的重要程度，要辩证地进行统一。

内容四　继电器保护装置的基础元件

组成继电保护装置的基础元件有很多，包括获取被保护设备运行参数的互感器、序分量滤过器及将互感器二次电气量进一步变小的中间变换器和继电器等。这里介绍继电器、互感器和变换器的作用特点和动作特性。

一、继电器

继电器是所有继电保护装置中的基本组成元件，每一套保护装置，都可以看成由若干个继电器按一定的性能及要求连接在一起而组成的整体。在常规保护装置中，继电器是实实在在的元件，而在微机保护装置中，继电器通常是抽象的，主要继电器的功能都由程序实现。

继电器是一种能自动动作的电器，只要加入某种物理量或者加入的物理量达到一定数值时，就会自动动作，输出电信号；反之，则自动返回。在静态继电保护电路中，继电器有时又被称为"元件"，例如电流继电器又被称为电流元件。所有继电器都具有继电特性，即永远处于动作或返回状态，无中间状态；动作值不等于返回值，使触点无抖动，如图 1-6 所示。

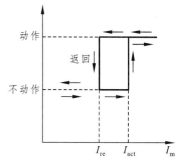

图 1-6　继电器的继电特性

（一）继电器的分类

继电器可以按照下述不同方法来分类。

1. 按接入的方法分

继电器按照接入被保护元件的方法可以分为两种：一次式继电器、二次式继电器。

（1）一次式继电器，其线圈直接接入一次回路。

（2）二次式继电器，其线圈通过电流互感器 TA 而接于 TA 的二次侧。目前广泛采用的都是这种类型的继电器，因为它与一次回路没有直接的联系，运行检修方便，也没有高压的危险。此外它的灵敏度高，体积小，还可以按统一标准由继电器制造厂大规模生产。

2. 按作用于断路器的跳闸方法分

继电器按照作用于断路器跳闸的方法可以分为两种：直接作用式继电器、间接作用式继电器。

（1）直接作用式继电器动作后直接作用于断路器的跳闸机构，需要消耗很大的功率，体积笨重，不够灵敏。

（2）间接作用式继电器动作后利用触点闭合一个辅助操作回路接通断路器的跳闸线圈，然后由操作机构使断路器跳闸，其优点是精确性较高和功率消耗小。在继电保护装置中，二次式间接作用的继电器获得了最广泛的应用。

3. 按工作原理分

继电器按照工作原理可以分为 5 种：电磁型继电器、感应型继电器、电动型继电器、整流型继电器、静态型继电器。

4. 按反应物理量增大或减小动作分

继电器按反应物理量增大或减小动作，可分为过量继电器和欠量继电器两种。

5. 按作用分

继电器按作用可分为测量继电器和辅助继电器两种。

（1）测量继电器，根据测量参数的不同有电流继电器、电压继电器、功率继电器、阻抗继电器、气体继电器等多种。

（2）辅助继电器，根据用途不同有时间继电器、中间继电器及信号继电器三种。

（二）继电器的表示方法

关于继电器的表示方法，通常采用一个方框上面带有触点的图形，继电器所反应的参数在方框里用一个在电工中通用的字母表示，如电流用 I 表示，电压用 U 表示，时间用 t 表示，阻抗用 Z 表示等。方框代表继电器的输入，触点代表继电器的输出。继电器不带电时触点状态分两大类，即动合触点和动断触点。

动合触点又称为常开触点，指继电器不带电或带电但没有达到动作值时打开，反之闭合的触点。

动断触点又称为常闭触点，指继电器不带电或带电但没有达到动作值时闭合，反之断开的触点。

常用继电器及其触点的表示方法见表1-2。

表1-2　常用继电器及其触点的表示方法

名　称	图形符号	名　称	图形符号
电流继电器	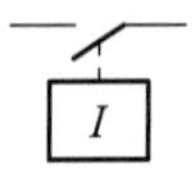 I	继电器及接触器线圈	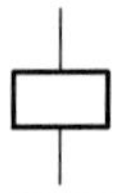
电压继电器	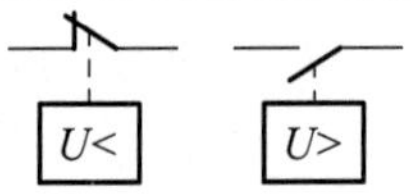 $U<$　$U>$	动合触点	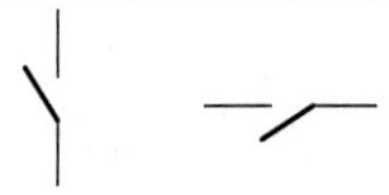
功率方向继电器	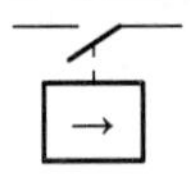 $\rightarrow$	动断触点	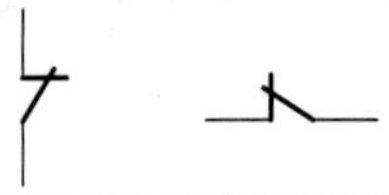
阻抗继电器	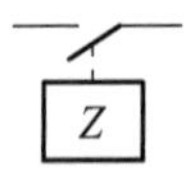 Z	延时闭合的动合触点	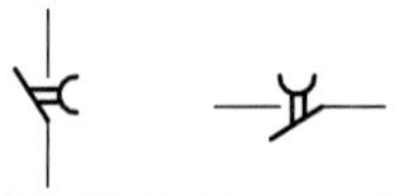
差动继电器	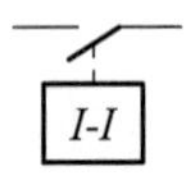 $I\text{-}I$	延时断开的动断触点	
时间继电器	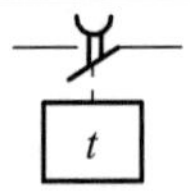 t	信号继电器的动合触点	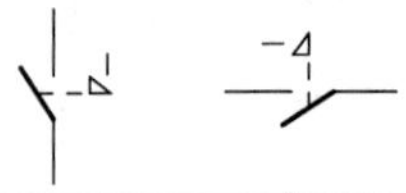
信号继电器	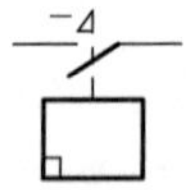	断路器	
中间继电器		隔离开关	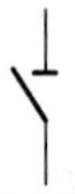
反时限电流继电器	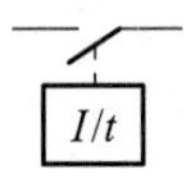 I/t	气体（瓦斯）继电器	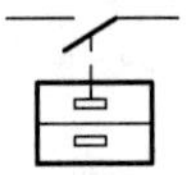

（三）常用电磁型继电器的结构和工作特性

电磁型继电器主要有三种不同的结构型式，即螺管线圈式、吸引衔铁式和转动舌片式，如图 1-7 所示。不论哪种结构形式的继电器，都是由电磁铁、可动衔铁、线圈、触点、反作用弹簧和止挡组成。

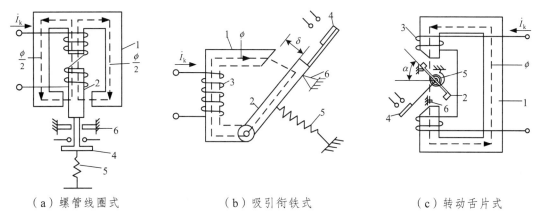

（a）螺管线圈式   （b）吸引衔铁式   （c）转动舌片式

1—电磁铁；2—可动衔铁；3—线圈；4—触点；5—反作用弹簧；6—止挡。

图 1-7 电磁型继电器结构原理图

当在继电器的线圈 3 中通入电流 i_k 时，就在铁芯中产生磁通 ϕ，铁芯、气隙和衔铁构成闭合磁路。衔铁被磁化后，产生电磁力 F 和电磁力矩 M，当 i_k 足够大时，电磁力矩足以克服弹簧的反作用力矩，衔铁被吸向电磁铁，动合触点闭合，称为继电器动作，这就是电磁型继电器的基本工作原理。

电磁力矩 M_e 与磁通 ϕ 的平方成正比，即

$$M_e = K_1\phi^2 = K_2\frac{i_k^2}{\delta_2} \tag{1-1}$$

式中：K_1、K_2 为比例常数；δ 为气隙；i_k 为流入继电器的电流。

式（1-1）说明，电磁力矩与电流的平方成正比，与通入线圈中电流方向无关，为一恒定旋转方向力矩。所以，采用电磁原理不仅可以构成直流继电器，也可以构成交流继电器。交流继电器主要为测量继电器，如电流、电压继电器；直流继电器则用于获得延时或出口、信号，如时间继电器、信号继电器、中间继电器。

下面介绍几种常用电磁型继电器的工作特性。

1. 电磁型电流继电器

电流继电器的作用是测量电流的大小。电流继电器多采用转动舌片式结构。其线圈导线较粗、匝数少，串接在电流互感器的二次侧，作为电流保护的启动元件（或称为测量元件），用以判断被保护对象的运行状态。有三种力矩作用于舌片：输入电流产生的电磁力矩 M_e、弹簧产生的剩余力矩 M_s、摩擦力矩 M_f。输入电流很小时，电磁力矩无法克服剩余力矩，继电器处于未动作状态，触点打开；当输入电流增大、电磁力矩满足式（1-2）时，衔铁转动，继电器动作，触点闭合。

$$M_e \geqslant M_s + M_f \tag{1-2}$$

继电器动作后，将电流减小到电磁力矩不足以反抗剩余力矩时，继电器返回到初始状态，触点重新断开。继电器的返回条件为

$$M_e \leqslant M_s - M_f \tag{1-3}$$

能使电流继电器动作的最小电流称为动作电流，以 I_{OP} 表示；而能使电流继电器返回的最大电流称为返回电流，以 I_{re} 表示。

由于摩擦力矩、剩余力矩的作用，电流继电器返回电流小于动作电流，两者之比称为返回系数，以 K_{re} 表示。

$$K_{re} = \frac{I_{re}}{I_{OP}} \tag{1-4}$$

K_{re} 小于 1，一般为 0.85 ~ 0.9。

当输入电流 $I > I_{OP}$ 时，继电器动作，动合触点闭合；若当 $I > I_{re}$ 时，继电器返回，触点又断开。

电流保护的基本原理就是以电流继电器动合触点接通断路器跳闸回路。当发生故障、电流超过设定值时，电流继电器动作，触点闭合，接通断路器跳闸回路，跳开断路器，切除故障。

2. 电磁型电压继电器

电压继电器有过电压继电器和低电压继电器之分，反应于电压的高低，应用时并联在电压互感器的二次侧，作为保护的启动元件（或称为测量元件）。电磁型电压继电器也采用转动舌片式结构，与电磁型电流继电器不同的是线圈所用导线细且匝数多，流入继电器中的电流正比于加在继电器线圈上的电压。

过电压继电器工作原理与电流继电器相同。当输入电压高于设定值时，电磁力矩克服弹簧力矩及摩擦力矩，继电器动作，动合触点闭合。

低电压继电器的工作特点是"动作""返回"时，衔铁运动方向与电流继电器相反。

低电压继电器动作电压定义为能使继电器动作的最大电压，返回电压为能使继电器返回的最低电压。低电压继电器的动作条件是电压低于动作电压，而返回条件是电压高于返回电压。由于低压继电器不加入电压时其触点是闭合的，此类触点称为动断触点，也称为常闭接点。

由于低电压继电器动作电压、返回电压之间的大小关系正好与电流继电器相反，其返回系数大于 1。图 1-8 所示为电流继电器、过电压继电器、低电压继电器的图形、文字符号及动作过程示意图。

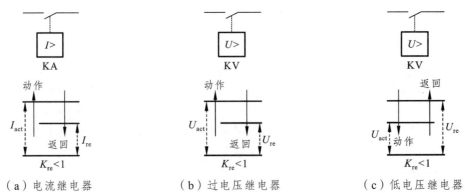

（a）电流继电器　　　　（b）过电压继电器　　　　（c）低电压继电器

KA—电流继电器；KV—电压继电器；I_{act}—动作电流；I_{re}—返回电流；U_{act}—动作电压；U_{re}—返回电压；K_{re}—返回系数。

图 1-8　电流、电压继电器符号及动作过程示意图

图 1-8 所示继电器实际上可分为两大类：过量继电器（如电流继电器、过电压继电器）、欠量继电器（如低电压继电器）。两类继电器动作值、返回值定义不同，使用的触点类型不同，返回系数大小也不同。

3. 辅助继电器

在继电保护中，完成逻辑功能的辅助继电器有时间继电器、中间继电器和信号继电器。

1）时间继电器（KT）

时间继电器的作用是为保护装置建立必要动作时限，以保证保护动作的选择性和某种逻辑关系。这种继电器一般多为直流操作。

时间继电器要求计时准确且其动作时间不随直流操作电压的波动而变化。

时间继电器的使用如图 1-9 所示，当电流继电器动作时其触点闭合，接通时间继电器线圈正电源，时间继电器得电，经一定延时后 KT 触点闭合。

2）中间继电器（KM）

中间继电器起中间桥梁作用，具有触点容量大、触点数量多、时间继电器难以实现的短延时等特点。用以代替小容量触点同时接通或断开几条独立回路，或者带有不大的延时来满足保护的需要。电流、电压继电器由于需要动作快，可动触点比较轻巧，触点容量较小，不能直接接通断路器跳闸电流，只能接通中间继电器线圈回路，由中间继电器触点接通断路器跳闸回路，如图 1-10 所示。当中间继电器用于跳闸回路时，又可称为出口继电器，以 KOF 表示。

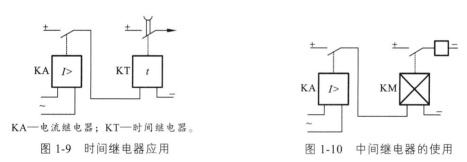

KA—电流继电器；KT—时间继电器。

图 1-9 时间继电器应用　　　　图 1-10 中间继电器的使用

3）信号继电器（KS）

发生故障时电流继电器动作，触点闭合，接通断路器跳闸回路，跳开故障后流入电流继电器的电流为零，电流继电器返回，需要由信号继电器"记忆"电流保护的跳闸行为。

信号继电器作为继电保护装置和自动装置动作的信号指示，在保护动作时，发出灯光和音响信号，并对保护装置的动作情况有记忆作用，以便记录保护装置动作情况，分析故障性质以及保护动作的正确性。信号继电器的记忆作用是由机械掉牌或磁保持、手动复归完成的，即运行人员记录保护动作情况后手动将信号继电器复位。

二、互感器

（一）电流互感器

在电气测量和继电保护回路中，电流互感器的作用是：将供给测量和继电保护用的二次电流回路与流过一次电流的高压系统实现电气隔离,按电流互感器的变比将系统的一次电流降低为一定的二次电流。电流互感器二次侧的额定电流,统一规定为 5 A 或 1 A。电流互感器原理接线如图 1-11 所示,$\dot{I}_1$ 为一次电流,W_1 为一次绕组匝数,$\dot{I}_2$ 为二次电流,W_2 为二次绕组匝数。

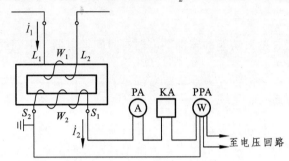

TA—电流互感器;KA—电流继电器;PA—电流表;PPA—有功功率表。

图 1-11　电流互感器原理接线图

1. 电流互感器的极性和相量图

电流互感器一次和二次绕组间的极性定义为:当一、二次绕组中,同时由同极性端子通入电流时,它们在铁芯中所产生的磁通的方向应相同。如图 1-12 所示的接线中,L_1 和 S_1 为同极性端子(L_2 和 S_2 也为同极性端子)。标注电流互感器极性的方法是用不同符号和相同注脚表示同极性端子。由楞次定律可知,当系统一次电流从极性端子 L_1 流入时,在二次绕组中感应出的电流应从极性端子 S_1 流出,即所谓的减极性原则。

电流互感器一、二次电流的相量图如图 1-12 所示,一般是在忽略励磁电流并将一次电流换算至二次侧以后绘制的。由于一、二次电流的正方向可以任意选取,所以相量图有两种绘制方法,在继电保护中通常选取一次绕组中的电流从 L_1 流向

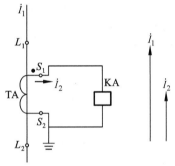

图 1-12　电流互感器相量图

L_2 为正,而二次绕组中的电流从 S_2 流向 S_1 为正。这时铁芯中的合成磁动势应为一次绕组和二次绕组磁势的相量之差,即

$$\dot{I}_1 W_1 - \dot{I}_2 W_2 = 0 \tag{1-7}$$

$$\dot{I}_2 = \frac{\dot{I}_1}{n_{\mathrm{TA}}} \tag{1-8}$$

因此,$\dot{I}_1$ 与 $\dot{I}_2$ 同相位。

式(1-8)中,$n_{\mathrm{TA}} = \dfrac{W_2}{W_1}$ 等于一、二次额定相电流之比,称为电流互感器的变比。

2. 电流互感器的常用接线方式

对于不同测量和保护回路要求,电流互感器有多种接线方式,常用接线方式介绍如下。

(1)一个电流互感器的单项式接线。如图 1-13(a)所示,该电流互感器可接在任一相上,这种接线主要用于测量三相对称负载的一相电流。

（2）两个电流互感器的不完全星形接线。如图 1-13（b）所示，两个电流互感器分别接在 A 相和 C 相。这种接线方式广泛应用于中性点不直接接地系统中的测量和保护回路，可以测量三相电流、有功功率、无功功率、电能等，能反应相间故障电流，不能完全反应接地故障。采用时必须注意保护应统一安装在同名相上（通常装于 A、C 相），如果保护未装于同名相，同一母线的两条分支路，各支路未安装保护的两相同时发生接地故障时，保护将会拒动。不完全星形接线一般用于 10 ～ 35 kV 电网的小电流接地系统，节省投资。

（3）三个电流互感器的完全星形接线。如图 1-13（c）所示，三个电流互感器分别接在 A、B、C 相上，二次绕组按星形连接。这种接线可以测量三相电流、有功功率、无功功率、电能等。在保护回路中，常用于 110 ～ 500 kV 中性点直接接地系统，能反应相间及接地故障电流；在中性点不直接接地的系统中，常用于容量较大的发电机和变压器的保护回路。

（4）三个电流互感器的三角形接线。如图 1-13（d）所示，三个电流互感器分别接在 A、B、C 相上，二次绕组按三角形连接。这种接线很少应用于测量回路，主要应用于变压器差动保护回路。

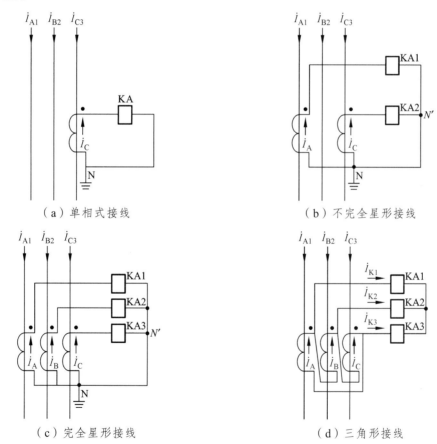

（a）单相式接线　　　　　　　　　（b）不完全星形接线

（c）完全星形接线　　　　　　　　　（d）三角形接线

图 1-13　电流互感器常用接线方式

（二）电压互感器

在电气测量和继电保护回路中，电压互感器的作用是：将供给测量和继电保护用的二次电压回路与一次电压的高压系统实现电气隔离，按电压互感器的变比将系统的一次电压降低为一定的二次电压。电压互感器二次侧的额定线电压为 100 V。其原理接线如图 1-14 所示，$\dot{U}_1$ 为一次电压，W_1 为一次绕组匝数，$\dot{U}_2$ 为二次电压，W_2 为二次绕组匝数。电压互感器实际上就是一种小容量变压器，其变比为

$$n_{TV} = \frac{W_1}{W_2} = \frac{U_1}{U_2} \qquad\qquad (1-9)$$

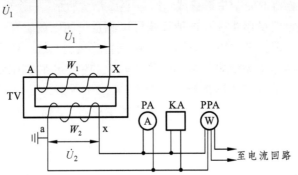

TV—电压互感器；KV—电压继电器；PV—电压表；PPA—有功功率表。

图 1-14　电压互感器回路原理接线图

1. 电压互感器的极性和相量图

电压互感器一次和二次绕组间的极性定义如图 1-15 所示，A 和 a 标注表示为同极性端子（X 和 x 也为同极性端子）。由楞次定律可知，当一次电流从极性端子 A 流入时，在二次绕组中感应出的电流应从极性端子 a 流出。

电压互感器一、二次电压的假定正方向，一般均由极性端指向非极性端，这种标注方法，使一、二次电压同相位，相量图如图 1-15（c）所示。

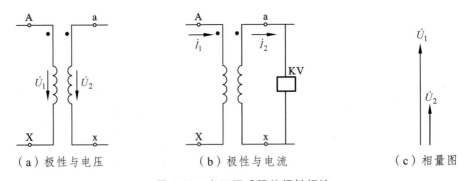

（a）极性与电压　　　　　（b）极性与电流　　　　　（c）相量图

图 1-15　电压互感器的极性标注

2. 电压互感器的常用接线方式及变比

电压互感器的接线方式，是指一、二次绕组的接线组别及二次绕组与负载的连接形式。

（1）单相式接线。单相式接线使用一台单相电压互感器，一般用在大电流接地系统中测量一相对地电压；或在小电流接地系统中测量一相间电压，如图 1-16（a）所示，变比为 $U_N / 0.1\,kV$，U_N 为一次额定线电压。

（2）V/v 式接线。V/v 式接线如图 1-16（b）所示，由两个单相电压互感器分别接相间电压 U_{UV} 和 U_{VW}，互感器的一次绕组不接地，二次绕组采用 b 相接地。二次绕组可输出对应于一次绕组三相的相间电压和三相对系统中性点的相电压，主要使用在小电流接地系统不需要测量相对地电压的场合，变比为 $U_N / 0.1\,kV$。

（3）Y/y 式接线。Y/y 式接线由三个单相电压互感器组合而成，也可是一个具有五柱式铁芯的三相电压互感器。一、二次绕组的中性点均接地。二次绕组可输出三相的相间电压、三相对地电压和三相对系统中性点的相电压，如图 1-16（c）所示，变比为 $\dfrac{U_N}{\sqrt{3}} \Big/ \dfrac{0.1}{\sqrt{3}}\,kV$。

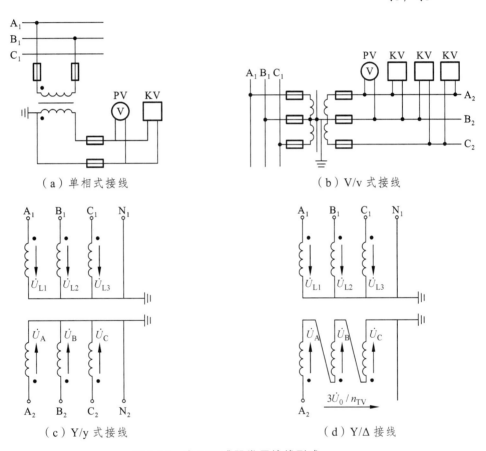

（a）单相式接线　　　　　　　　　　　（b）V/v 式接线

（c）Y/y 式接线　　　　　　　　　　　（d）Y/△ 接线

图 1-16　电压互感器常用接线形式

（4）Y/△ 接线。用三个单相电压互感器或一个三相五柱铁芯式电压互感器，一次绕组中性点接地。二次绕组顺极性连接成 △，如图 1-16（d）所示。从 m、n 开口处可输出零序电压

$$\dot{U}_{mn} = \dot{U}'_A + \dot{U}'_B + \dot{U}'_C = \frac{\dot{U}_A + \dot{U}_B + \dot{U}_C}{n_{TA}} = \frac{3\dot{U}_0}{n_{TA}} \tag{1-10}$$

式中，$\dot{U}_0$ 为电压互感器一次侧每相零序电压。

为使输出的最大二次电压 $U_{mn,max}$ 不超过 100 V，其变比为

$$n_{TV} = \frac{3U_0}{0.1\,kV} \tag{1-11}$$

三、变换器

保护装置动作判据主要为母线电压（线路电压）、线路电流，因此需要将母线（线路）电压互感器、电流互感器输出的二次电压、电流送入继电保护装置。若测量继电器为机电型继电器，电流或电压互感器二次侧一般直接接到电流继电器、电压继电器的线圈。若保护装置为整流型、晶体管型、微机型的，由于都属于弱电元件，电流、电压互感器输出的二次电流、电压还需要经变换器进行线性变换后，再接入测量电路。

变换器的基本作用如下：

（1）电量变换。将互感器二次侧电压（额定 100 V）、电流（额定 5 A 或 1 A），转换成弱电压（数伏），以适应弱电元件的要求。

（2）电气隔离。电流、电压互感器二次侧的保护、工作接地，是用于保证人身和设备安全的，而弱电元件往往与直流电源连接，直流回路不允许直接接地，故需要经变换器实现电气隔离，如图 1-17 所示。

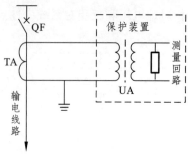

图 1-17　变换器的电气隔离作用

（3）调节定值。整流型、晶体管型继电保护可以通过改变变换器一次或二次线圈抽头来改变测量继电器的动作值。

继电保护中常用的变换器有电压变换器（UV）、电流变换器（UA）和电抗变换器（UX）。UV 作用是电压变换，UA、UX 作用是将电流变换成与之成正比的电压。

（一）电压变换器

电压变换器应用接线如图 1-18 所示，UV 一次侧与电压互感器相连。电压变换器原理结构与电压互感器相同，相当于一种小型的单相电压互感器。TV 二次侧有工作接地，UV 二次侧的"直流地"为保护电源的 0 V，电容 C 容量很小，起抗干扰作用。在正常工作条件下，其二次侧工作在近似开路状态，作用是把来自电压互感器的二次电压按比例进一步减小或使之可以调整。

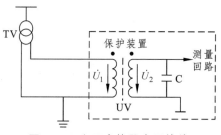

图 1-18　电压变换器应用接线

从 UV 一次侧看进去，输入阻抗很大，对于负载而言 UV 可以看成一个电压源，UV 两侧电压成正比，即 $\dot{U}_1 = K_U \dot{U}_2$，$K_U$ 为电压变换器变比。

（二）电流变换器

电流变换器接在电流互感器的二次侧，其原理结构与电流互感器相同，相当于一种小型的电流互感器。电流变换器应用接线如图 1-19 所示。电流变换器与电压变换器不同，从 UA 一次侧看进去，输入阻抗很小，对于负载而言 UA 可以看成一个电流源。在正常工作条件下，其二次侧工作在近似短路状态，作用是把来自电流互感器的二次电流按比例进一步减小，或利用此电流在固定负载上的压降获得正比于电流的电压。

UA 二次电流（一般为 mA 级）与一次电流成正比，二次电流在电阻上产生二次电压，$\dot{U}_2 = R\dot{I}_1 / K_I$，$K_I$ 为电流变换器变比。

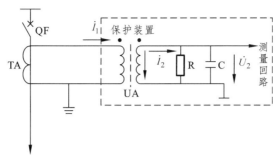

图 1-19 电流变换器应用接线

（三）电抗变换器

将 TA 输出二次电流变换为电压还可以采用电抗变压器。UX 等效电流如图 1-20 所示，它是一种铁芯带气隙的电量变换器，作用是把来自电流互感器的二次电流按比例变换成与之成正比的弱电压，并且输出电压与输入电流间的相位差可调。电抗变换器是一种比较特殊的变换器，一方面它的电源是电流源，这一点与电流变换器相似；另一方面它输出的是电压，所以其二次绕组所接的负载阻抗很大，故在正常工作条件下，其二次侧工作在近似开路状态，在这一点上又与电压变换器相似。也就是，UX 输入阻抗很小，串于 TA 二次回路；对于负载，UX 近似为电压源。UX 励磁阻抗相对于负载来说很小，可以认为一次电流全部用于励磁，这样二次电压 $\dot{U}_2 = Z_m \dot{I}_1 = K_1 \dot{I}_1$，$K_m$ 称为 UX 的转移阻抗。

与使用 UA 的电压变换电路不同，UX 输出电压超前输入电流一定相位角，具有"电抗特性"。由于 UX 磁力阻抗很小，其铁芯一般带有气隙。

UX 转移阻抗大小通过调整铁芯气隙及一、二次线圈匝数改变；转移阻抗角度通过并于辅助绕组的电阻 R_ϕ 调整，R_ϕ 越大转移阻抗角越接近 90°，R_ϕ 越小则转移阻抗角越小，如图 1-21 所示。

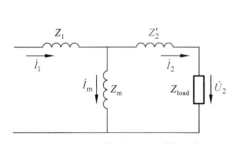

图 1-20 电抗变压器等效电路

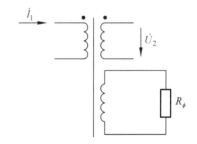

图 1-21 UX 转移阻抗角调整

【思政故事·人物】

中国铁路电气化的奠基人——曹建猷

一颗报国心，毕生铁路情，中国铁路电气化专家曹建猷长期从事铁路电气化与计算机科学的教学和研究，铁道牵引电气化与自动化学科的创始人，对确定我国电气化铁道供电制式及电气化铁道的发展作出了重要贡献，被誉为中国铁路电气化奠基人。

1953 年 11 月，当时的铁道部决定发展我国的电气化铁路，决定首先在宝鸡—凤州段采用电力牵引，宝凤段跨越秦岭的一段铁路地形极为险恶，91 km 就有 48 个隧道。1958 年 6 月 15 日，宝鸡至凤州段电气化铁路开工。电气化铁道第一工程段一支近千人的施工队伍开进了秦岭深处，他们风餐露宿，挖坑立杆，架线铺缆，成为电气化铁路这片广袤原野上第一批拓荒者，由此揭开了中国铁路电气化建设的序幕。

1960 年，宝凤段电气化铁路建成准备通电试车，铁道部邀请曹建猷前去协助担任指挥的电气化工程局局长贾耀祥，同时还有几位局长与他组成临时领导小组，曹建猷任副组长兼技术组组长。

1956 年，年仅 39 岁的曹建猷到北京参加国务院组织的《1956—1967 年科学技术发展远景规划纲要》研讨会，当时，年轻有为的曹建猷颇为引人注目——中科院曾两次邀请他来搞加速器研究；中科院筹备成立自动化所时，钱伟长也邀请他加入自动化筹备组。然而，这一切曹建猷都婉拒了，他始终坚持进入国内一片空白的"铁路电气化"方向。

经过近半个世纪国内外铁路电气化建设和运营实践，工频单相交流牵引制得到了快速发展，已取代直流制而成为世界上主要的电力牵引制式。我国从铁道电气化起步，便确定了先进的交流单相工频 25 kV 电压制，为以后重载运输、高速铁路的快速发展和安全运营创造了有利条件，并减少不必要的牵引制式改造带来的麻烦和资金浪费，从而在总体上促进了铁路电气化的加速发展。

"曹建猷先生的一生，是精忠报国，为中国特色社会主义事业奋斗的一生；是开拓创新，不断开创中国铁路电气化事业新局面的一生；是勇于担当，为学校发展和人才培养鞠躬尽瘁的一生。"

课题二　微机保护

课题二课件

【学前导读】

本课题主要介绍了微机保护装置的特点、微机保护装置的硬件组成及原理、模拟量信号的采集与处理、开关量信号的输入与输出、实现微机保护的软件构成以及提高微机保护可靠性的措施等内容。

【学习目标】

1. 知识目标

（1）理解如何将运行过程中产生的模拟量信号转换为微机保护装置能够识别的数字量信号。

（2）掌握逐次逼近式 A/D 转换原理。

（3）掌握开关量的三种隔离方法。

2. 能力目标

（1）能够正确理解模拟量输入电路各组成部分的逻辑关系。

（2）能够正确地进行逐次逼近式 A/D 转换过程分析。

（3）能够正确地进行开关量隔离过程分析。

3. 素质目标

（1）养成严谨认真的学习态度。

（2）养成刻苦钻研的进取精神，恪尽职守、精益求精的敬业精神。

（3）培养分析问题、解决问题、积极思考、勇于创新的能力。

内容一　微机保护硬件原理及组成

一、微机保护的特点

随着电子技术及信息技术的发展，现场越来越多的保护采用微机来实现，称为微机保护，并且微机保护的优势也越来越明显。总的来说，微机保护具有如下特点和优点（见图 2-1）：

（1）可靠性高；

（2）灵活性强；

（3）保护性能得到很大改善，功能易于扩充；

（4）维护调试方便；

（5）有利于实现电力自动化。

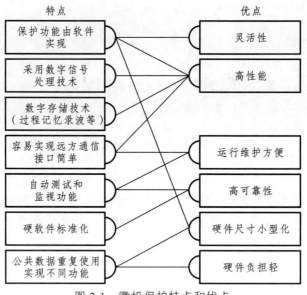

图 2-1　微机保护特点和优点

二、微机保护硬件的基本组成原理

从功能上说，微机保护装置可以分为 6 个部分：① 数字核心部件，即微机主系统；② 模拟量输入接口部件，即数据采集单元；③ 开关量输入接口部件；④ 开关量输出接口部件；⑤ 人机对话接口部件；⑥ 外部通信接口部件。微机保护硬件系统构成框图如图 2-2 所示。

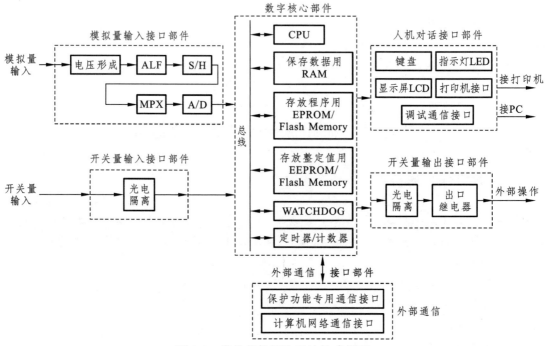

图 2-2　微机保护硬件系统构成框图

1. 数字核心部件

微机保护装置的数字核心部件实质上就是一台特别设计的专用微型计算机，一般由微处理器 CPU、只读存储器（EPROM）、随机存取存储器（RAM）、定时器（TIMER）及控制电路等部分组成，并通过数据总线、控制总线连成一个系统。CPU 执行存放在 EPROM 中的程序，对由数据采集系统输入至 RAM 区的原始数据进行分析处理，并与存放于 EEPROM 中的定值比较，以完成各种保护功能。

2. 模拟量输入接口部件

继电保护判断供电系统是否发生故障或处于不正常运行状态所依据的基本电量是模拟电量。一次系统的模拟电量可分为交流电量（包括交流电压和交流电流）、直流电量（包括直流电压和直流电流）以及各种非电量。微机保护装置模拟量输入接口部件的作用是将互感器输入的模拟电量正确地变换成离散化的数字量，提供给数字核心部分进行处理。

微机保护装置中模拟量输入回路中，模拟量的转换方式有两种：一是基于逐次逼近型 A/D 转换方式，二是利用电压/频率变换（VFC）原理进行 A/D 变换的方式。前者包括电压形成回路、模拟低通滤波器（ALF）、采样保持回路（S/H）、多路转换开关电路（MPX）及模/数转换回路（A/D）等功能块；后者主要包括电压形成、VFC 回路、计数器等环节。模拟量输入模块框图如图 2-3 所示。

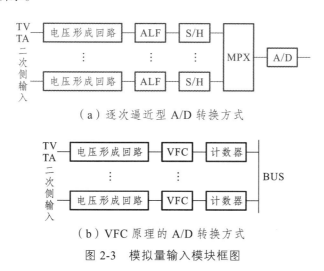

（a）逐次逼近型 A/D 转换方式

（b）VFC 原理的 A/D 转换方式

图 2-3　模拟量输入模块框图

3. 开关量输入接口部件

开关量是指反映"是"或"非"两种状态的逻辑变量，如断路器的"合闸"或"分闸"状态，控制信号的"有"或"无"状态等。继电保护装置常常需要确知开关量状态才能正确地动作。开关量输入大多数是触点状态的输入，可以分成两类：一类是安装在装置面板上的触点，如各种工作方式开关、调试装置或运行中定期检查装置用的键盘触点、复位按钮及其他按钮等；另一类是从装置外部经端子排引入装置的触点，如需要由运行人员不打开装置外盖而在运行中切换的各种连接片板、转换开关以及其他保护装置和操作继电器的触点等。

如图 2-4（a）所示，第一类触点与外界电路无联系，可以直接接至微机的并行接口，也可以直接与 CPU 口相连。在初始化时规定图中可编程并行口的 PA_0 为输入口，CPU 可以通过软件查询，随时知道外部触点 S 的状态。当 S 未被按下时，通过上拉电阻使 PA_0 为 5 V，S 按下时 PA_0 为 0 V。因此，CPU 通过查询 PA_0 的电平为 "0" 或为 "1"，就可以判断 S 是处于断开还是闭合状态。

如图 2-4（b）所示，第二类触点由于与外电路有联系，需经光耦器件进行电气隔离，以防触点输入回路引入的干扰。图中虚线框内是光耦元件，集成在一个芯片内。当外部触点 S 接通时，有电流通过光耦器件的发光二极管，使光敏三极管受激发而导通，三极管集电极电位呈低电平 "0"；当 S 打开时，光敏三极管截止，集电极输出高电平 "1"。因此，三极管集电极的电位即 PA_0 口的电位变化，代表了外部触点的通断情况。该 "0" "1" 状态可作为数字量由 CPU 直接读入并依据状态进行处理；也可以控制中断控制器发出中断请求，CPU 响应中断并进行相应的处理。

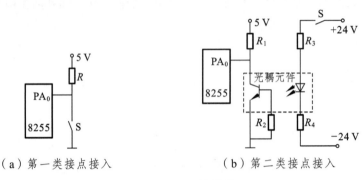

（a）第一类接点接入　　　　（b）第二类接点接入

图 2-4　开关量输入

4. 开关量输出接口部件

微机保护通过开关量输出（简称开出）的状态来控制保护的跳闸出口，以及本地和中央信号等。一般都采用并行接口的输出口来控制有触点继电器（干簧或密封小中间继电器）的方法。为提高抗干扰能力，也要经过光电隔离，如图 2-5 所示。只要由软件使并行口的 PB_0 输出 "0"、PB_1 输出 1，就可以使与非门 Y_2 输出低电平，使发光二极管导通，光敏三极管激发导通，继电器 K 动作，其触点闭合，启动后级电路。在初始化和需要继电器返回时，应使 PB_0 输出 "1"、PB_1 输出 "0"。

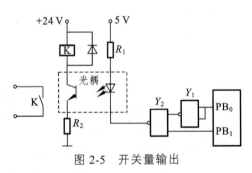

图 2-5　开关量输出

这里经与非门 Y_1（用作反相器）及与非门 Y_2 输出，而不是将发光二极管直接同并行口相连，一方面是为了增强并行口的带负荷能力，另一方面是在采用了与非门后，要满足两个条件才能使 K 动作，从而增加了抗干扰能力。

5. 人机对话接口部件

人机对话接口部件的作用是建立起微机保护与使用者之间的信息联系，以便对装置进行人工操作、调试和得到反馈信息。人机对话接口部件主要包括以下几部分。

（1）键盘。用来修改整定值和输入控制命令，必要时辅之以切换开关。

（2）显示屏。通常采用图形化液晶显示屏（LCD），可以提供当前或历史记录的丰富信息，如整定值、控制命令、采用值、故障报告及保护装置运行状态的报告等。

（3）指示灯。通常采用发光二极管（LED），可对一些非常重要的事件，如保护已动作、装置运行正常、装置故障等提供明显的监视信号。

（4）打印机接口。用来驱动打印机形成文字报告。

（5）调试通信接口。用于微机保护进行现场调试时与通用计算机相连，实现视窗化和图形化的高级自动调试功能。

6. 外部通信接口部件

外部通信接口部件的作用是提供与计算机局域网以及远程通信网络的信息通道。外部通信接口可分为两类：一类通信接口为实现特殊保护功能的专用通信接口，如输电线路纵联保护，要求位于线路两端的保护交换信息和相互配合，共同完成保护功能；另一类通信接口为通用计算机网络接口，可与电站计算机局域网及供电系统计算机远程通信网相连，实现供电系统的自动化，如数据共享、远方操作及远方维护等。

另外，微机保护装置还有专用的电源部分，通常采用逆变稳压电源。一般地，集成电路芯片的工作电压为 5 V，而数据采集系统的芯片通常需要双极性的 ± 15 V 或 ± 12 V 的工作电压，继电器回路则需要 24 V 电压。因此，微机保护装置的电源至少要提供 5 V、± 15 V（± 12 V）、24 V 等几个电压等级，而且各级电压之间应不共地，以避免相互干扰甚至损坏芯片。

内容二 模拟量的采集与处理

变电站的模拟量主要有三种类型：① 工频变化的交流电气量，如交流电压、交流电流等；②变化缓慢的直流电气量，如直流系统电压、电流等；③ 变化缓慢的非电气量，如温度等。这些模拟量都是随时间连续变化的物理量。由于 CPU 只能识别数字量，因此模拟量信号必须通过模拟量输入模块转换成相应的数字量信号后才能输入 CPU 进行处理。

一、模拟量输入电路简述

间隔层装置采集变电站测控对象的电流、电压、有功功率、无功功率、温度等都属于模拟量。模拟量的输入电路是自动化装置中很重要的电路，自动化装置的动作速度和测量精度等性能都与该电路密切相关。模拟量输入电路的主要作用是隔离、规范输入电压及完成模数变换，以便与 CPU 接口，完成数据采集任务。

根据模数变换原理的不同，自动化装置中模拟量输入电路有两种方式：一是基于逐次逼近型 A/D 转换方式（ADC），也就是直接将模拟量转变为数字量的变换方式；二是利用电压/

频率变换（VFC）原理进行模数变换的方式，它是将电压模拟量先转换为频率脉冲量，通过脉冲计数变换为数字量的一种变换形式。

另外，计算机输出的信号是以数字的形式给出的，而有的执行元件要求提供模拟的电流或电压，故必须采用模拟量输出通道来实现。下面分别说明上述问题。

二、基于逐次逼近型 A/D 变换的模拟量输入电路

一个模拟量从测控对象的主回路到微机系统的内存，中间要经过多个转换环节和滤波环节。典型的模拟量输入电路的结构框图如图 2-6 所示。主要包括电压形成回路、低通滤波回路、采样保持、多路转换开关及 A/D 变换芯片 5 部分。下面分别叙述这些部分的工作原理及作用。

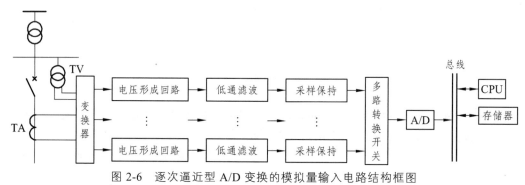

图 2-6　逐次逼近型 A/D 变换的模拟量输入电路结构框图

（一）电压形成回路

自动化装置常从电流互感器（TA）和电压互感器（TV）取得信息，但这些互感器的二次侧电流或电压量不能适应模数变换器的输入范围要求，故需对它们进行变换。其变换原理图如图 2-7 所示。

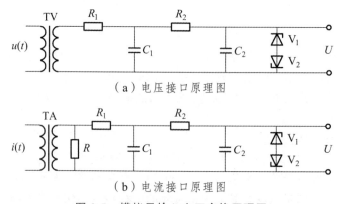

（a）电压接口原理图

（b）电流接口原理图

图 2-7　模拟量输入电压变换原理图

一般采用中间变换器将由一次设备电压互感器二次侧引来的电压进一步降低，将一次设备电流互感器二次侧引来的电流变成交流电压。再经低通滤波器及双向限幅电路将经中间变换器降低或转换后的电压变成后面环节中 A/D 转换芯片所允许的电压。

一般模数转换芯片要求输入信号电压为 ±5 V 或 ±10 V，由此可以决定上述各种中间变换器的变比。

电压形成回路除了起电量变换作用外，另一个重要作用是将一次设备的电流互感器（TA）、电压互感器（TV）的二次回路与微机 A/D 转换系统完全电气隔离，提高电路的抗干扰能力。图 2-7 所示电路中的稳压管组成双向限幅，使后面环节的采样保持器、A/D 变换芯片的输入电压限制在峰-峰值 ±10 V（或 ±5 V）以内。

图 2-8 所示为典型的间隔层保护装置电压形成回路三相电流、三相电压、零序电流及输电线路抽取电压等的输入。U_x 为重合闸中检无压、检同期元件用的线路侧抽取电压输入。如果重合闸不投或无同期问题，该电压可以不接入。

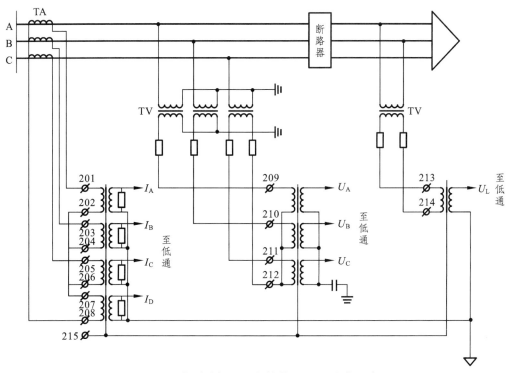

图 2-8　典型的间隔层保护装置电压形成回路

（二）低通滤波器与采样定理

1. 连续时间信号的采样

微机处理的都是数字信号，所以必须将随时间连续变化的模拟信号变成数字信号，为达到这一目的，首先要对模拟量进行采样。采样是将一个连续的时间信号 $x(t)$ 变成离散的时间信号 $x'(t)$，采样过程可用图 2-9 表示。

采样时间间隔由采样控制脉冲 $s(t)$ 来控制，相邻两个采样时刻的时间间隔称为采样周期，通常用 T_s 表示。采样仅是每隔 T_s 时间就取一次模拟信号的即时幅值，显然它在各个采样点上 $(0, T_s, 2T_s, \cdots)$ 的幅值与输入的连续信号 $x(t)$ 的幅值是相同的。在自动化装置中，对电压、电流量的采样是以等采样周期间隔来表示的。采样周期 T_s 的倒数就是采样频率 f_s，即

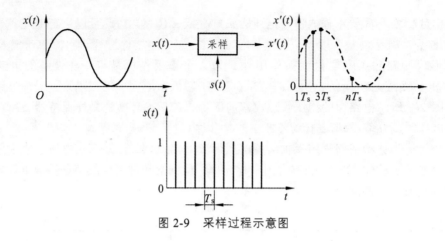

图 2-9　采样过程示意图

$$f_s = \frac{1}{T_s} \qquad (2\text{-}1)$$

输入模拟信号 $x(t)$ 经过理想采样变成 $x'(t)$ 后可以用式（2-2）表示

$$x'(t) = x(t)\big|_{t=nT_s} \qquad (2\text{-}2)$$

在自动化装置中，被采样的信号 $x(t)$ 主要是工频 50 Hz 信号，通常以工频每个周期的采样点数来间接定义采样周期 T_s 或采样频率 f_s。例如，若工频每个周期采样点数为 12 次，则采样周期是 $T_s = 20/12\,(\text{ms}) = 5/3\,(\text{ms})$，采样频率 $f_s = 50\,\text{Hz} \times 12 = 600\,\text{Hz}$。

2. 采样定理

采样是否成功，主要表现在采样信号 $x'(t)$ 能否真实地反映出原始的连续信号中所包含的重要信息。采样定理就回答了这个问题。

我们先观察图 2-10 所示的波形。设被采样的信号 $x(t)$ 的频率为 f_0，其波形如图 2-10（a）所示。对其进行采样，图 2-10（b）是对 $x(t)$ 每周期采一点，即 $f_s = f_0$，采样后采样点所看到的为一直流量（见虚线）；图 2-10（c）中，当 f_s 略大于 f_0 时（这里 $f_s = 1.5f_0$），采样后所看到的是一个差拍低频信号；又由图 2-10（d）可见，当 $f_s = 2f_0$ 时，采样所看到的是频率为 f_0 的信号。不难想象，当 $f_s > 2f_0$，采样后所看到的信号更加真实地反映了输入信号 $x(t)$。由此

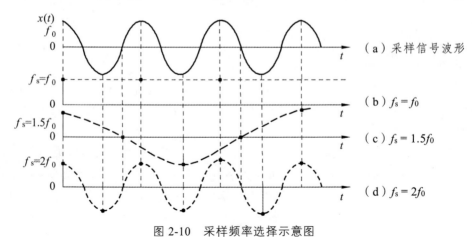

图 2-10　采样频率选择示意图

可见，当 $f_s < 2f_0$ 时，频率为 f_0 的输入信号被采样之后，将被错误认为是一低频信号，我们把这种现象称为"频率混叠"现象。显然，在 $f_s \geq 2f_0$ 后，将不会出现频率混叠现象。因此，若要不丢掉信息地对输入信号进行采样，就必须满足 $f_s \geq 2f_0$ 这一条件。若输入信号 $x(t)$ 含有各种频率成分，其最高频率为 f_{max}，若要对最高频率为 f_{max} 的信号不失真地采样，或者采样后不产生频率混叠现象，采样频率必须不小于 $2f_{max}$，即 $f_s \geq 2f_{max}$。也就是说，为了使信号被采样后不失真还原，采样频率必须不小于 2 倍的输入信号的最高频率，这就是奈奎斯特采样定理的基本思想。举例来说，小电流接地系统检测装置，要采样的信号是 5 倍频的电流信号，即 $f_0 = 5 \times 50\,\text{Hz} = 250\,\text{Hz}$，采样频率至少应选 $f_s \geq 2 \times 250\,\text{Hz}$ 才能保证采样的 5 倍频电流信号不失真地还原。

3. 低通滤波器的设置

电力系统在故障的暂态期间，电压和电流含有较高的频率成分，如果要对所有的高次谐波成分均不失真地采样，依据采样定理，那么其采样频率就要取得很高，这将对硬件速度提出很高要求，使装置成本增高，这是不现实的。实际上，目前大多数自动化装置原理都是反映工频分量的，或者是反映某种高次谐波（例如 5 次谐波分量），故可以在采样之前将最高信号频率分量限制在一定频带内，即限制输入信号的最高频率，以降低采样频率 f_s，这样一方面降低了对硬件的速度要求，另一方面对所需的最高频率信号的采样不至于发生失真。

要限制输入信号的最高频率，只需要在采样前用一个模拟低通滤波器（ALF），将 $f_s/2$ 以上的频率分量滤去即可。模拟低通滤波器可以做成无源或者有源的。图 2-2 所示是常用的 RC 低通滤波器，滤波器的阶数则根据具体的要求来确定。

模拟低通滤波器的幅频特性的最大截止频率，必须根据采样频率 f_s 的取值来确定。例如，当采样频率是 1 000 Hz 时，即交流频率为 50 Hz 时，每周期采 20 个点，则要求模拟低通滤波器必须滤除输入信号大于 500 Hz 的高频分量；而采样频率是 600 Hz 时，则要求必须滤除输入信号大于 300 Hz 的高频分量。

（三）采样保持器

连续时间信号的采样及其保持是指在采样时刻上，把多个输入模拟信号的瞬时值同时采集并记录下来，并按所需的要求准确地保持一段时间，供模数转换器 A/D 使用。对于采用逐次逼近型模数转换器 A/D 的数据采集系统，因模数转换器 A/D 的工作需要一定的转换时间，因此，需要使用采样保持器。

（四）模拟量多路转换开关（MPX）

在实际的数据采集模块中，被测量往往可能是几路或者几十路，对这些回路的模拟量进行采样和 A/D 转换时，为了共用 A/D 转换器而节省硬件，可以利用多路开关轮流切换各被测量与 A/D 转换电路的通路，达到分时转换的目的。在模拟输入通道中，其各路开关是"多选一"，即其输入是多路待转换的模拟量，每次只选通一路，输出只有一个公共端接至 A/D 转换器。

下面以常用的 16 路多路转换开关芯片 AD7506 为例，说明多路转换开关的工作过程。AD7506 的内部结构如图 2-11 所示，其引脚的功能分述如下。

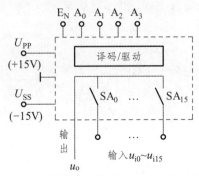

图 2-11　多路转换开关芯片 AD7506 的内部结构

A_0、A_1、A_2、A_3：通道数选择，由 CPU 赋值，赋予不同的二进制码可选通 16 路中对应电子开关 SA，当某一路被选中，此路的 SA 闭合，将此路输入接通到输出端。

u_{i0}、$\cdots$、u_{i15}：输入端，共 16 路，可以接入 16 个输入量。

u_0：输出端。

E_N：使能端，只有当 E_N 为高电位时，AD7506 才能工作。

各引脚的配合见表 2-1，其中，"×"表示取任意值。

表 2-1　AD7506 内部结构引脚配合表

E_N	A_0　A_1　A_2　A_3	选通通道	选中开关	输出 u_0
1	0　0　0　0	0	SA_0	$u_0 = u_{i0}$
1	0　0　0　1	1	SA_1	$u_0 = u_{i1}$
...	...	...	...	...
1	1　1　1　1	15	SA_{15}	$u_0 = u_{i15}$
0	×　×　×　×	显示	无	无输出

从引脚配合表可以看出，当 CPU 按顺序赋予不同的二进制地址，多路转换开关通过译码电路选通相应的地址时，就将相应路径接通，使输出电压 u_0 等于相应路径的输入量 u_{in}。

在实际中，采用的多路开关有双四选一模拟开关，如美国 RCA 公司的 CD4052、AD 公司的 AD7052；有八选一多路开关，如 CD4051、AD7051、AD7053 等；有 16 路选一路开关，如 CD4067 和 AD7506 等。

目前已有不少贴片的多路模拟开关芯片，体积很小，用于变电站综合自动化系统可使装置的体积减小，尤其适合分散式的单元模块。

（五）模/数变换（A/D）

微机型系统只能对数字量进行运算或逻辑判断，而牵引供电系统中的电流、电压等信号均为模拟量。因此，必须用模/数变换器（ADC）将连续变换的模拟信号转换为数字信号，以便微机系统或数字系统进行处理、存储、控制和显示。

由于应用特点和要求的不同，需要采用不同工作原理的 A/D 变换器。A/D 变换器主要有以下几种类型：逐次逼近型、积分型、计数型、并行比较型等。在选用 A/D 变换器时，主要应根据使用场合的具体要求，按照转换速度、精度、价格、功能以及接口条件等因素而决定选用哪种类型。

1. 模/数变换器（ADC）的工作原理

在微机监控和微机保护中最常用的是逐次逼近型原理实现的 A/D 转换器，其原理框图如图 2-12 所示。它主要由逐次逼近寄存器 SAR、D/A 转换器、比较器以及时序和控制逻辑等部分组成。它的实质是逐次把设定的 SAR 寄存器中的数字量经 D/A 转换后得到的电压 U_c 与待转换的模拟电压 U_x 进行比较。比较时，先从 SAR 的最高位开始，逐次确定各位的数码是"1"还是"0"，其工作过程如下。

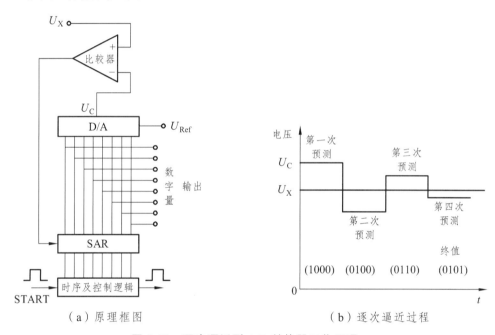

（a）原理框图 （b）逐次逼近过程

图 2-12 逐次逼近型 A/D 转换器工作原理

在进行转换时，先将 SAR 寄存器各位清零。转换开始时，控制逻辑电路先设定 SAR 寄存器的最高位为"1"，其余各位为"0"，此试探值经 D/A 转换成电压 U_c，然后将 U_c 与模拟输入电压 U_x 比较。如果 $U_x \geqslant U_c$，说明 SAR 最高位的"1"应予保留；如果 $U_x < U_c$，说明 SAR 该位应予清零。然后再对 SAR 寄存器的次高位置"1"，依上述方法进行 D/A 转换和比较。如此重复上述过程，直至确定 SAR 寄存器的最低位为止。过程结束后，状态线 EOC 改变状态，表明已完成一次转换。最后，逐次逼近寄存器 SAR 中的内容就是与输入模拟量 U_x 相对应的二进制数字量。显然 A/D 转换器的位数 N 取决于 SAR 的位数和 D/A 的位数。图 2-7（b）表示四位 A/D 转换器的逐次逼近过程。转换结果能否准确逼近模拟信号，主要取决于 SAR 和 D/A 的位数。位数越多，越能准确逼近模拟量，但转换所需的时间也越长。

逐次逼近 A/D 转换器的主要特点是：

（1）转换时间固定，不随输入信号的变化而变化。

（2）转换速度较快，一般在 1～100 μs 以内。分辨率可以达 18 位，特别适用于工业系统。

（3）抗干扰能力相对积分型的差。例如，对模拟信号采样过程中，若在采样时刻有一个干扰脉冲叠加在模拟信号上，则采样时，包括干扰信号在内，都被采样和转换为数字量，这就会造成较大的误差，所以有必要采取适当的滤波措施。

2. A/D 转换器的主要技术性能指标

（1）分辨率。分辨率反映 A/D 转换器对输入微小变化响应的能力，通常用数字输出最低位（LSB）所对应的模拟输入的电平值表示。例如，8 位 A/D 转换器能对模拟量输入满量程的 $1/2^8=1/256$ 的增量做出反映。N 位 A/D 能反映 $1/2^N$ 满量程的模拟量输入电压。由于分辨率直接与转换器的位数有关，所以一般也简单地用数字量的位数来表示分辨率，即 N 位二进制数最低位所具有的权值就是它的分辨率。表 2-2 列出了几种位数与分辨率的关系。

表 2-2　位数与分辨率的关系

位数	分辨率（分数）	位数	分辨率（分数）
4	$1/2^4=1/16$	12	$1/2^{12}=1/4\,096$
8	$1/2^8=1/256$	16	$1/2^{16}=1/65\,536$
10	$1/2^{10}=1/1024$		

（2）精度。精度有绝对精度（Absolute Accuracy）和相对精度（Relative Accuracy）两种表示方法。绝对精度以数字量的最小有效位（LSB）的分数值来表示绝对精度，例如 ±1LSB、$\pm\frac{1}{2}$LSB、$\pm\frac{1}{4}$LSB 等。绝对误差包括量化误差和其他所有误差。相对精度是指整个转换范围内，任一数字量所对应的模拟输入量的实际值与理论值之差，用模拟电压满量程的百分比表示。例如：满量程为 10 V 的 10 位 A/D 芯片，若其绝对精度为 $\pm\frac{1}{2}$LSB，则其最小有效位的量化单位 $\Delta E = 9.77\ \text{mV}$，其绝对精度为 $\frac{1}{2}\Delta E = 4.88\ \text{mV}$，其相对精度为 $\frac{4.88\ \text{mV}}{10\ \text{V}} = 0.048\%$。

值得注意的是，分辨率与精度是两个不同的概念，不要把两者混淆。精度是指转换或所得结果对于实际值的准确度，而分辨率是指能对转换结果产生影响的最小输入量。即使分辨率很高，也可能由于温度漂移、线性度等原因而使精度不够高。

（3）电源灵敏度。电源灵敏度是指 A/D 转换芯片的供电电源的电压发生变化时产生的转换误差，一般用电源变化 1% 时相当的模拟量变化的百分数来表示。

（4）转换时间。转换时间是指完成一次 A/D 转换所需的时间，即由发出启动转换命令信号到转换结果信号开始有效的时间间隔。转换时间的倒数称为转换速率。例如 AD574 的转换时间为 25 µs，其转换速率为 40 kHz。

（5）输出逻辑电平。多数 A/D 转换器的输出逻辑电平为 5 V，与 TTL 电平兼容，因为 CPU 数据通信总线的电平就是 5 V。故在考虑数字量输出与微处理器的数据总线接口时，应注意是否要三态逻辑输出，是否要对数据进行锁存等。

（6）工作温度范围。由于温度会对比较器、运算放大器、电阻网络等产生影响，故只在一定的温度范围内才能保证额定精度指标。一般 A/D 转换器的工作温度范围为 0 ~ 70 ℃，军用品的工作温度范围为 -55 ~ +125 ℃。

（7）量程。量程是指所能转换的模拟输入电压的范围，分单极性、双极性两种类型。例如，单极性量程为 $0 \sim +5\,\text{V}$、$0 \sim +10\,\text{V}$、$0 \sim +20\,\text{V}$；双极性量程为 $-2.5 \sim +2.5\,\text{V}$、$-5 \sim +5\,\text{V}$、$-10 \sim +10\,\text{V}$。

目前，常用的 A/D 转换芯片为 AD574，是快速 12 位逐次比较型 A/D 转换器，由美国模拟器件公司生产，28 脚双列直插式标准封装，其内部包括快速 12 位 D/A 转换器、高性能比较器、逐次比较逻辑寄存器、时钟电路、逻辑控制电路及三态输出数据锁存器等。一次转换时间为 25 μs，工作电源为 $\pm 15\,\text{V}$ 和 $+5\,\text{V}$。

三、基于 V/F 转换的模拟量输入电路

通过了解逐次逼近式 A/D 变换原理可知，这种 A/D 变换过程中，CPU 要使采样保持、多路转换开关及 A/D 变换器三个芯片之间协调好，因此接口电路复杂。而且 ADC 芯片结构较复杂，成本高。目前，许多微机应用系统采用电压-频率变换技术进行 A/D 变换。

（一）VFC 型 A/D 变换简述

电压-频率变换技术（VFC）的原理是将输入的电压模拟量 u_{in}，线性地变换为数字脉冲式的频率 f，使产生的脉冲频率正比于输入电压的大小，然后在固定的时间内用计数器对脉冲数目进行计数，使 CPU 读入，其原理框图如图 2-13 所示。

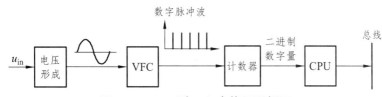

图 2-13　VFC 型 A/D 变换原理框图

图中 VFC 可采用 AD654 芯片，计数器可采用 8031 或内存计数器，也可采用可编程的集成电路计数器 8253。CPU 每隔一个采样间隔时间 T_s，读取计数器的脉冲计数值，并根据比例关系算出输入电压 u_{in} 对应的数字量，从而完成模数转换。

VFC 型的 A/D 变换方式及与 CPU 的接口，要比 ADC 型变换方式简单得多，CPU 几乎不需要对 VFC 芯片进行控制。装置采用 VFC 型的 A/D 变换，建立了一种新的变换方式，为微机系统带来很多好处，其优点可归纳如下：

（1）工作稳定，线性好，电路简单。

（2）抗干扰能力强，VFC 是数字脉冲式电路，因此它不受脉冲和随机高频噪声干扰。可以方便地在 VFC 输出和计数器输入端之间接入光隔元件。

（3）与 CPU 接口简单，VFC 的工作不需要 CPU 控制。

（4）可以方便地实现多 CPU 共享一套 VFC 变换。

（二）典型的 VFC 芯片 AD654 的结构及工作原理

1. VFC 芯片 AD654 的结构

AD654 芯片是一个单片 VFC 变换芯片，中心频率为 250 kHz。它是由阻抗变换器 A、压

控振荡器和驱动输出级回路构成，其内部结构如图 2-14（a）所示。压控振荡器是一种由外加电压控制振荡频率的电子振荡器件，芯片只需外接一个简单 RC 网络，经阻抗变换器 A 变换输入阻抗可达到 50 MΩ。振荡脉冲经驱动级输出可带 12 个 TTL 负载或光合耦合器件。要求光隔器具有高速光隔性能。

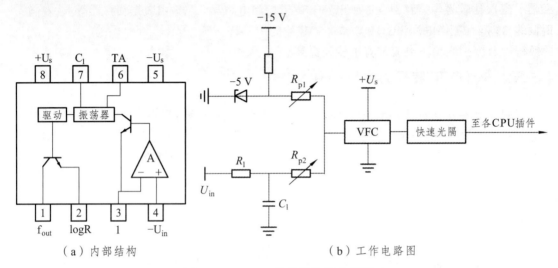

（a）内部结构　　　　　　　　　　（b）工作电路图

图 2-14　AD654 芯片结构及电路图

2. AD654 的工作电路

AD654 芯片的工作方法有两种方式，即正端输入方式和负端输入方式。在装置上大多采用负端输入方式。因此 4 端接地，3 端输入信号，见图 2-14（b）。由于 AD654 芯片只能转换单极性信号，所以对于交流电压的信号输入，必须有个负的偏置电压，它在 3 端输入。此偏置电压为 −5 V，其压控振荡频率与网络电阻的关系如下式

$$f_{\text{out}} = \frac{1}{10C_{\text{T}}} \left[\frac{5}{(R + R_{\text{P1}})} + \frac{u_{\text{in}}}{R_1 + R_{\text{P2}}} \right] \tag{2-3}$$

式中：u_{in} 为输入电压；C_{T} 为外接振荡电容。

可见输出频率 f_{out} 与输入电压 u_{in} 呈线性关系。R_{P1} 用来调整偏置值，使外部输入电压为零时输出频率为 250 kHz，从而使交流电压的测量控制范围控制在 ±5 V 的峰值内，这也叫零漂调整。各通道的平衡度及刻度比可用电位器 R_{P2} 来调整。R_1 和 C_1 设计为浪涌吸收回路，不是低通滤波器。VFC 的变换特性与输入交流信号的变换关系见图 2-15。通常整套微机装置的调整只有 R_{P1} 和 R_{P2} 可调，并在出厂时都已调好，一般可以不加调整，需要调整时也只要稍做一些微调即可。

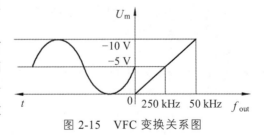

图 2-15　VFC 变换关系图

3. VFC 的工作原理

当输入电压 u_{in}=0 时，由于偏置电压 −5 V 加在输入端 3 上，输出信号是频率为 250 kHz

的等幅等宽的脉冲波，见图 2-16（a）。当输入信号是交流信号时，经 VFC 变换后输出的信号是被 u_{in} 交变信号调制了的等幅脉冲调频波，见图 2-16（b）。由于 VFC 的工作频率远远高于工频 50 Hz，因此就某一瞬间而言，交流信号频率几乎不变，所以 VFC 在这一瞬间变换输出的波形是一连串频率不变的数字脉冲波，可见 VFC 的功能是将输入电压变换成一连串重复频率正比于输入电压的等幅脉冲波。而且，VFC 芯片的中心频率越高，其转换的精度也就越高。在新型的自动装置中采用 VFC110 芯片，该芯片的中心频率为 2 MHz，是 AD654 的 8 倍，因此变换精度及保护的精工电流都有了较大提高。

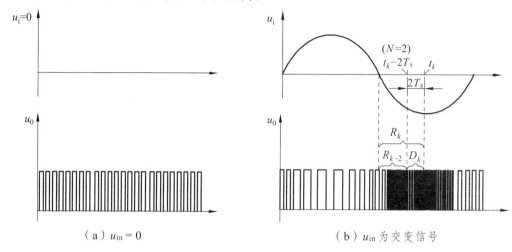

（a）u_{in} = 0 　　　　　　　　（b）u_{in} 为交变信号

图 2-16　VFC 工作原理和计数采样

4. 采样计数

计数器对 VFC 输出的数字脉冲计数值是脉冲计数的累计值，如 CPU 每隔一个采样间隔 T_s 读取计数器的计数值，并计作…R_{k-1}、R_k、R_{k+1}…，则在 $t_k - NT_s$ 至 t_k 的这一段时间内计数器计到的脉冲数为 $D_k = R_k - R_{(k-N)}$，如图 2-11（b）所示。如果每个脉冲数对应的电压值（V）为 K_b 系数，则输入电压 u_{in} 可用下式表示

$$u_{in} = (D_k - D_0) \times K_b \qquad\qquad (2\text{-}4)$$

式中：D_0 为 250 kHz 中心频率对应的脉冲常数[见图 2-15 和图 2-16（a）]。

增大 N 值可提高分辨率和精度，但也增加了采样时间。数据采集系统可以根据要求，用软件自动改变 N 值，以兼顾速度和精度。

在自动化装置的定值整定清单中，式（2-4）中的 K_b 常用 U_p 表示电压比例系数，用 I_p 表示电流比例系数。这些系数是厂家给定并已调整好的，用户不必整定调整。

值得注意的是，式（2-4）表示的 u_{in} 是在 $t_k - 2T_s \sim t_k$ 极短时间内的瞬时值，并不是有效值。如果要计算有效值还必须对该交变信号连续采样，然后由软件按一定算法计算。

（三）逐次逼近式和电压-频率变换式两种数据采集系统的特点分析

以上我们介绍了两种数据采集系统的构成及工作原理，通过分析我们可以看出两者都具有各自的工作特点，在使用时，应根据需要加以选择。两种数据采集系统的特点，主要体现在以下几个方面：

（1）逐次逼近式数据采集系统的模数转换数字量对应于模拟输入电压信号的瞬时采样值，可直接将此数字量用于数字算法；而电压-频率变换式数据采集系统在每一个采样时刻读出的计数器数值不能直接使用，必须采用相隔一定时间间隔的计数器读值之差后才能用于各种算法，且此计数器读值之差对应于在一定时间内模拟输入电信号的积分值。对于要求动作速度较快的微机型装置应采用逐次逼近式数据采集系统。

（2）逐次逼近式数据采集系统，一旦转换芯片选定后，其输出数字量的位数不可变化，即分辨率不能再改变。而电压-频率变换式 VFC 数据采集系统则可以通过增大计算脉冲时间间隔来提高其转换精度或分辨率。

（3）对于逐次逼近式数据采集系统，对芯片的转换时间有严格的要求，必须满足在一个采样时间间隔内快速完成数据采集，以留给微型机时间去执行软件程序。而电压-频率变换式 VFC 数据采集系统则不存在转换速度的问题，它是利用输入计数器的脉冲的计数值来获取模拟输入信号在某一时间内的积分值对应的数字量。在使用时应注意到计数芯片的输入脉冲频率不能超出极限计数频率。

（4）逐次逼近式数据采集系统中需要由定时器按规定的采样时刻，定时给采样保持芯片发出采样和保持的脉冲信号，而电压-频率变换式数据采集系统则只需按采样时刻读出计数器的数值。

四、输入数据的前置处理

计算机采集的模拟量种类繁多，通过 A/D 转换器变换成数字量后送计算机。经过 A/D 转换读入的数据，以不同的通道号代表不同的物理量，存入指定的存储单元。上述数据还要进行一系列简单处理（即前置处理），然后存入数据库保存。数据前置处理流程如图 2-17 所示。

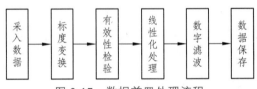

图 2-17　数据前置处理流程

（一）标度变换

进入 A/D 的信号一般是电平信号，但其意义却有所不同，例如同样是 5 V 电压，可以代表 90°变压器温度，也可以代表 500 A 电流或 110 kV 电压等。因此，经 A/D 转换后的同一数字量所代表的物理意义是很不相同的。所以要由计算机乘上不同的系数进行标度变换，把它们恢复到原来的量值。

（二）数据的有效性检验

数据有效性检验的目的是判断采入的数据是否有明显的出错或人为干扰信号等。可根据物理量的特性来判断，例如：

（1）变化缓慢的参数，可用同一参数前、后周期的变化量来判断。如果后一周期内的量变化超过一定范围，与规律不符，则可认为该数据是不可信的"坏"数据。

（2）利用相关参数间的关系互相校核。例如励磁电压与励磁电流之间有较强的相关性，可以相互校核。当励磁电压升高时，励磁电流必定按一定关系上升，不符合这种情况的数据是不可信的。

（3）对于一些重要参数，可以用两个测点或在同一测点上装两台变送器，用它们之间的差值进行校核。差值超过一定数值的数据是不可信的。对于可疑数据，需进一步判别。

（4）限制判断。各种数据，当超过其可能最大变化范围时，该数据为不可信的。

可见，根据量值的类型，选择合适的判断方法，达到可信目的，是数据有效性检验的任务。

（三）线性化处理

有的变送器的输出信号与被测参数之间可能呈非线性关系，为了提高测量精度，可采取线性拟合措施，以消除传感器或转换过程引起的非线性误差。

（四）数字滤波

输入的信号中常混杂有各种频率的干扰信号。因此，在采集的输入端通常加入 RC 低通滤波器，用于抑制某些干扰信号。RC 滤波器易实现对高频干扰信号的抑制，但欲抑制低频干扰信号（如频率为 0.01 Hz 的干扰信号）则要求 C 值太大，不易实现。而数字滤波器可以对极低频率的干扰信号进行滤波，从而弥补了 RC 滤波器不足。

数字滤波就是在计算机中用一定的计算方法对输入信号的量化数据进行数学处理，减少干扰在有用信号中的比重，提高信号的真实性。这是一种软件方法，对滤波算法的选择、滤波系数的调整都有极大的灵活性，因此在模拟量的处理上广泛采用。

内容三　开关量的输入与输出

一、开关量的隔离和检测识别

开关量的隔离是基于以下考虑：一是变电所断路器、隔离开关的辅助触点距离主控室一般较远（约几十米），同时为了克服辅助触点的接触电阻，作为开关信号的电压一般都较高（采用 110 V 或 220 V），这种高电压是不能直接进入微机接口电路的，因此必须加以隔离。二是断路器、隔离开关和继电器等常处于强电场中，电磁干扰比较严重，若不采取隔离措施，则当开关（触点）动作时，可能会干扰程序的正常执行，产生所谓"飞车"的软故障，甚至损坏接口芯片或 CPU。所谓开关量的隔离，是指低压输入电路与大功率电源的隔离、外部现场器件及传输线与数字电路的隔离、多个输入电路之间的隔离等。常用的开关量的隔离方法主要有光电隔离、继电器隔离、继电器和光电耦合器双重隔离三种。

（一）光电隔离

利用光电耦合器可以实现现场开关量与计算机总线之间的完全隔离。光电耦合器的原理接线如图 2-18 所示。光电耦合器由发光二极管和光敏三极管组成，集成在一个芯片内，发光二极管和光敏三极管之间完全绝

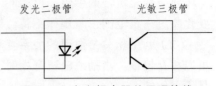

图 2-18　光电耦合器的原理接线

缘且分布电容极小，这样就极大地削弱了外部接线回路对微机系统的干扰。在光电耦合器里，信息传送介质为光，输入和输出都是电信号，由于信息的传送和转换的过程都是在不透光的密闭环境中进行的，因而排除了外界电磁信号的干扰和外界光的影响。

光电耦合器的工作原理为：光电隔离是通过输入信号使光电耦合器中的发光二极管发光，其光线又使光敏三极管饱和导通产生电信号输出，从而既完成了信号的传递又实现电气上的隔离。光电耦合的时间一般不超过几微秒。光电耦合器的输入端和输出端在电气上是完全绝缘的，且输入端对输出端也无反馈，因此具有隔离和抗干扰两方面的独特性能。

（二）继电器隔离

对于发电厂、变电所现场的断路器、隔离开关、继电器的辅助触点和主变压器分接开关位置等开关信号，输入至微机系统时，也可以通过继电器隔离，其原理接线图如图 2-19 所示。

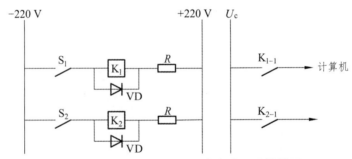

图 2-19　开关量的继电器隔离方式原理接线图

利用现场断路器或隔离开关的辅助触点 S_1、S_2 接通，去启动小信号继电器 K_1、K_2。然后由 K_1、K_2 的触点 K_{1-1}、K_{2-1} 等输入至微机系统，这样做可起到很好的隔离作用。

（三）继电器和光电耦合器双重隔离

在线路比较长、干扰比较严重的场合，可以采用继电器和光电耦合器双重隔离，以增强隔离的效果，即现场开关的辅助触点先经过继电器隔离，继电器的辅助触点再经过光电耦合器隔离，然后再输入至计算机。这种双重隔离对提高抗干扰能力和消除开关动作时的抖动具有很好的效果。

二、开关量输入电路

开关量输入电路包括断路器和隔离开关的辅助触点、跳合闸位置继电器接点、有载调压

变压器的分接头位置等输入、外部装置闭锁重合闸触点输入、装置上连接片位置输入等回路，这些输入可分成两大类：

（1）安装在装置面板上的接点。这类接点包括在装置调试时用的或运行中定期检查装置用的键盘接点以及切换装置工作方式用的转换开关等。

（2）从装置外部经过端子排引入装置的接点。例如需要由运行人员不打开装置外盖在运行中切换的各种压板、转换开关以及其他装置和操作继电器等。

对于装在装置面板上的接点，可直接接至微机的并行口，如图 2-20 所示。只要在可初始化时规定图中可编程的并行口的 PA_0 为输入端，则 CPU 就可以通过软件查询，随时知道图 2-20 外部接点 K_1 的状态。

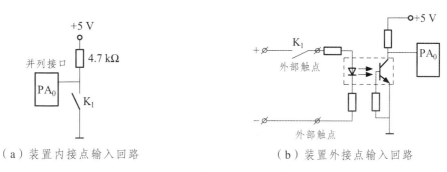

（a）装置内接点输入回路　　　　　（b）装置外接点输入回路

图 2-20　开关量输入电路原理图

对于从装置外部引入的接点，如果也按图 2-20（a）接线，将给微机引入干扰，故应经光电隔离，如图 2-20（b）所示。图中虚线框内是一个光电耦合器件，集成在一个芯片内。当外部触点 K_1 接通时，有电流通过光电器件的发光二极管回路，使光敏三极管导通。K_1 打开时，则光敏三极管截止。因此，三极管的导通与截止完全反映了外部接点的状态，如同将 K_1 接到三极管的位置一样，不同点是可能带有电磁干扰的外部接线回路和微机的电路部分之间无直接的电联系，而光电耦合芯片的两个互相隔离部分的分布电容只有几个皮法，因此可大大削弱干扰。

三、开关量输出电路

开关量输出（简称开出）主要包括保护的跳闸出口、本地和中央信号以及通信接口、打印机接口等，一般都采用并行接口的输出来控制有接点继电器（干簧或密封小中间继电器）的方法，但为提高抗干扰能力，最好也经过一级光电隔离。

对于通信接口、打印机接口等装置内部的数字信号，可以采取如图 2-21（a）所示的接法。由于不是直接控制跳、合闸，实时性和重要性的要求并不是很高，所以可用一个输出逻辑信号控制输出数字信号。这里光电耦合器的作用是既实现两侧电气的隔离，提高抗干扰能力，又可以实现不同逻辑电平的转换。

对于保护的跳闸出口、本地和中央信号等，微机保护装置通过数字量输出的"0"或"1"状态来控制执行回路（如报警信号或跳闸回路继电器触点的"通"或"断"）。开关量输出接口的作用是为正确地发出开关量操作命令提供输出通道，并在数字式装置内、外部之间实现电气隔离，以保证内部弱电电子电路的安全且减少外部干扰。一种典型的使用光电耦合器件的开关量输出接口电路如图 2-21（b）所示（仅绘出一路）。由软件使并行口输出 "0"，发光二极管导通，光敏三极管导通，出口继电器 KCO 励磁，提供一副空触点输出。

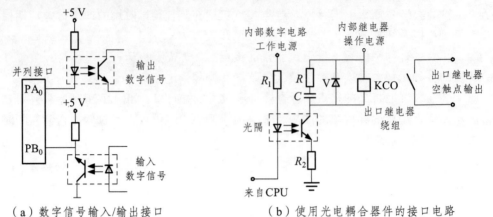

（a）数字信号输入/输出接口　　　　　（b）使用光电耦合器件的接口电路

图 2-21　开关量输出电路

继电器线圈两端并联的二极管称为续流二极管。它在 CPU 输出由 "0" 变为 "1"，光敏晶体管突然由 "导通" 变为 "截止" 时，为继电器线圈释放储存的能量提供电流通路。这样一方面加快继电器的返回，另一方面避免突变产生较高的反向电压而引起相关元件的损坏和产生强烈的干扰信号。

为了防止因保护装置上电（合上电源）或工作电源不正常通断在输出回路出现不确定状态时导致装置发生误动，对控制用的光隔导通回路采用异或逻辑控制，其电路如图 2-22 所示。

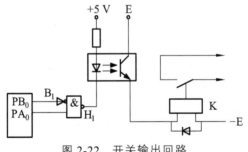

图 2-22　开关输出回路

只要通过软件使并行口的 PB_0 输出 "0"、PA_1 输出 "1"，便可使与非门 H_1 输出低电平，光敏三极管导通，继电器 K 被吸合。

在初始化和需要继电器 K 返回时，应使 PB_0 输出 "1" 或 PA_1 输出 "0"。

设置反相器 B_1 及与非门 H_1 而不将发光二极管直接同并行口相连，一方面是因为并行口带负载能力有限，不足以驱动发光二极管，另一方面是因为采用与非门后要满足两个条件才能使 K 动作，增加了抗干扰能力。为了防止拉合直流电源的过程中继电器 K 的短时误动，将 PB_0 经一反相器输出，而 PA_1 不经反相器输出。因为在拉合直流电源的过程中，当 5 V 电源处于某一个临界电压值时，可能由于逻辑电路的工作紊乱而造成自动装置误动作，特别是自动装置的电源往往接有大量的电容器，所以拉合直流电源时，无论是 5 V 电源还是驱动继电器 K 用的电源 E，都可能相当缓慢地上升或下降，从而完全可能来得及使继电器 K 的接点短时闭合。采用上述接法后，由于两个反相条件的互相制约，可以可靠地防止误动作。

内容四 微机保护的软件构成

一、微机保护的软件构成

微机保护的软件主要是以硬件模块为基础，完成各种保护算法及方案，并提供丰富灵活的手段对保护装置进行整定监视维护。保护装置中各 CPU 系统软件采用模块化结构，根据保护配置种类而定，但主要由三大程序模块组成，除继电保护功能程序各 CPU 不相同以外，其他程序模块是通用的，现说明如下。

（1）调试监控程序。当装置运行在调试状态下时，调试监控程序调试和检查微机保护装置的硬件电路，输入、修改、固化保护装置的定值，即提供丰富的测试手段，对装置进行全面的检查、测试、整定等。

（2）运行监控程序。当装置运行在运行状态时，运行监控程序可对装置进行自检、各种在线监视、打印机的管理等。

（3）继电保护功能程序。继电保护功能程序实现各种保护的原理框图，包括数据采集、数字滤波、电气参数的计算、各保护判据的实现以及出口信号输出等。

三大程序模块示意图如图 2-23 所示。

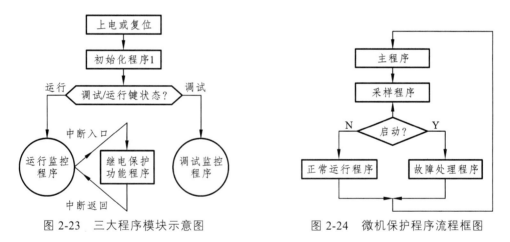

图 2-23 三大程序模块示意图　　　　图 2-24 微机保护程序流程框图

二、微机保护的软件流程

当微机保护程序运行时，其整个软件流程框图如图 2-24 所示。

1. 主程序

主程序按固定的采样周期接受采样中断进入采样程序，在采样程序中进行模拟量采集与滤波、开关量的采集、装置硬件自检、交流电流断线和启动判据的计算，根据是否满足启动条件而进入正常运行程序或故障计算程序。硬件自检内容保护 RAM、EEPROM、跳闸出口三极管等。

2. 中断服务程序

（1）故障处理程序。根据被保护设备的不同，保护的故障处理程序有所不同。对于线路保护来说，一般包括纵联保护、距离保护、零序保护、电压电流保护等处理程序。故障处理程序中进行各种保护的算法计算、跳闸逻辑判断以及事件报告、故障报告和波形的整理等。

（2）正常运行程序。正常运行程序包括检查开关位置状态、交流电压断线、交流电流断线、电压/电流回路零点漂移调整。

检查开关位置状态：三相无电流，同时断路器处于跳闸位置动作，则认为设备不在运行。线路有电流但断路器处于跳闸位置动作，或三相断路器位置不一致，经10 s延时报断路器位置异常。

交流电压断线：交流电压断线时发 TV 断线异常信号。TV 断线信号动作的同时，将 TV 断线时会误动的保护（如带方向的距离保护等）退出，自动投入 TV 断线过流和 TV 断线零序过流保护或将带方向保护经过控制字的设置改为不带方向元件控制。三相电压正常后，经延时发 TV 断线信号复归。

交流电流断线：交流电流断线发 TA 断线异常信号。保护判断出交流电流断线的同时，在保护装置总启动元件中不进行零序过流元件启动判别，且要退出某些会误动作的保护，或将某些保护不经过方向控制。

电压、电流回路零点漂移调整：随着温度变化和环境条件的改变，电压、电流回路的零点可能会发生漂移，装置将自动跟踪零点的漂移。

内容五　提高微机保护可靠性的措施

可靠性是对继电保护的基本要求之一，它包括两方面含义，即不误动和不拒动。除了保护的基本原理应满足可靠性要求之外，还有两个因素影响保护的可靠性，这就是干扰和元件损坏，这些都不应该引起误动和拒动。保护装置微机化后，其元件数量大大减少，而且大规模集成电路损坏率很低，特别是微机可以实现高级的在线自动检测，绝大多数元件损坏都能立即被检测出来且自动采取相应措施，不会引起保护的误动。

继电保护装置的工作环境恶劣，电磁干扰严重。国内外对静态继电器的干扰来源已所作的大量研究表明，干扰主要是由端子排从外界引入的浪涌电压和装置内部继电器切换等原因造成的。例如，模拟量输入回路串入的共模信号；开关量输入/输出回路与外界相连而涌入的浪涌；装置的电源线也会携带干扰信号等。微机保护中干扰也来自这几个方面，但是干扰的后果却有所不同。静态保护装置在干扰的作用下往往是使开关电路误触发翻转，若没有完善的闭锁措施就会导致保护误动。而对微机保护来说，后果往往表现为由于数据或地址的传送出错而导致计算出错或程序出格。例如，当 CPU 正通过地址总线送出一个地址从 EPROM 提取指令操作码时，由于干扰使传送的地址出错，因此它将从一个错误的地址取得一个错误的操作码。如果这个误码是一条转移指令，或者其指令长度不同于原指令，则 CPU 的行为将完全背离原程序的轨道，这种现象称为程序出格。出格后 CPU 可能执行一系列非预期的指令，其最终结果往往是碰到一条不认识的指令而停止工作。由此可见，程序出格后引起误动作的概率是很小的，但此时 CPU 将停止执行保护的任务，如不能及时发现和自动纠正，则发生故障时保护就会拒动。干扰的另一种可能的后果是导致保护误动，例如，从电流互感器或电压互感器二次引入的浪涌造成错误的数据而使保护误动，严重的干扰还可能造成元件损坏。

一般干扰信号的频率高、幅度大、前沿陡，因而可以顺利通过各种分布电容的耦合。但这些干扰的持续时间短，所以模拟保护可以在电路上略加延时以躲过干扰。微机保护中计算机的工作是在时钟节拍的控制下以极高的速度同步工作的，因而不能简单地设置延时电路，但它可以采取一些常规保护所无法实现的抗干扰措施。可见，微机保护在抗干扰方面有其独到之处。实践证明微机保护是高度可靠的。

为了防止由于干扰使保护的可靠性下降，微机保护通常在硬件及软件方面需采取适当的防范措施，其方法可以参照一般计算机的防范措施。比如，硬件抗干扰主要是屏蔽与隔离，软件的抗干扰主要是提高软件的纠错和容错能力。

【思政故事·人物】

中国继电保护学科奠基人——贺家李

新中国成立之初，中国高校尚无电力系统继电保护专业，而新中国急需这方面的专业人才。1950 年，政府扩建哈尔滨工业大学，重点培养工业部门的工程师和国内大学的理工科师资。贺家李受北洋大学选派，赴哈尔滨工业大学攻读研究生，首次接触到了电力系统继电保护与故障分析的专业知识。他成了新中国最早学习继电保护与故障分析的 5 位学者之一，也是唯一一位学成之后在高校继续从事该领域研究与教学的科研工作者。

从 1951 年到 1953 年，贺家李掌握了继电保护这门学科的基础知识，同时，作为苏联教授的助手，他还用俄语给中、俄的本科生上习题课，体验到了作为教师的责任和乐趣。

当时，东北电管局也成立了中国第一批继电保护调试队伍。东北电管局领导拿出极大的勇气，叮嘱这批调试队伍的专业人才说："东北电网就是你们的试验厂，放手干吧！"贺家李在哈工大学习期间，也曾加入这支继电保护调试队伍。在这种不怕辛苦、求真务实的工作环境中，贺家李掌握了一些宝贵的现场知识与实际经验。

1953 年，贺家李首次在国内创立了电力系统继电保护和自动化专业方向，开设了专业课和专题课。他还编写了教材，并接收外校教师赴天津大学进修，这在很大程度上加速了各高校电力系统继电保护专业的发展与专业技术人才的培养。

在理论与实践相结合的条件下，贺家李率先于 1954 年在天津大学设计和建立了"直流计算台"，创建了国内高校第一个高水平短路电流和继电保护实验室，为短路电流和继电保护课程的实验教学奠定了坚实的基础。

伴随着新中国改革开放的步伐，贺家李迎来了科研历程中的黄金时期。虽然他已经是电力系统及其自动化学科领域的权威专家之一，但他从不墨守成规，更不拘泥于现有的科研思想与手段。

贺家李常说："人生也有涯，而知也无涯"，是以直到老年仍孜孜好学，手不释卷。他没有节假日的概念，记不清寒假、暑假的起止日期，忘掉"星期天"，更不知"礼拜六"。他说："我什么都不缺，就缺时间。"

贺家李教授一生热爱电力系统继电保护事业，勤勤恳恳，孜孜不倦。其治学精神做到了"苟日新，日日新，又日新"。而他的人生修养更是永葆年轻单纯，他一向严于律己、宽以待人。贺先生的品德风貌，尽显大师风范，受到师生敬仰。

课题三　牵引供电系统的元件保护

课题三课件

【学前导读】

本课题主要介绍了三段式电流保护、低电压启动的过电流保护、相间短路的方向电流保护、中性点直接接地系统的接地保护、中性点不接地系统的单相接地保护、电容器保护、牵引网保护以及变压器保护等内容。

【学习目标】

1. 知识目标

（1）掌握三段式电流保护中Ⅰ段、Ⅱ段、Ⅲ段保护范围和动作时间的配合情况。

（2）掌握牵引网保护类型和保护原理。

（3）掌握变压器主保护、后备保护的保护范围和保护原理。

2. 能力目标

（1）能够独立进行三段式电流保护的整定计算。

（2）能够读懂主变压器和牵引网保护动作原理框图。

（3）能够独立分析变压器保护和牵引网保护动作条件。

3. 素质目标

（1）培养良好的沟通能力和团队协作精神。

（2）培养分析问题、解决问题、积极思考、勇于创新的能力。

（3）锻炼学生根据课堂所学知识解决实际问题的能力。

内容一　三段式电流保护

对于单侧电源网络的相间短路保护主要采用三段式电流保护，即第一段为无时限电流速断保护，第二段为限时电流速断保护，第三段为定时限过电流保护。其中第一段、第二段共同构成线路的主保护，第三段作为后备保护。

一、电流速断保护

在保证选择性和可靠性要求的前提下，根据对继电保护快速性的

无时限电流速断保护

要求，原则上应装设快速动作的保护装置，使切除故障的时间尽可能短。反应电流增加且不带时限（瞬时）动作的电流保护称为无时限电流速断保护，简称电流速断保护。

（一）工作原理

对于图 3-1 所示的单侧电源辐射形电网，为切除故障线路，需在每条线路的电源侧装设断路器和相应的保护装置，即无时限电流速断保护分别装设在线路 L_1、L_2 的电源侧（也称为线路的首端）。当线路上任一点发生三相短路时，通过被保护元件（即线路）的电流为

$$I_k^{(3)} = \frac{E_S}{Z_S + Z_1 L_k} \qquad (3\text{-}1)$$

式中 E_S——系统等效电源的相电势，也可以是母线上的电压，单位 kV；

　　　 Z_S——保护安装处到系统等效电源之间的阻抗，即系统阻抗，单位 Ω；

　　　 Z_1——线路单位长度的正序阻抗，单位 Ω/km；

　　　 L_k——短路点至保护安装处之间的距离，单位 km。

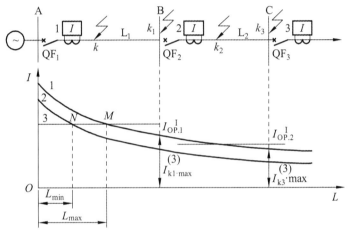

图 3-1 单侧电源辐射形电网电流速断保护工作原理

若 E_S 和 Z_S 为常数，则短路电流将随着 L_k 的减小而增大，经计算后可绘出其变化曲线，如图 3-1 所示。若 Z_S 变化，即当系统运行方式变化时，短路电流都将随着变化。

当系统阻抗最小时，流经被保护元件短路电流最大的运行方式称为最大运行方式。图 3-1 中曲线 1 表示系统在最大运行方式下短路点沿线路移动时三相短路电流的变化曲线。

短路时系统阻抗最大，流经被保护元件短路电流最小的运行方式称为最小运行方式。在最小运行方式下，发生两相短路时通过被保护元件的电流最小，即最小短路电流为

$$I_{k\cdot\min}^{(2)} = \frac{\sqrt{3}}{2} \frac{E_S}{Z_{S\cdot\max} + Z_1 L_k} \qquad (3\text{-}2)$$

式中，$Z_{S\cdot\max}$ 为最小运行方式下的系统阻抗；L_k 为短路点至保护安装处的距离。图 3-1 中曲线 2 表示系统在最小运行方式下短路点沿线路移动时最小短路电流的变化曲线。

对于线路 L_1 的无时限电流速断保护 1，当本线路上任一点 k 发生短路时，保护 1 为瞬动保护。为保证选择性，在下一线路首端 k_2 点短路时，保护 1 不应动作，即保护 1 的电流速断保护的动作电流 $I_{OP\cdot1}^{I}$ 应该大于最大运行方式下 k_2 点三相短路时流过被保护元件的短路电流 $I_{k2\cdot\max}^{(3)}$，即 $I_{OP\cdot1}^{I} > I_{k2\cdot\max}^{(3)}$。由于 k_2 点短路时与本线路末端 k_1 点三相短路时流经被保护元件的短

路电流相等，因此 $I_{\text{OP·1}}^{\text{I}}$ 也可按大于最大运行方式下 k_1 点三相短路时流经被保护元件的短路电流 $I_{k1\cdot\max}^{(3)}$ 来整定，即

$$I_{\text{OP·1}}^{\text{I}} = K_{\text{rel}}^{\text{I}} \cdot I_{k1\cdot\max}^{(3)} \qquad （3\text{-}3\text{a}）$$

式中 $K_{\text{rel}}^{\text{I}}$ ——电流速断保护的可靠系数，一般取 1.2 ~ 1.3。

引入可靠系数的原因是由于理论计算与实际情况之间存在着一定的差别，即必须考虑实际上存在的各种误差影响，如实际的短路电流可能大于计算值；对瞬时动作的保护还应考虑非周期分量使总电流变大的影响；保护装置中电流继电器的实际启动电流可能小于整定值；考虑一定的裕度，从最不利的情况出发，即使同时存在以上几种因素的影响，也可能保证在预定的保护范围以外故障时保护装置不误动，因而必须乘以大于 1 的可靠系数，一般取 1.2 ~ 1.3。

同理，保护 2 电流速断保护的动作电流应为

$$I_{\text{OP·2}}^{\text{I}} = K_{\text{rel}}^{\text{I}} \cdot I_{k3\cdot\max}^{(3)} \qquad （3\text{-}3\text{b}）$$

动作电流整定后是不变的，如图 3-1 中的直线 3，它与曲线 1、2 各有一个交点 M 和 N。在交点以前的线路上发生短路故障时，由于 $I_k > I_{\text{OP·1}}^{\text{I}}$，保护 1 的电流速断保护能够动作；在交点以后的线路上短路时，由于 $I_k < I_{\text{OP·1}}^{\text{I}}$，保护不能动作。因此电流速断保护不能保护本线路的全长，而且保护的范围随运行方式和故障类型的变化而变化。

（二）保护范围校验

电流速断保护的灵敏系数通常用保护范围来衡量，保护范围越长，表明保护越灵敏。由图 3-1 可见，最大运行方式下三相短路时，保护范围最大为 $L_{\max}$；最小运行方式下两相短路时，保护范围最小为 $L_{\min}$。保护范围通常用线路全长的百分数表示，一般要求最大保护范围 ≥50%，最小保护范围 ≥15%。

电流速断保护的保护范围可通过下面的方法求得：在最大运行方式下（ $Z_{\text{S}} = Z_{\text{S·min}}$ ），保护范围末端（ $L_k = L_{\max}$ ）发生三相短路时，短路电流 $I_{k\cdot\max}^{(3)}$ 与动作电流 I_{OP}^{I} 相等，即

$$I_{k\cdot\max}^{(3)} = \frac{E_{\text{S}}}{Z_{\text{S·min}} + Z_1 L_{\max}} = I_{\text{OP}}^{\text{I}}$$

解之，得

$$L_{\max} = \frac{1}{Z_1}\left(\frac{E_{\text{S}}}{I_{\text{OP}}^{\text{I}}} - Z_{\text{S·min}} \right) \qquad （3\text{-}4）$$

在最小运行方式下（ $Z_{\text{S}} = Z_{\text{S·max}}$ ），保护范围末端（ $L_k = L_{\min}$ ）发生两相短路时，短路电流 $I_{k\cdot\min}^{(2)}$ 与动作电流 I_{OP}^{I} 相等，即

$$I_{k\cdot\min}^{(2)} = \frac{\sqrt{3}}{2} \frac{E_{\text{S}}}{Z_{\text{S·max}} + Z_1 L_{\min}} = I_{\text{OP}}^{\text{I}}$$

解之，得

$$L_{\min} = \frac{1}{Z_1}\left(\frac{\sqrt{3}}{2} \cdot \frac{E_{\text{S}}}{I_{\text{OP}}^{\text{I}}} - Z_{\text{S·max}} \right) \qquad （3\text{-}5）$$

（三）电流速断保护的构成

电流速断保护的单相原理接线如图 3-2 所示。电流继电器 KA 接于电流互感器 TA 的二次侧，当流过它的电流大于它的动作电流后，电流继电器 KA 动作，启动中间继电器 KM，KM 触点闭合后，经信号继电器 KS 线圈、断路器辅助触点 QF 接通跳闸线圈 YR，使断路器跳闸。

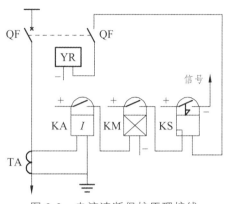

图 3-2　电流速断保护原理接线

接入中间继电器 KM 的作用：

（1）增大触点容量，防止由 KA 触点直接接通跳闸回路时因容量过小而被破坏。

（2）当线路上装有管型避雷器时，利用中间继电器来增大保护装置的固有动作时间，以防止管型避雷器放电时引起电流速断保护误动作。

信号继电器 KS 的作用是，在整套保护装置动作后，指示并记录该保护的动作，供运行人员查找和分析故障。跳闸回路中接入断路器 QF 的辅助触点 QF，在断路器跳闸时，其辅助触点随之打开，切断跳闸回路电流。否则，由中间继电器的触点切断跳闸回路，将会烧坏中间继电器的触点。

电流速断保护的主要优点是动作迅速、简单可靠；缺点是不能保护线路的全长，且保护范围受系统运行方式和线路结构的影响。当系统运行方式变化很大或被保护线路很短时，甚至没有保护范围。

二、限时电流速断保护

限时电流速断保护

由于有选择性的电流速断保护不能保护本线路的全长，为快速切除本线路其余部分的短路，应增设第二套保护。为保证选择性和速动性，该保护应与下一线路的电流速断保护在保护范围和动作时限上相配合，即保护范围不超过下一线路电流速断保护的保护范围，动作时限比下一线路电流速断保护高出一个时限级差 Δt。这种带有一定延时的电流速断保护称为限时电流速断保护。

（一）工作原理与动作电流

现以图 3-3 中的保护 1 为例，来说明限时电流速断保护的整定计算。

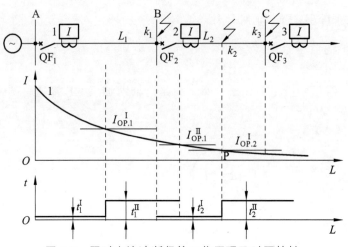

图 3-3　限时电流速断保护工作原理及时限特性

假设保护 2 装有电流速断保护，其动作电流整定为 $I_{OP·2}^{I} = K_{rel}^{I} \cdot I_{k3·max}^{(3)}$，它与最大短路电流变化曲线 1 的交点为 P，这就是它的保护范围。而保护 1 限时电流速断保护的保护范围不能超过保护 2 电流速断保护的保护范围，而 P 点所对应的短路点在 k_2 之前，所以在单侧电源供电的情况下，保护 1 的限时电流速断保护的保护范围应在 k_1 点和 k_2 点之间。为什么？因为：若在 k_1 点之前，则不能保护本线路的全长；若在 k_2 点之后，则失去与保护 2 电流速断保护的选择性配合。所以保护 1 限时电流速断保护的动作电流应整定为 $I_{OP·1}^{II} > I_{OP·2}^{I}$，考虑到各种误差的影响，则有

$$I_{OP·1}^{II} = K_{rel}^{II} I_{OP·2}^{I} \qquad (3-6)$$

式中　　K_{rel}^{II}——限时电流速断保护的可靠系数，取 1.1 ~ 1.2。

（二）动作时限的整定

由图 3-8 可知，保护 1 限时电流速断保护的保护范围已延伸至下一线路电流速断保护的保护范围，为保证选择性，要求限时电流速断保护的动作时限 t_1^{II} 要高于下一线路电流速断保护的动作时限 t_2^{I} 一个时限级差 Δt，即

$$t_1^{II} = t_2^{I} + \Delta t \qquad (3-7)$$

对于时限级差 Δt，从尽快切除故障的角度出发，应越小越好，但为了保证两套保护动作的选择性，Δt 又不能选择过小。影响 Δt 的主要因素有：

（1）前一级保护动作的负偏差 Δt_1，即保护可能提前动作。

（2）后一级保护动作的正偏差 Δt_2，即保护可能延后动作。

（3）保护装置的惯性误差 Δt_3，即断路器跳闸时间，是指从接通跳闸回路到触头间电弧熄灭的时间。

（4）为保证有选择性，再加上一个时间裕度 $\Delta t_4 = (0.1 \sim 0.15) \text{ s}$，则时限级差为

$$\Delta t = \Delta t_1 + \Delta t_2 + \Delta t_3 + \Delta t_4 \qquad (3-8)$$

由此确定的 Δt 一般为 $0.35 \sim 0.5 \text{ s}$，实际应用中取 $\Delta t = 0.5 \text{ s}$。

保护 1 与保护 2 的配合关系，即保护动作时间与短路点至保护安装处之间距离的关系，用 $t = f(L)$ 来描述，如图 3-3 所示。在保护 2 电流速断保护范围内的短路，将以 t_2^{I} 的时间切除，

此时保护 1 的限时电流速断虽然可以启动，但因 t_1^{II} 较 t_2^{I} 大一个 Δt，而在 QF$_2$ 跳闸后，保护 1 将返回，所以从时间上保证了选择性。若短路发生在保护 1 电流速断保护范围内时，保护 1 将以 t_1^{I} 时间切除，而在该线路其他点短路时，保护 1 将以 t_1^{II} 时间切除。

所以，当线路装设电流速断保护和限时电流速断保护后，它们联合工作就可以保证全线路范围内的短路故障都能在 0.5 s 时间内予以切除，一般情况下都能满足速动性的要求。它们共同作用，构成了线路的主保护，即以最短的时间切除全线路任一点发生的短路。

（三）灵敏系数校验

为了能够保护本线路的全长，限时电流速断保护在系统最小运行方式下线路末端发生两相短路时，应具有足够的灵敏性，一般用灵敏系数来校验，即规程规定

$$K_{sen}^{II} = \frac{I_{k \cdot min}^{(2)}}{I_{OP}^{II}} \geq 1.3 \sim 1.5 \tag{3-9}$$

式中　$I_{k \cdot min}^{(2)}$——最小运行方式下被保护线路末端发生两相金属性短路时，流过本线路保护的电流；

　　　I_{OP}^{II}——本线路限时电流速断保护的动作电流。

必须进行灵敏系数校验的原因，主要是考虑下列因素：

（1）故障点存在过渡电阻，使实际短路电流比计算电流小，不利于保护动作。

（2）实际的短路电流由于计算误差或其他原因而小于计算值。

（3）由于电流互感器的负误差，使实际流入保护装置的电流小于计算值。

（4）继电器实际动作电流比整定电流值高，即存在正误差等。

（5）考虑一定的裕度。

当灵敏系数不能满足要求时，在保护范围内发生短路时，在上述不利因素的影响下，将导致保护拒动，达不到保护线路全长的目的。这时可采用降低保护动作值的办法来提高灵敏系数，即使之与下级线路的限时电流速断相配合。如保护 1 的动作电流 $I_{OP \cdot 1}^{II}$ 与下一条线路保护 2 的限时电流速断保护的动作电流 $I_{OP \cdot 2}^{II}$ 配合，则

$$I_{OP \cdot 1}^{II} = K_{rel}^{II} \cdot I_{OP \cdot 2}^{II} \tag{3-10}$$

此时

$$t_1^{II} = t_2^{II} + \Delta t = t_2^{I} + 2\Delta t \tag{3-11}$$

可见，保护范围的伸长（即灵敏性的提高），必然导致动作时限的升高。

（四）原理接线图

限时电流速断保护的单相原理接线如图 3-4 所示。其动作过程与图 3-2 所示的电流速断保护基本相同，不同的是用时间继电器 KT 代替了中间继电器 KM。

当电流继电器 KA 动作后，需经 KT 建立延时 t^{II} 后才能动作于跳闸。若在 t^{II} 之前故障已被切除，则已

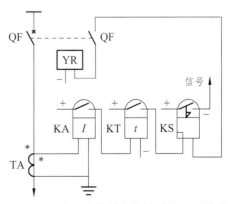

图 3-4　限时电流速断保护的单相原理接线

经启动的 KA 返回，使 KT 立即返回，整套保护装置不会误动作。

定时限过电流保护

三、定时限过电流保护

过电流保护通常是指其动作电流按躲过最大负荷电流来整定的保护，它分为两种类型：一种是保护启动后出口的动作时间是固定的整定时间，称为定时限过电流保护；另一种是出口动作时间与过电流的倍数有关，电流越大，出口动作越快，称为反时限过电流保护。本节只介绍定时限过电流保护。

定时限过电流保护（也可简称为过电流保护）在正常运行时不会动作，当电网发生短路时，则能反应于电流的增大而动作。由于短路电流一般比最大负荷电流大得多，所以保护的灵敏性较高，不仅能保护本线路的全长，作本线路的近后备保护，而且还能保护相邻线路全长，作相邻线路的远后备保护。

（一）工作原理和动作电流

为保证在正常情况下各条线路上的过电流保护绝对不动作，过电流保护的动作电流应大于该线路上可能出现且通过保护装置的最大负荷电流，即 $I_{\mathrm{OP}}^{\mathrm{II}} > I_{\mathrm{L \cdot max}}$；同时还必须考虑在外部故障切除后电压恢复时负荷自启动电流作用下保护装置必须能够可靠返回，即返回电流应大于负荷自启动电流。

如图 3-5 所示，当 k 点短路时，保护 1 和保护 2 的过电流保护将同时启动，但根据选择性要求，应由保护 2 动作切除故障，此时保护 1 由于电流已减小应立即返回。而这时通过保护 1 的可能的最大电流不再是正常运行时的最大负荷电流 $I_{\mathrm{L \cdot max}}$ 了，这是因为短路时，变电所 B 母线电压降低，接在该母线上的电动机的转速会降低或停转，在故障切除后电压恢复时，电动机将自启动，而电动机的自启动电流要大于它正常工作时的电流。

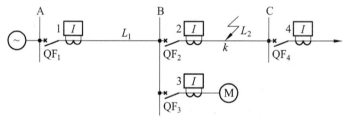

图 3-5　过电流保护动作电流整定说明图

电动机最大自启动电流 $I_{\mathrm{SS \cdot max}}$ 与正常运行时最大负荷电流 $I_{\mathrm{L \cdot max}}$ 的关系为

$$I_{\mathrm{SS \cdot max}} = K_{\mathrm{SS}} \cdot I_{\mathrm{L \cdot max}} \qquad (3\text{-}12)$$

式中　K_{SS}——自启动系数，其数值由负载的性质及电网的具体接线决定，一般取 1.5 ~ 3。

为使保护 1 在此电流下能可靠返回，其返回电流应满足关系式 $I_{\mathrm{re}} > I_{\mathrm{SS \cdot max}}$，引入可靠系数则有

$$I_{\mathrm{re}} = K_{\mathrm{rel}}^{\mathrm{II}} \cdot K_{\mathrm{SS}} \cdot I_{\mathrm{L \cdot max}} \qquad (3\text{-}13)$$

式中　$K_{\mathrm{rel}}^{\mathrm{II}}$——定时限过电流保护的可靠系数，一般取 1.15 ~ 1.25。

由电流继电器动作电流与返回电流的关系 $I_{\mathrm{OP}}=\dfrac{I_{\mathrm{re}}}{K_{\mathrm{re}}}$，可得过电流保护的动作电流为

$$I_{\mathrm{OP}}^{\text{Ⅲ}} = \frac{K_{\mathrm{rel}}^{\text{Ⅲ}} \cdot K_{\mathrm{SS}} \cdot I_{\mathrm{L \cdot max}}}{K_{\mathrm{re}}} \qquad (3\text{-}14)$$

由式（3-14）可知，返回系数越小，则过电流保护的动作电流越大，保护的灵敏性就越差，所以要求继电器的返回系数应尽可能大。

（二）动作时限的整定

如图 3-6 所示的网络，假设各条线路都装有过电流保护，且均按躲过各自的最大负荷电流来整定动作电流。当 k 点短路时，保护 1～4 在短路电流的作用下，都可能启动，为满足选择性要求，应该只有保护 4 动作切除故障，而保护 1～3 在故障切除后应立即返回。如何满足这个要求呢？只能依靠选择不同的动作时限来保证。

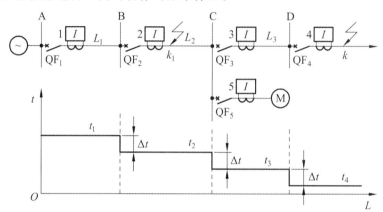

图 3-6　单侧电源辐射形电网过电流保护动作时限选择说明图

过电流保护的动作时限是按阶梯原则来选择的。从离电源最远的保护开始，如图 3-6 中保护 4 处于电网的末端，只要发生故障，它不需要任何选择性方面的配合，可以瞬时动作切除故障，所以 t_4 只是保护装置的固有动作时间，即 $t_4 \approx 0\,\mathrm{s}$。为保证选择性，保护 3 的动作时间 t_3 应比 t_4 高一个时间级差 Δt，即

$$t_3 = t_4 + \Delta t = 0.5\,\mathrm{s} \qquad (3\text{-}15)$$

依此类推，可以得到 t_2、t_1。可以看出，保护的动作时间向电源侧逐级增加至少一个 Δt，只有这样才能充分保证动作的选择性。

但必须注意，过电流保护的动作时限在按上述阶梯原则整定的同时，还需要与各线路末端变电所母线上所有出线保护动作时限最长者配合。如图 3-6 中，若保护 5 的动作时间大于保护 3 的动作时间，则保护 2 的动作时间应按 $t_2 = t_5 + \Delta t$ 来整定。

（三）灵敏系数校验

过电流保护的灵敏系数校验类似于限时电流速断保护，即

$$K_{\mathrm{sen}}^{\text{Ⅲ}} = \frac{I_{k \cdot min}^{(2)}}{I_{\mathrm{OP}}^{\text{Ⅲ}}} \qquad (3\text{-}16)$$

当过电流保护作本线路近后备保护时，$I_{k \cdot min}^{(2)}$ 取最小运行方式下本线路末端两相金属性短路电流来校验，要求 $K_{sen}^{\text{III}} \geqslant 1.3 \sim 1.5$；当过电流保护作相邻线路的远后备保护时，$I_{k \cdot min}^{(2)}$ 应取最小运行方式下相邻线路末端两相金属性短路电流来校验，要求 $K_{sen}^{\text{III}} \geqslant 1.2$。

此外应注意，各过电流保护之间还应在灵敏系数上进行配合，即对同一故障点来说，要求靠故障点越近的保护，灵敏系数应越高，否则将失去选择性。如图 3-11 中的过电流保护 1 和 2，由于通过同一最大负荷电流，所以动作电流相同，假定为 100 A。实际上，若保护 2 的电流继电器动作值有正误差，如 105 A（一次值），而保护 1 刚好有负误差，如 95 A，那么，当 k_1 点短路时流过保护 1、2 的短路电流为 102 A，保护 2 不动作，而保护 1 却要动作，将失去选择性。

当图 3-6 中的 k 点短路时，要求各过电流保护的灵敏系数应满足如下关系，即

$$K_{sen \cdot 4}^{\text{III}} > K_{sen \cdot 3}^{\text{III}} > K_{sen \cdot 2}^{\text{III}} > K_{sen \cdot 1}^{\text{III}} \tag{3-17}$$

在单侧电源的网络接线中，由于越靠近电源端时，负荷电流越大，从而保护装置的整定值越大，而发生故障后，各保护装置均流过同一个短路电流，因此上述灵敏系数应相互配合的要求是能够满足的。

所以，对于过电流保护，只有在灵敏系数和动作时限都能相互配合时，才能保证选择性。当过电流保护的灵敏系数不能满足要求时，可采用电压启动的电流保护、负序电流保护或距离保护等。

过电流保护的单相原理接线与图 3-4 相同。

四、电流保护的接线方式

电流保护的接线方式

电流保护的接线方式，是指电流保护中电流继电器线圈和电流互感器二次绕组之间的连接方式。前面所讲的电流保护单相原理接线图，实际上不能用来反应各种相间短路故障，而应根据需要采用合适的接线方式。流入电流继电器的电流 I_k 与电流互感器的二次侧流出电流 I_2 的比值称为接线系数 K_c。对于相间短路的电流保护，主要有以下四种方式：三相三继电器接线方式、两相两继电器接线方式、两相三继电器接线方式和两相电流差接线方式。

（一）三相三继电器接线

三相三继电器接线又称完全星形接线，如图 3-7 所示。它是将三个电流互感器与三个电流继电器分别按相连接在一起，互感器和继电器均接成星形。三个继电器的触点并联连接，继电器线圈中的电流就是互感器的二次电流，故其接线系数

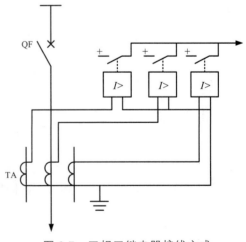

图 3-7　三相三继电器接线方式

$K_c = 1$。由于在每相上均装设有电流继电器，因此它可以反应各种相间短路和中性点直接接地系统中的单相接地短路。这种接线方式用的设备较多，投资较大，所以只用在某些重要元件的

保护。例如在牵引变压器的保护中，为提高保护动作的灵敏性和可靠性，采用三相完全星形接线方式。

（二）两相两继电器接线和两相三继电器接线

两相两继电器接线和两相三继电器接线又称不完全星形接线，如图 3-8 所示。采用不完全星形接线时，各处保护装置的电流互感器都应装设在同名的两相，一般装设在 A 相和 C 相。两种接线都能反应各种相间短路，但不能反应中性点直接接地系统中无电流互感器的那一相（B 相）的单相接地短路故障。

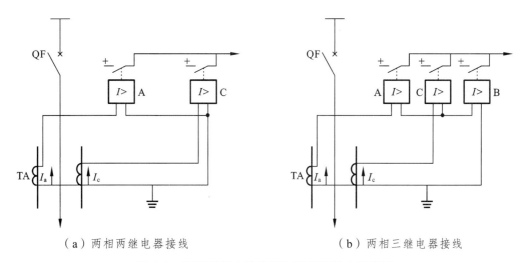

（a）两相两继电器接线　　　　　　　（b）两相三继电器接线

图 3-8　两相两继电器接线和两相三继电器接线

两相两继电器接线方式能满足相间短路保护的要求，接线简单，在 10 kV 及以下电压等级的电网中应用很广。但在线路上装有 Y/d 或 D/y 接线的变压器时，若采用这种接线方式，当变压器后面发生某两相短路时，灵敏度将会大大降低。下面以在电力系统中应用较多的 Y/d11 接线的降压变压器为例进行分析。

当变压器的三角形侧发生两相短路而其主保护拒动时，应由后备保护即接于变压器星形侧的过电流保护动作切除故障。

如图 3-9 所示，当在变压器三角形侧发生 a、b 两相短路时，短路电流经两条并联支路形成回路。其中第一条回路的阻抗是第二条回路阻抗的 2 倍，因而第二条回路的电流

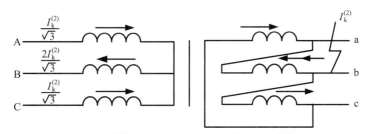

图 3-9　Y/d11 接线的降压变压器后两相短路时的电流分布

也仅为第一条回路的$\frac{1}{2}$。反应到原边后，星形侧 A 相和 C 相中的电流只是 B 相电流的$\frac{1}{2}$。也就是说，Y/d11 接线的变压器后两相发生短路时，和三相完全星形接线相比，两相两继电器不完全星形接线方式流过保护装置的电流要减小一半，因而电流保护的灵敏度也要降低一半。

因此，在线路上装有 Y/d 或 D/y 接线的变压器，并要求该线路的保护用作变压器的后备保护时，就不能采用两相两继电器不完全星形接线方式，而应采用两相三继电器不完全星形接线方式。即在两相两继电器不完全星形接线的中性线上再接入一个电流继电器，此时所接入的第三个继电器流过的电流是 A、C 两相的和，能够反应最大相电流值，使保护装置的灵敏度提高了一倍，相当于三相完全星形接线。显然，这种接线既经济，又保证了保护的灵敏度。

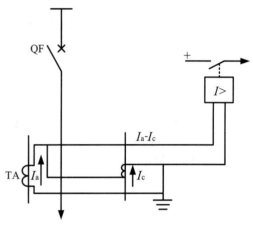

（三）两相电流差接线

两相电流差接线如图 3-10 所示。此种接线采用两个电流互感器和一个电流继电器，电流互感器也装设在 A 相和 C 相，流过继电器的电流等于 A、C 两相电流差。

此种接线方式虽然简单，但有以下缺点：

（1）灵敏系数低。

（2）在 Y/d 或 D/y 接线的变压器后两相发生短路时，保护可能拒动。

图 3-10　两相电流差接线

（3）对于不同的故障，K_c 数值不同，三相短路时 $K_c=\sqrt{3}$，AC 两相短路时 $K_c=2$，AB、BC 两相短路时 $K_c=1$。

两相电流差接线方式主要用于灵敏系数较易满足的低压线路和电动机保护上。

五、阶段式电流保护的应用

（一）阶段式电流保护的构成

无时限电流速断保护、限时电流速断保护和过电流保护都是反应于电流增大而动作的保护，它们之间的区别主要在于按照不同的原则来整定动作电流。电流速断保护是按照躲过本线路末端的最大短路电流来整定，它虽然无延时动作，但却不能保护本线路全长；限时电流速断保护是按照躲开下级线路各相邻元件电流速断保护的最大动作范围来整定，它虽然能保护本线路的全长，却不能作为相邻线路的后备保护；而定时限过电流保护则是按照躲开本线路最大负荷电流来整定，可作为本线路及相邻线路的后备保护，但动作时间较长。

为保证迅速、可靠且有选择性地切除故障，可根据需要将这三种电流保护组合在一起构成一整套保护，称为阶段式电流保护。

具体应用时，可以采用电流速断保护加定时限过电流保护，或限时电流速断保护加定时限过电流保护，也可以三者同时采用。应用较多的就是三段式电流保护，其各段的动作电流、保护范围和动作时限的配合情况如图 3-11 所示。当被保护线路终端短路时，由第Ⅰ段瞬时切除；该线路末端附近的短路，由第Ⅱ段经 0.5 s 延时切除；而第Ⅲ段只起后备作用，所以装有三段式电流保护的线路，一般可在 0.5 s 左右时限内切除故障。

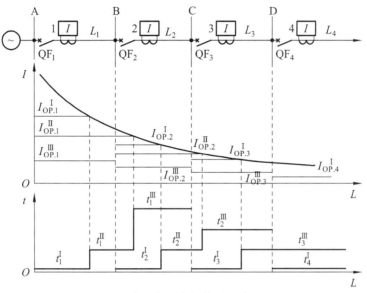

图 3-11　阶段式电流保护的配合说明图

（二）阶段式电流保护的配合

现以图 3-11 为例来说明阶段式电流保护的配合。在电网最末端的线路上，保护 4 采用瞬时动作的过电流保护即可满足要求，其动作电流按躲过本线路最大负荷电流来整定，与电网中其他保护的定值和时限上都没有配合关系。在电网的倒数第二级线路上，保护 3 应首先考虑采用 0.5 s 动作的过电流保护；如果在电网中线路 CD 上的故障没有提出瞬时切除的要求，则保护 3 只装设一个 0.5 s 动作的过电流保护也

阶段式电流保护的整定计算

是完全允许的；但如果要求线路 CD 上的故障必须快速切除，则可增设一个电流速断保护，此时保护 3 就是一个速断保护加过电流保护的两段式保护。而对于保护 2 和 1，都需要装设三段式电流保护，其过电流保护要和下一级线路的保护进行配合，因此动作时限应比下一级线路中动作时限最长的再长一个时限级差，一般要整定为 1～1.5 s。所以，越靠近电源端，过电流保护的动作时限就越长。因此必须装设三段式电流保护。

（三）三段式电流保护整定计算举例

例 3.1　如图 3-12 所示的网络，试对保护 1 进行三段式电流保护整定计算，并计算继电器的动作电流。已知 $Z_1 = 0.4\ \Omega/\text{km}$，$K_{\text{rel}}^{\text{I}} = 1.3$，$K_{\text{rel}}^{\text{II}} = 1.1$，$K_{\text{rel}}^{\text{III}} = 1.2$，$K_{\text{SS}} = 2$，$K_{\text{re}} = 0.85$，$K_{\text{TA}} = 600/5$。

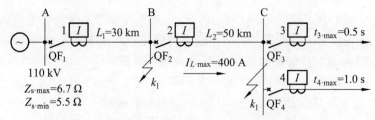

图 3-12 三段式电流保护网络图

解：（1）保护 1 电流 Ⅰ 段整定计算。

① 求动作电流 $I_{OP \cdot 1}^{I}$。按躲过最大运行方式下本线路末端（即 k_1 点）三相短路时流过保护的最大短路电流来整定，即

$$I_{OP \cdot 1}^{I} = K_{rel}^{I} \cdot I_{k1 \cdot max}^{(3)} = K_{rel}^{I} \cdot \frac{E_S}{Z_{S \cdot min} + Z_1 L_1} = 1.3 \times \frac{115/\sqrt{3}}{5.5 + 0.4 \times 30} = 4.93 \ (kA)$$

注意：计算时，母线电压应考虑 5% 的裕量。

采用两相不完全星形接线方式时，流过继电器的动作电流为

$$I_{OP \cdot J}^{I} = \frac{I_{OP \cdot 1}^{I}}{K_{TA}} = \frac{4.93}{120} = 41.08 \ (A)$$

② 动作时限。第 Ⅰ 段为电流速断，动作时间为保护装置的固有动作时间，即 $t_1^{I} = 0 \ (s)$。

③ 灵敏系数校验，即求保护范围。

在最大运行方式下发生三相短路时的保护范围为

$$L_{max} = \frac{1}{Z_1}\left(\frac{E_S}{I_{OP \cdot 1}^{I}} - Z_{S \cdot min}\right) = \frac{1}{0.4} \times \left(\frac{115/\sqrt{3}}{4.93} - 5.5\right) = 20.0 \ (km)$$

则

$$L_{max}\% = \frac{L_{max}}{L_1} \times 100\% = \frac{20.0}{30} \times 100\% = 66.67\% > 50\%，满足要求。$$

在最小运行方式下的保护范围为

$$L_{min} = \frac{1}{Z_1}\left(\frac{\sqrt{3}}{2} \cdot \frac{E_S}{I_{OP \cdot 1}^{I}} - Z_{S \cdot max}\right) = \frac{1}{0.4} \times \left(\frac{\sqrt{3}}{2} \times \frac{115/\sqrt{3}}{4.93} - 6.7\right) = 12.41 \ (km)$$

则

$$L_{min}\% = \frac{L_{min}}{L_1} \times 100\% = \frac{12.41}{30} \times 100\% = 41.37\% > 15\%，满足要求。$$

（2）保护 1 电流 Ⅱ 段整定计算。

① 求动作电流 $I_{OP \cdot 1}^{II}$。按与相邻线路保护 Ⅰ 段动作电流相配合的原则来整定，即

$$I_{OP \cdot 1}^{II} = K_{rel}^{II} \cdot I_{OP \cdot 2}^{I} = 1.1 \times 1.3 \times \frac{115/\sqrt{3}}{5.5 + 0.4 \times (30 + 50)} = 2.53 \ (kA)$$

采用两相不完全星形接线方式时流过继电器的动作电流为

$$I_{OP \cdot J}^{II} = \frac{I_{OP \cdot 1}^{II}}{K_{TA}} = \frac{2.53}{120} = 21.08 \ (A)$$

② 动作时限。应比相邻线路保护 Ⅰ 段动作时限高一个时限级差 Δt，即

$$t_1^{\mathrm{II}} = t_2^{\mathrm{I}} + \Delta t = 0 + 0.5 = 0.5 \ (\mathrm{s})$$

③ 灵敏系数校验。利用最小运行方式下本线路末端（即 k_1 点）发生两相金属性短路时流过保护的电流来校验灵敏系数，即

$$K_{\mathrm{sen}}^{\mathrm{II}} = \frac{I_{k_1 \cdot \min}^{(2)}}{I_{\mathrm{OP} \cdot 1}^{\mathrm{II}}} = \frac{\dfrac{\sqrt{3}}{2} \times \dfrac{115/\sqrt{3}}{6.7 + 0.4 \times 30}}{2.53} = 1.21 < 1.3 \ ，不满足要求。$$

需与下一线路的 II 段配合进行整定计算。

（3）保护 1 电流 III 段整定计算。

① 求动作电流 $I_{\mathrm{OP} \cdot 1}^{\mathrm{III}}$。按躲过本线路可能流过的最大负荷电流来整定，即

$$I_{\mathrm{OP} \cdot 1}^{\mathrm{III}} = \frac{K_{\mathrm{rel}}^{\mathrm{III}} \cdot K_{\mathrm{SS}}}{K_{\mathrm{re}}} \cdot I_{L \cdot \max} = \frac{1.2 \times 2}{0.85} \times 400 = 1129.42 \ (\mathrm{A})$$

采用两相不完全星形接线方式时流过继电器的动作电流为

$$I_{\mathrm{OP} \cdot \mathrm{J}}^{\mathrm{III}} = \frac{I_{\mathrm{OP} \cdot 1}^{\mathrm{III}}}{K_{\mathrm{TA}}} = \frac{1129.4}{120} = 9.41 \ (\mathrm{A})$$

② 动作时限。应比相邻线路保护的最大动作时限高一个时限级差 Δt，即

$$t_1^{\mathrm{III}} = t_{2 \cdot \max} + \Delta t = (t_{4 \cdot \max} + \Delta t) + \Delta t = (1.0 + 0.5) + 0.5 = 2.0 \ (\mathrm{s})$$

③ 灵敏系数校验。

作近后备保护时，利用最小运行方式下本线路末端（即 k_1 点）发生两相金属性短路时流过保护装置的电流来校验灵敏系数，即

$$K_{\mathrm{sen}}^{\mathrm{III}} = \frac{I_{k_1 \cdot \min}^{(2)}}{I_{\mathrm{OP} \cdot 1}^{\mathrm{III}}} = \frac{\dfrac{\sqrt{3}}{2} \times \dfrac{115/\sqrt{3}}{6.7 + 0.4 \times 30}}{1129.4/1000} = 2.72 > 1.5 \ ，满足要求。$$

作远后备保护时，利用最小运行方式下相邻线路末端（即 k_2 点）发生两相金属性短路时流过保护装置的电流来校验灵敏系数，即

$$K_{\mathrm{sen}}^{\mathrm{III}} = \frac{I_{k_2 \cdot \min}^{(2)}}{I_{\mathrm{OP} \cdot 1}^{\mathrm{III}}} = \frac{\dfrac{\sqrt{3}}{2} \times \dfrac{115/\sqrt{3}}{6.7 + 0.4 \times (30 + 50)}}{1129.4/1000} = 1.32 > 1.2 \ ，满足要求。$$

内容二　电压速断及低电压启动过电流保护

三段式电流保护虽然具有选择性好、动作速度快及后备作用好等优点，但当系统运行方式变化较大时，瞬时电流速断保护的保护范围，有可能小于被保护线路全长的 15%，尤其对于短路电流曲线变化平坦或距离较短的线路，甚至没有保护范围。同时，对于重负荷且距离又较长的线路，过电流保护的灵敏度也难以满足要求。为此，通常还采用电压速断和低电压启动过电流保护（又称低电压闭锁过电流保护）。

由短路计算得知，当线路发生短路故障时，母线电压下降的幅度往往较短路电流增大的幅度还要大，因此，采用反应电压降低的电压保护，可以大大提高保护的灵敏度。

电压速断保护和低电压启动过电流保护还广泛应用于变电所的变压器、补偿电容等的保护中。

一、电压速断保护

反应电压下降而瞬时动作的保护称为电压速断保护。电压速断保护的原理接线如图 3-13 所示。当线路发生短路故障时，保护装置安装处母线电压下降，电压互感器 TV 二次侧的电压下降，因而低电压继电器 KV 动作，其常闭接点闭合，并通过中间继电器 KM 的常开接点瞬时跳开断路器 QF。

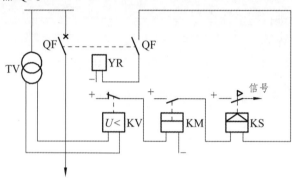

电压速断保护

图 3-13　电压速断保护原理接线图

为了进行电压速断保护装置的整定计算，需要作出沿线路各点短路时的母线残压曲线，如图 3-14 所示。图中注有字母"U"的方框，代表电压速断保护装置，曲线 1 和曲线 2 分别为最大运行方式和最小运行方式下母线残压曲线。按照选择性要求，电压速断保护应按最小运行方式下，躲过被保护线路末端两相短路时保护装置安装处母线最小残压 $U_{k \cdot min}$ 来整定，即动作电压为

$$U_{op} = \frac{U_{k \cdot min}}{K_{rel}} \tag{3-18}$$

式中，K_{rel} 为可靠系数，取 1.1 ~ 1.2。

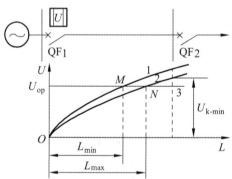

图 3-14　电压速断保护整定原理说明图

图 3-14 中的直线 3 为动作电压 U_{op}，且分别交曲线 1 和曲线 2 于 M、N 两点，所对应的距离 L_{min}、L_{max} 分别为最大和最小运行方式下的保护距离。可以看出，电压速断保护也不能保护线路全长，且在最大运行方式下保护范围最小。

当同一母线上接有两回以上线路时，其中任一回线路发生故障，母线电压都要下降，接于该母线上的所有电压速断保护装置都将失去选择性而同时动作。同时，电压互感器二次回路断线时，电压速断保护装置也会误动作。为了保证保护装置的选择性，并防止电压互感器

二次回路断线时保护装置误动作，常利用电流继电器实行闭锁，如图 3-15 所示。当其他线路故障或电压互感器二次回路断线时，低电压继电器失电，其常闭接点虽然闭合，但电流继电器不会动作，其常开接点处于断开位置，故保护装置不会误动作。只有当本线路发生故障时，电压继电器和电流继电器都动作，保护装置才会动作。这种保护装置称为电流闭锁的电压速断保护装置。该保护装置中电流继电器的动作电流，按躲过线路的最大负荷电流整定。电压继电器的动作电压仍按式（3-18）整定。

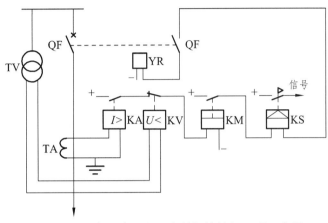

图 3-15　电流闭锁的电压速断保护单相原理示意图

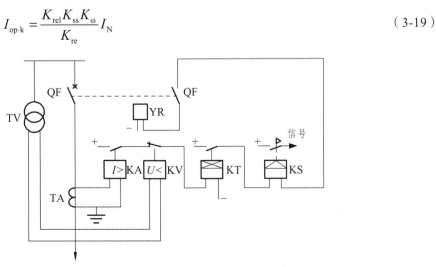

低电压启动过电流保护

二、低电压启动过电流保护

因为过电流保护装置的动作电流是根据线路的最大负荷电流整定的，因而动作电流的数值较大，灵敏度较低。为此，可以采用适当降低电流继电器动作电流的方法来提高过电流保护装置的灵敏度，而采用低电压继电器进行闭锁，以防止负荷电流较大时保护装置误动作，这样构成的保护装置称为低电压闭锁的过电流保护。图 3-16 所示为低电压闭锁的过电流保护单相原理示意图。图中电流继电器 KA 的动作电流，按被保护线路的额定电流 I_N 进行整定，即

$$I_{\mathrm{op \cdot k}} = \frac{K_{\mathrm{rel}} K_{\mathrm{ss}} K_{\omega}}{K_{\mathrm{re}}} I_N \tag{3-19}$$

图 3-16　低电压启动的过电流保护单相原理示意图

低电压继电器的整定原则是：保证在正常工作条件下的母线最低电压 $U_{\omega \cdot \min}$ 时，保护装置能够可靠返回，即返回电压的一次值 $U_{re} < U_{\omega \cdot \min}$，引入大于 1 的可靠系数 K_{rel} 后，得继电器的动作电压为

$$U_{op \cdot k} = \frac{U_{re}}{K_{re}} = \frac{U_{\omega \cdot \min}}{K_{rel} K_{re}} \qquad (3\text{-}20)$$

式中 K_{rel}——可靠系数，取 $1.1 \sim 1.2$；

        K_{re}——返回系数，取 $1.15 \sim 1.25$；

        $U_{\omega \cdot \min}$——母线最小工作电压，一般取 $0.9 U_{N}$。

其中，在负荷电流较大的情况下，保护装置中的电流继电器可能动作，但因为未发生故障，母线电压仍较高，故电压继电器不会动作，因此保护装置不会误动作。只有当线路发生短路故障时，电流继电器和电压继电器都动作，保护装置才会动作。

内容三　相间短路的方向电流保护

方向保护

一、方向电流保护的工作原理

为了提高系统供电可靠性，电力系统大量采用两侧供电的辐射形电网或环形电网，如图 3-17 所示。在双电源线路上，为切除故障元件，应在线路两侧装设断路器和保护装置。线路发生故障时线路两侧的保护均应动作，跳开两侧的断路器，这样才能切除故障线路，保证非故障设备继续运行。

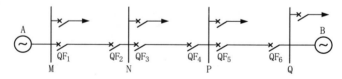

图 3-17　双侧电源供电网络示意

如图 3-18 所示，当在 k_1 点发生短路时，只要求 3、4 保护动作，断开 3、4 断路器；当在 k_2 点发生短路时，只要求 1、2 保护动作，断开 1、2 断路器，故障切除后，接于变电所 M、N、P、Q 母线上的用户仍可从系统得到供电。

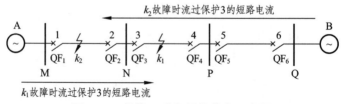

图 3-18　保护 3 后备保护整定示意图

在这种供电系统中，如果还采用一般电流保护作为相间短路保护时，主保护灵敏度可能下降，后备保护无法满足选择性要求。下面仅以 Ⅲ 段过流保护为例，加以说明。

Ⅲ段过流保护动作时限采用阶梯特性，距电源最远处为起点，动作时限最短。现在有两个电源，无法确定动作时限起点。图 3-18 中保护 2、3 的Ⅲ段动作时限分别为 t_2、t_3，当 k_1 故障时，保护 2、3 的电源Ⅲ段同时启动，按选择性要求应该保护 3 动作，即要求 $t_3 < t_2$；而 t_2 故障时，又希望保护 2 动作，即要求 $t_3 > t_2$，显然无法同时满足两种情况下后备保护的选择性。

但进一步分析发现，k_1 点和 k_2 点短路时，流过保护 2 和 3 的功率方向是不同的。如果假定：在过电流保护中增加一个具有判别短路功率方向的元件，并且只有在功率方向为正时才动作，反之则闭锁的方向闭锁元件（即功率方向继电器），就能解决在双电源线路上应用电流保护的问题。从保护安装处看出去，在"母线指向线路"方向上发生的故障称为正向故障，反之称为反向故障。如图 3-18 中，在 k_1 点短路时，保护 3 动作，保护 2 则因为方向元件闭锁而不动。同样，当 k_2 点短路时，流过保护 2 的功率方向为正，保护 2 动作，而保护 3 则闭锁。

方向元件与电流元件结合就构成了方向电流保护，两者逻辑关系如图 3-19 所示。

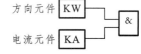

图 3-19　方向电流保护逻辑关系

所谓方向电流保护就是在原来电流保护的基础上加装方向元件，并规定正方向从母线指向线路。方向不同则用方向元件保证选择性，方向相同则用时间元件保证选择性。时间元件按逆向阶梯原则整定，即在某一动作方向下，从远离电源处到靠近电源处动作时间逐级增加。

正方向故障时方向电流保护才可能动作，按正方向分组，图 3-20 中的保护可以分为两组：1、3、5 为一组，整定动作电流时考虑 A 侧电源提供的短路电流；2、4、6 为另一组，整定时考虑 B 侧电源提供的短路电流。

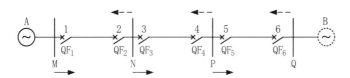

图 3-20　方向电流保护分组

方向元件

二、功率方向元件

方向元件的作用是判别故障方向，一般采用功率方向继电器。功率方向继电器主要有感应型的 GG-11、整流型的 LG-11 等。考虑到 10～35 kV 线路绝大多数简化为单电源运行方式、无需方向元件以及微机型保护的广泛使用，在现场 LG-11 型继电器仅有少量使用，这里主要讲解继电器的动作特性。

（一）传统功率方向继电器

1. 动作方程及实现

以 LG-11 为例，继电器动作方程如下：

$$-90° \leqslant \arg \frac{K_U \dot{U}_K}{K_I \dot{I}_K} \leqslant 90° \tag{3-21}$$

式中：$\dot{U}_K$、$\dot{I}_K$ 为加入继电器的电压、电流；K_U、K_I 为电压变换器及电抗变换器的变换系数。

实际工作时式（3-21）转为比幅方程式实现，即

$$\left|K_U\dot{U}_K + K_I\dot{I}_K\right| \geqslant \left|K_U\dot{U}_K - K_I\dot{I}_K\right| \tag{3-22}$$

由图 3-21 不难看出，比相方程式[式（3-21）]与比幅方程式[式（3-22）]是等效的。

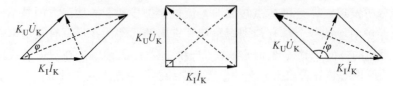

图 3-21　比相方程与比幅方程的等效性

LG-11 型继电器电路原理图如图 3-22 所示。$\dot{U}_K$、$\dot{I}_K$ 经变换器后形成 $K_U\dot{U}_K$、$K_I\dot{I}_K$，串联后分别形成工作电压 $\dot{U}_I = K_U\dot{U}_K + K_I\dot{I}_K$，制动电压 $\dot{U}_{II} = K_U\dot{U}_K + K_I\dot{I}_K$。工作电压、制动电压分别经整流桥 U_1、U_2 接入环流比幅电路。LG-11 的执行元件为极化继电器 KP，极化继电器为直流继电器，动作所需要的功率很小，只要电流由标记"·"处流入即可动作。

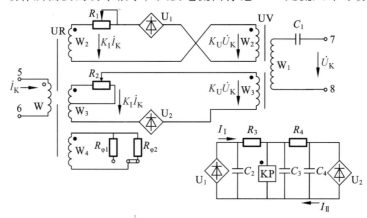

图 3-22　LG-11 继电器电路原理图

当在保护正向出口处发生三相短路时，$\dot{U}_K = 0$，功率方向继电器无法进行比相而拒动，上述情况下因 $\dot{U}_K$ 过低导致功率方向继电器拒动的区域称为功率方向继电器的"死区"。LG-11 为了克服"死区"，引入了"极化记忆电路"。注意图 3-23 中电压引入部分，C_1 与 W_1 串联谐振，保护出口短路时 $\dot{U}_K = 0$，而 $U_U\dot{U}_K$ 不会立即变为零，仍"记忆"约 70 ms 以保证保护正确动作。LG-11 的电抗变压器阻抗角有 60°、45° 两档可以选择。

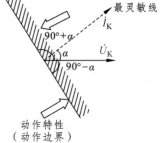

图 3-23　LG-11 动作特性

2. 动作特性

式（3-21）可以改写为

$$-90° - \alpha \leqslant \arg\frac{\dot{U}}{\dot{I}} \leqslant 90° - \alpha \tag{3-23}$$

其中，$\alpha = \angle K_U - \angle K_I$，称为继电器的内角，LG-11 内角有 45°、30° 两档。图 3-23 所示为功率方向继电器的动作特性，以 $\dot{U}_K$ 为参考相量，当 $\dot{I}_K$ 落在阴影区域里时，功率方向继电器动作。

$\varphi_K = -\alpha$ 时 $U_U \dot{U}_K$、$K_I \dot{I}_K$ 同相位，工作电压 $\dot{U}_I = \left| K_U \dot{U}_K + K_I \dot{I}_K \right|$ 与制动电压 $\dot{U}_{II} = \left| K_U \dot{U}_K - K_I \dot{I}_K \right|$ 差值最大，继电器工作在最灵敏状态，称此时的 φ_K 为灵敏角 φ_{sen}，显然 $\varphi_{sen} = -\alpha$。一般应该尽量使功率方向继电器工作在最灵敏线附近。

（二）微机保护方向元件

微机保护中有两大类方向元件：一类是以比相算法实现的工频量比相，动作方程与传统的功率方向继电器类似；另一类是以工频变化量构成的"工频变化量方向元件""能量积分方向元件"等新型的方向元件，性能更为优异，用于 110 kV 以上电压等级的线路纵联保护中。

三、方向电路保护接线方式

功率方向继电器的接线方式是指它与电流互感器和电压互感器之间的连接方式，应满足如下要求：

（1）必须保证功率方向继电器具有良好的方向性。即正向发生任何类型的故障都能动作，而反向故障时则不动作。

（2）尽量使功率方向继电器在正向故障时具有较高的灵敏度，φ_K 接近 φ_{sen}。

广泛采用的功率方向继电器 90°接线见表 3-2。保护处于送电侧，系统正常运行，$\cos\varphi = 1$ 时，3 个功率方向继电器测量的 $\varphi_K = \left(\arg \dfrac{U_K}{I_K} \right)$ 均为 90°，该接线方式因此而得名。

表 3-2 功率方向继电器 90°接线

功率方向继电器	电流	电压
KWA	$\dot{I}_A$	$\dot{U}_{BC}$
KWB	$\dot{I}_B$	$\dot{U}_{CA}$
KWC	$\dot{I}_C$	$\dot{U}_{AB}$

四、非故障相电流的影响及按相启动接线

与电流元件不同，功率方向继电器的任务是区分正向故障与反向故障，而不是区分正常运行与故障，功率方向继电器动作不需要很大的电流。LG-11 型继电器的额定电流为 1 A，在系统正常运行负荷电流流过时也可能动作。系统正常运行时功率方向继电器动作与否取决于保护安装位置：功率方向继电器装于送电侧，功率方向为"母线指向线路"，功率方向继电器动作；功率方向继电器装于受电侧则不动作。功率方向继电器反应于功率方向，正常运行时反应于潮流方向，故障时反应于故障方向。

不对称故障时，非故障相仍有电流，称为非故障相电流。小电流接地系统中非故障相电流为负荷电流，大电流接地系统中还应考虑接地故障时由于零序电流分布系数与正负序电流分布系数不同造成的非故障电流。保护反向发生 BC 相间短路（见图 3-24）时，A 相功率方向继电器流过非故障电流，动作与否取决于故障前潮流的方向。

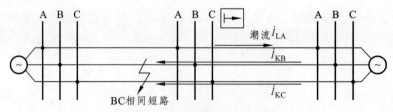

图 3-24　非故障相电流的影响

考虑电流继电器触点与功率方向继电器触点之间的接线时，必须考虑非故障相电流的影响，应该满足"按相启动"原则，即将各个同名相的电流元件 KA 和方向元件 KW 的触点串联，然后与其他相回路并联起来，再串联到时间继电器的线圈上，见图 3-25。采用按相启动后，发生图 3-25 示意的故障时，由于 A 相电流继电器按躲过非故障相电流整定不动作，KWA 的行为就无关紧要了，避免了不反应故障方向的 KWA 与故障相电流继电器接通回路而在反向故障时误动跳闸。

图 3-25　按相启动接线

五、方向电流保护的整定原则

1. 方向电流保护的整定内容

方向电流保护的整定有两个方面的内容：一是电流部分的整定，即动作电流、动作时间与灵敏度的校验；二是方向元件是否需要装设（投入）。对于其中电流部分的整定，其原则与前述的三段式电流保护整定原则基本相同。不同的是与相邻保护的定值配合时，只需要与相邻的同方向保护的定值进行配合。

在两端供电或单电源环形网络中，Ⅰ段、Ⅱ段电流部分的整定计算可按照一般的不带方向的电流Ⅰ段、Ⅱ段整定计算原则进行。Ⅲ段整定时则与一般不带方向的Ⅲ段整定计算原则有所不同。如方向电流保护Ⅲ段动作时间按照同方向阶梯原则整定，即前一段线路保护的保护动作时间比同方向后一段线路保护的动作时间长。

2. 方向元件的装设

并非所有保护都需要装设方向元件，只有当反方向故障可能造成保护无选择性动作时，才需要装设方向元件。例如，在图 3-26 中，若保护 3 的Ⅰ段动作电流大于其反方向母线 N 处短路时流过保护 3 的电流，则该Ⅰ段不需要经方向元件闭锁，反之则应当经方向元件闭锁。同理，保护 3 的Ⅱ段动作电流大于其反方向保护 2 的Ⅱ段动作电流，则该Ⅱ段不需要经方向元件闭锁，反之则应当经方向元件闭锁。对于母线 N 处保护 3 与 2，如果 $t_3^{\mathrm{III}} > t_2^{\mathrm{III}}$，当线路 MN 上发生故障时，保护 2 先于 3 动作，将故障线路切除，即动作时间的配合已能保证保护 3 不会非选择性动作，故保护 3 的Ⅲ段可以不装设方向元件。

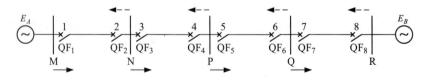

图 3-26　方向电流保护整定举例

根据上述讨论可以得出如下结论：Ⅰ段动作电流大于其反方向母线短路时的电流，不需要装设方向元件；Ⅱ段动作电流大于其同一母线反方向保护的Ⅱ段动作电流时，不需要装设方向元件；对装设在同一母线两侧的Ⅲ段来说，动作时间最长的，不需要装设方向元件；除此以外方向故障时有故障电流流过的保护必须装设方向元件。

六、方向电流保护的逻辑框图

微机保护中没有具体的电流继电器、功率方向继电器，电流元件、方向元件均以程序实现，其逻辑关系常用原理框图形式表示，方向电流保护逻辑框图如图 3-27 所示。

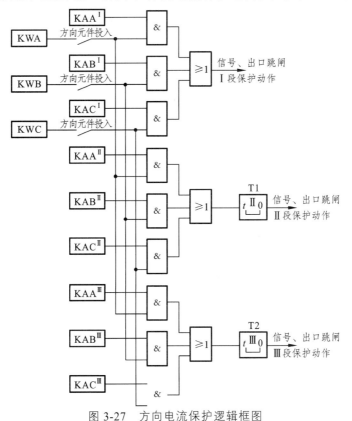

图 3-27　方向电流保护逻辑框图

图 3-27 中，方向电流保护中方向元件是否投入由整定开关决定，整定开关的接通与断开既可以由外部连接片的投退实现，也可以由装置整定定值中的控制字（0 或 1）设定。

内容四　中性点直接接地系统的接地保护

一、零序分量的特点

1. 零序保护的概念

在供电系统中发生不对称接地短路时，可以利用对称分量的方法将电流和电压分解为正序、负序和零序分量。根据电工原理可以得出以下表达式：

$$\dot{I}_\mathrm{A}+\dot{I}_\mathrm{B}+\dot{I}_\mathrm{C}=3\dot{I}_0 \tag{3-24}$$

$$\dot{U}_\mathrm{A}+\dot{U}_\mathrm{B}+\dot{U}_\mathrm{C}=3\dot{U}_0 \tag{3-25}$$

当大接地电流系统发生金属性单相接地故障时，例如 A 相接地，此时，$\dot{I}_\mathrm{B}=\dot{I}_\mathrm{C}=0$，$\dot{I}_\mathrm{A}=\dot{I}_\mathrm{k}\neq0$，$\dot{U}_\mathrm{A}\approx0$，$\dot{U}_\mathrm{B}\neq0$，$\dot{U}_\mathrm{C}\neq0$；将其代入式（3-24）和式（3-25）得：$3\dot{I}_0=\dot{I}_\mathrm{A}=\dot{I}_\mathrm{k}$，$3\dot{U}_0\approx\dot{U}_\mathrm{B}+\dot{U}_\mathrm{C}$。

同理，当电网发生三相或两相短路时，例如 B、C 相间短路时，$\dot{I}_\mathrm{B}=-\dot{I}_\mathrm{C}$，$\dot{I}_\mathrm{A}=0$，$\dot{U}_\mathrm{B}=\dot{U}_\mathrm{C}=-\dfrac{1}{2}\dot{U}_\mathrm{A}$；将其代入式（3-24）和式（3-25）得：$3\dot{I}_0=0$，$3\dot{U}_0=0$。

用上述分析方法，可以看出，相间短路故障时，无零序电流和零序电压产生，而零序电流和零序电压的出现，表明了供电系统出现了接地短路故障。利用零序电流和零序电压产生即代表发生接地短路的特点构成的保护就称为零序保护，也称作接地保护。

2. 零序分量参数的特点

短路计算的零序等效网络如图 3-28 所示。

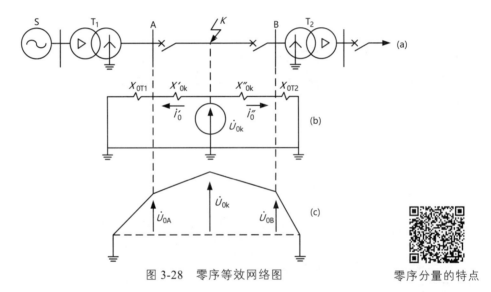

图 3-28　零序等效网络图

零序分量的特点

零序电流可以看成是在故障点出现一个零序电压 $\dot{U}_{0k}$ 而产生的，它经过变压器接地的中性点构成回路，方向是由接地短路点流向变压器接地的中性点。零序电流的方向采用故障点流向母线为正，而零序电压的方向是线路高于大地的电压为正，如图 3-28（c）中电压指示的箭头。

由上述等效网络可见，零序分量的参数具有如下特点：

（1）故障点的零序电压最高，系统中距离故障点越远处的零序电压越低，到变压器中性点接地处，零序电压等于零。中性点零序电压的分布如图 3-28（c）所示，在变电所 A 母线上零序电压为 $U_{0\mathrm{A}}$，变电所 B 母线上零序电压为 $U_{0\mathrm{B}}$。

（2）零序电流的分布，主要取决于送电线路的零序阻抗和中性点接地变压器的零序阻抗，而与电源的数目和位置无关，例如在图 3-28 中，当变压器 T_2 的中性点不接地时，$I_0''=0$。

（3）对于发生故障的线路，两端零序功率的方向与正序功率的方向相反，零序功率方向实际上都是由线路流向母线的，例如由 k 点流向母线 A 和母线 B。

（4）从任一保护安装处的零序电压与电流之间的关系看，由于 A 母线上的零序电压 U_{0A} 实际上是从该点到零序网络中性点之间零序阻抗上的电压降，该处零序电流与零序电压之间的相位差也将由 X_{0T1} 的阻抗角决定，而与被保护线路的零序阻抗及故障点的位置无关。

（5）在供电系统运行方式变化时，如果送电线路和中性点接地的变压器数目不变，则零序阻抗和零序等效网络就是不变的。但此时，系统的正序阻抗和负序阻抗要随着运行方式而变化，正、负序阻抗的变化将引起 U_{k1}、U_{k2}、U_{k0} 之间电压分配的改变，因而间接地影响零序分量的大小。

二、零序分量滤过器

1. 零序电压滤过器

为了利用零序分量构成各种零序保护，首先要将零序分量过滤出来，能够过滤出零序分量的装置称为零序分量滤过器。零序分量滤过器有零序电压滤过器和零序电流滤过器。用零序电压滤过器即可实现接地短路的零序电压保护。

为了获取零序电压，通常采用如图 3-29（a）所示的三个单相式电压互感器，或图 3-29（b）所示的三相五柱式电压互感器构成零序电压滤过器。电压互感器的一次绕组接成星形接法并将中性点接地，二次绕组接成开口三角形，三相五柱式电压互感器的另一个二次绕组接成星形，以取得相电压和线电压。电压继电器的线圈接在开口三角形的两端，这样加在继电器上的电压为

$$\dot{U}_k = \dot{U}_a + \dot{U}_b + \dot{U}_c = 3\dot{U}_0 = \frac{3\dot{U}_{k0}}{K_u} \tag{3-26}$$

式中　$\dot{U}_k$——滤过器安装处母线零序电压在 TV 二次侧的值，即接入电压继电器的电压；

　　　　$\dot{U}_a$、$\dot{U}_b$、$\dot{U}_c$——电压互感器二次侧的电压；

　　　　$\dot{U}_{k0}$——滤过器安装处的母线零序电压；

　　　　K_u——电压互感器的变压比。

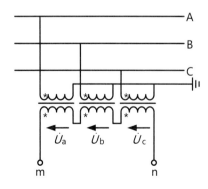

（a）用三个单相式电压互感器

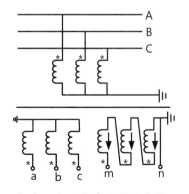

（b）三相五柱式电压互感器

图 3-29　零序电压滤过器原理图

由式（3-26）可见，接入继电器的电压 $\dot{U}_k$ 与母线零序电压 $\dot{U}_{k0}$ 成正比。对于正序或负序电压分量，三相相加为零；对于零序电压分量，三相相加不为零。因此电压互感器二次侧开口三角形输出端只有 $3\dot{U}_0$ 出现。

由于电压互感器的误差和三相系统对地不完全平衡，因此在正常运行和相间短路故障时，在开口三角形侧也可能有数值不大的零序电压输出，此电压称为不平衡电压。当一次系统中含有三次谐波电压输出。在使用中，反应零序电压的继电器整定值应能够躲过零序电压滤过器输出端可能出现的最大不平衡电压及最大三次谐波电压。

2. 零序电流滤过器

所谓零序电流滤过器是指为了使继电器只受零序电流而不受其他分量的作用，需要采用特殊的过滤电路，只让零序电流分量输出，而将其他分量（如额定电流）滤除。

零序电流滤过器，是利用分别接在三相中完全相同的三个电流互感器构成的，如图 3-30 所示。电流互感器的二次侧同极性端并联，反应零序电流的电流继电器的线圈（或零序功率方向继电器的电流线圈）接于并联电路的两端，则继电器流过三相电流之和。对于正序和负序电流分量，三相相加为零；对于零序电流分量，三相相加不为零。因此零序电流滤过器输出端只有零序电流分量 $3\dot{I}_0$ 的出现。

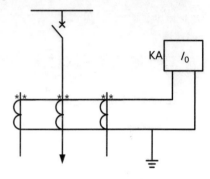

图 3-30　零序电流滤过器

实际上，在零序电流滤过器中，由于三个电流互感器的激励电流不相等，即使一次侧的电流对称，输出端也会有一定的零序电流存在，称为不平衡电流。不平衡电流等于三个电流互感器激磁电流的相量和。在考虑激磁电流后流经继电器的电流为

$$\dot{I}_k = 3\dot{I}_0 = \dot{I}_a + \dot{I}_b + \dot{I}_c$$
$$= \frac{\dot{I}_A - \dot{I}_{eA}}{k_i} + \frac{\dot{I}_B - \dot{I}_{eB}}{k_i} + \frac{\dot{I}_C - \dot{I}_{eC}}{k_i}$$
$$= \frac{1}{k_i}[(\dot{I}_A - \dot{I}_{eA}) + (\dot{I}_B - \dot{I}_{eB}) + (\dot{I}_C - \dot{I}_{eC})]$$
$$= \frac{1}{k_i}(\dot{I}_A + \dot{I}_B + \dot{I}_C) - \frac{1}{k_i}(\dot{I}_{eA} + \dot{I}_{eB} + \dot{I}_{eC})$$

式中　$\dot{I}_a$，$\dot{I}_b$，$\dot{I}_c$ ——电流互感器二次侧的电流；

$\dot{I}_A$，$\dot{I}_B$，$\dot{I}_C$ ——电流互感器一次侧三相电流，即线路三相电流；

$\dot{I}_{eA}$，$\dot{I}_{eB}$，$\dot{I}_{eC}$ ——电流互感器的三相激磁电流；

k_i ——电流互感器的变流比。

由上式可见，零序电流滤过器流入继电器的电流，为零序电流的二次值和不平衡电流两部分，前者是由于系统三相不平衡产生的，后者是由于电流互感器本身三相励磁电流不平衡产生的。在正常情况下，三相电流对称，零序电流为零，不平衡电流也很小。根据测量，不平衡电流一般为 $0.01 \sim 0.02$ A。但当电网发生相间短路故障时，不平衡电流将可能很大。这是因为此时电流互感器一次侧流过含有很大直流分量的短路电流，因此电流互感器的铁芯严重饱和，励磁电抗大大减小，励磁电流数十倍或上百倍地增加。由于短路瞬时各短路相的电

压相位相差 120°，故短路电流中直流分量的数值各不相同，三个电流互感器铁芯的磁化特性也不完全一样，因而各相饱和程度就有很大的差异，这样三相励磁电流就极不对称，因此不平衡电流也达到最大值。为保证电网发生相间短路故障时，零序电流保护装置不误动作，零序电流保护装置的动作电流应躲过最大不平衡电流。

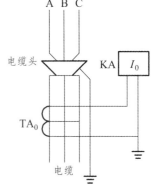

上述零序电流滤过器通常应用于架空电力线路。而对于电缆输送电线路，通常采用零序电流互感器来获得系统三相不平衡电流 $3I_0$，如图 3-31 所示。零序电流互感器就套在输电电缆外面，从其铁芯中穿过的电缆就是电流互感器的一次绕组，因此，这个互感器的一次电流就是 $\dot{I}_A + \dot{I}_B + \dot{I}_C$，只有当一次侧出现零序电流时，在互感器的二次侧才有相应的 $3I_0$ 输出，故称它为零序电流互感器。和零序电流滤过器相比，采用零序电流互感器的优点主要是没有不平衡电流，同时接线也更简单；缺点是使用场合受限制，只适用于电缆线路。

图 3-31　零序电流互感器接线图

三、零序电流保护

零序电流保护能区分正常运行和接地短路故障，并且能区分短路点的远近，以便在近处发生接地短路故障时以较短的时间切除故障，满足快速性和选择性的要求。但对于两相短路故障和三相短路故障不能反应，因此只能作为接地短路保护的后备保护，一般配置三段式或四段式零序电流保护。零序电流 I 段为速断保护，零序电流 II 段为带时限零序电流速断保护，零序电流 III 段为零序过电流保护。

零序电流速断保护

1. 零序电流速断保护（零序电流 I 段）

无时限零序电流速断保护工作原理，与反应相间短路故障的无时限电流速断保护相似，所不同的是无时限零序电流速断保护仅反应电流中的零序分量。当在被保护线路 MN 上发生单相或两相接地短路，故障点沿线路 MN 移动时，流过 M 处保护的最大零序电流变换曲线如图 3-32 所示。为保证保护动作的选择性，零序电流 I 段保护区不能超出本线路，其动作电流按下述原则整定。

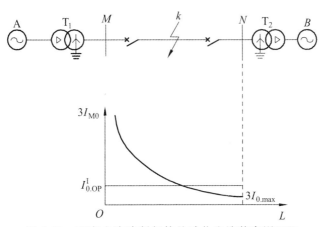

图 3-32　零序电流速断保护的动作电流整定说明图

（1）零序电流Ⅰ段的动作电流，应躲过被保护线路末端发生单相或两相接地短路时流过本线路的最大零序电流，即

$$I_{0.OP}^{I} = K_{rel}^{I} \cdot 3I_{0.max} \tag{3-27}$$

式中　　$I_{0.max}$——线路末端发生接地故障时流过保护的最大零序电流；

　　　　K_{rel}^{I}——可靠系数，一般取 1.2～1.3。

求取 $3I_{0.max}$ 的故障点应选取在本线路末端，例如，图 3-32 中 M 处的零序电流Ⅰ段整定时故障点应在 N 处。故障类型应选择使得零序电流最大的一种接地故障（单相或两相接地短路）。

（2）零序电流Ⅰ段的动作电流，应躲过手动合闸或自动重合闸期间，断路器三相触头不同时合闸所出现的最大零序电流，即

$$I_{0.OP}^{I} = K_{rel}^{I} \cdot 3I_{0.ust} \tag{3-28}$$

式中　　$I_{0.ust}$——断路器三相触头不同时合闸所出现的最大零序电流。

$I_{0.ust}$ 只在断路器三相触头不同时合上时存在，所以持续时间较短，一般小于 100 ms。如果在断路器手动合闸或自动重合闸期间，零序电流Ⅰ段保护增加延时 t（一般为 0.1 s），用来躲过断路器三相触头不同时合上时的零序电流，则可不考虑这个整定条件。

（3）零序电流Ⅰ段的动作电流，应躲过非全相运行期间振荡所造成的最大零序电流，即

$$I_{0.OP}^{I} = K_{rel}^{I} \cdot 3I_{0.unc} \tag{3-29}$$

式中　　$I_{0.unc}$——非全相运行伴随振荡时的最大零序电流。

一般而言，非全相运行伴随振荡时的最大零序电流是上述三点中最大的，定值比较大，灵敏度较低。为解决这个问题，可装设两套灵敏性不同的零序电流速断保护，即：

① 灵敏Ⅰ段：按整定条件式（3-27）、（3-28）整定（两者中取较大者为整定值），或只是按照整定条件式（3-27）整定，但在手动合闸或自动重合闸期间增加 0.1 s 延时。

② 不灵敏Ⅰ段：按整定条件式（3-29）整定。

由于灵敏Ⅰ段不考虑非全相运行伴随振荡时的最大零序电流，动作值较小，灵敏度较高，但在非全相运行时可能误动，因此在非全相运行期间应将灵敏Ⅰ段退出。不灵敏Ⅰ段动作值较高，灵敏度较低，但非全相运行期间不会误动，故不灵敏Ⅰ段不必退出运行。

无时限零序电流速断保护的灵敏性要求与相间电流Ⅰ段相同，保护范围要求大于线路全长的 15%～20%。

带时限零序电流速断保护

2. 带时限零序电流速断保护（零序电流Ⅱ段）

带时限零序电流速断保护动作电流的整定原则与相间短路的限时电流速断保护相同，整定时应注意将零序电流的分流因素考虑在内，动作时限应比下一条线路零序电流Ⅰ段的动作时限大一个时限级差 Δt。对于图 3-33 中 M 处的保护，其动作电流按下述原则整定。

零序电流Ⅱ段保护区不超出相邻线路零序电流Ⅰ段保护区，即躲过相邻线路Ⅰ段末端短路时流过本线路的最大零序电流。如图 3-334 所示，有

$$I_{0.OP.1}^{II} = K_{rel}^{II} \cdot 3I_{M0.max} \tag{3-30}$$

式中　　$3I_{M0.max}$——保护 2 零序Ⅰ段末端故障流过 MN 线路的最大零序电流；

　　　　K_{rel}^{II}——可靠系数，一般取 1.1。

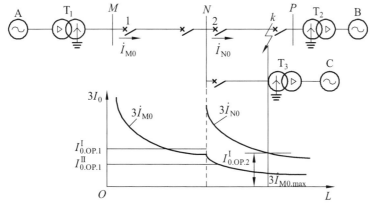

图 3-33　带时限零序电流速断保护动作电流整定说明图

零序电流Ⅱ段灵敏性，应按被保护线路末端发生接地短路时的最小零序电流来校验，即

$$K_{sen} = \frac{3I_{M0.min.N}}{I_{0.OP.1}^{II}} \geqslant 1.3 \sim 1.5 \tag{3-31}$$

式中　$3I_{M0.min.N}$——本线路末端 N 点接地短路时的最小零序电流。

当灵敏系数不能满足要求时，可采取以下措施：

（1）与相邻线路零序Ⅱ段配合整定。其动作时限应较相邻线路零序Ⅱ段时限长一个时间级差 Δt。

（2）改用接地距离保护。

3. 零序过电流保护（零序电流Ⅲ段）

零序过电流保护在正常时应当不启动，故障切除后应当返回。为保证选择性，动作时间应当与相邻线路Ⅲ段按照阶梯特性配合。零序电流Ⅲ段保护范围较长，对于本线路和相邻线路的接地故障，零序过电流保护都应能够反应。

零序电流Ⅲ段的动作电流应按躲过下一线路始端（即本线路末端）三相短路时流过本保护的最大不平衡电流 $I_{unb.max}$ 整定，即

$$I_{0.OP}^{III} = K_{rel}^{III} \cdot I_{unb.max} \tag{3-32}$$

式中　$I_{unb.max}$——本线路末端三相短路时流过本保护的最大不平衡电流；

　　　K_{rel}^{III}——可靠系数，一般取 1.2～1.3。

最大不平衡电流按下式计算：

$$I_{unb.max} = K_{aper} \cdot K_{ss} \cdot K_{er} \cdot I_{k.max}^{(3)} \tag{3-33}$$

式中　K_{aper}——非周期分量系数，$t = 0$ s 时取 1.5～2，$t = 0.5$ s 时取 1；

　　　K_{ss}——TA 同型系数，TA 型号相同时取 0.5，型号不同时取 1；

　　　K_{er}——TA 误差，取 0.1；

　　　$I_{k.max}^{(3)}$——本线路末端三相短路时流过本保护的最大短路电流。

作为本线路近后备的零序Ⅲ段，其灵敏度应按本线路末端接地短路时流过本保护的最小零序电流校验，要求灵敏系数大于 1.3。当作为相邻线路的远后备保护时，应按相邻线路末

端接地短路时流过本保护的最小零序电流校验，要求灵敏系数大于 1.2。

按上述原则整定的零序过电流保护，其启动电流一般都很小（在二次侧为 2～3 A）。为了便于比较，图 3-34 示出了相间短路过电流保护的动作时限，它是从保护 1 开始逐级配合的。由此可见，在同一线路上的零序过电流保护与相间短路的过电流保护相比，将具有较小的时限，这也是它的一个优点。

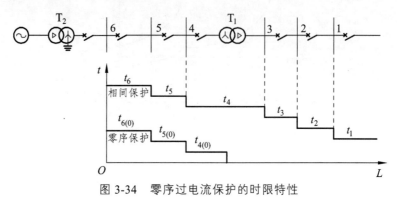

图 3-34　零序过电流保护的时限特性

四、方向零序电流保护

1. 方向零序电流保护的基本原理

在双侧或多侧电源的网络中，电源处一般至少有一台变压器的中性点要接地，由于零序电流的实际流向是由故障点流向各个中性点接地的变压器，因此在变压器接地数目比较多的复杂网络中，就需要考虑零序电流保护动作的方向性问题。

如图 3-35 所示的网络接线，两侧电源处的变压器中性点均直接接地，这样，当 k_1 点短路时，其零序等效网络和零序电流分布如图 3-35（b）所示，按照选择性的要求，应该由保护 1 和 2 动作切除故障。但是零序电流 I''_{0k1} 流过保护 3 时，就可能引起它的误动作；同样当 k_2 点短路时，如图 3-35（c）所示，零序电流 I'_{0k2} 又可能使保护 2 误动作，因此必须在零序电流保护上增加功率方向元件，利用正方向和反方向故障时零序功率方向的差别，来闭锁可能误动作的保护，才能保证动作的选择性。

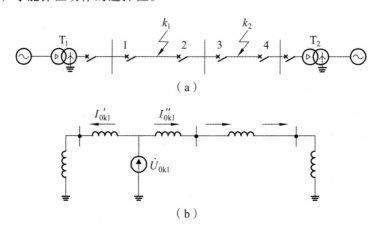

（a）

（b）

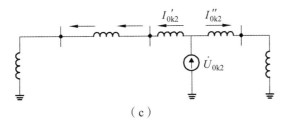

（c）

图 3-35　零序方向保护工作原理分析

2. 零序功率方向继电器

如图 3-36 所示，零序功率方向继电器接于零序电压 $3\dot{U}_0$ 和零序电流 $3\dot{I}_0$，它只反应于零序功率的方向而动作。当保护范围内部故障时，按规定的电流、电压正方向看，$3\dot{I}_0$ 超前于 $3\dot{U}_0$ 为 $95° \sim 110°$（对应于保护安装地点背后的零序阻抗角为 $85° \sim 70°$ 的情况），继电器此时应正确动作，并应工作在最灵敏的条件下。

根据零序分量的特点，零序功率方向继电器显然应该采用最大灵敏角 $\varphi_{sen} = -110° \sim -95°$。当按规定极性对应加入 $3\dot{U}_0$ 和 $3\dot{I}_0$ 时，继电器正好工作在最灵敏的条件下，其接线如图 3-36（a）所示，简单清晰，易于理解。

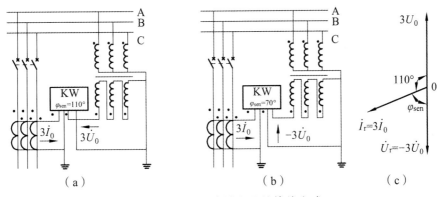

图 3-36　零序电流继电器的接线方式

整流型零序功率方向继电器都是把最大灵敏角做成 $\varphi_{sen} = 70° \sim 85°$，即要求加入继电器的 $\dot{U}_r$ 应超前 $\dot{I}_r$ $70° \sim 85°$ 时动作最灵敏。为了适应这个要求，对此种零序功率方向继电器的接线应如图 3-36（b）所示，将电流线圈与电流互感器绕组之间同极性相连，而将电压线圈与电压互感器绕组之间不同极性相连，即 $\dot{I}_r = 3\dot{I}_0$，$\dot{U}_r = -3\dot{U}_0$，$\varphi_r = 70° \sim 85°$，相量关系如图 3-36（c）所示，刚好符合最灵敏的条件。

图 3-36（a）和（b）的接线实质上完全一样，只是在图 3-36（b）的情况下，先在继电器内部的电压回路中倒换一次极性，然后在外部接线时再倒换一次极性。由于在正常运行情况下没有零序电流和电压，零序功率方向继电器的极性接错时不易发现，故在实际工作中应给予特别注意。

五、零序电流保护框图

图 3-37 为 110 kV 线路零序方向电流保护逻辑框图。

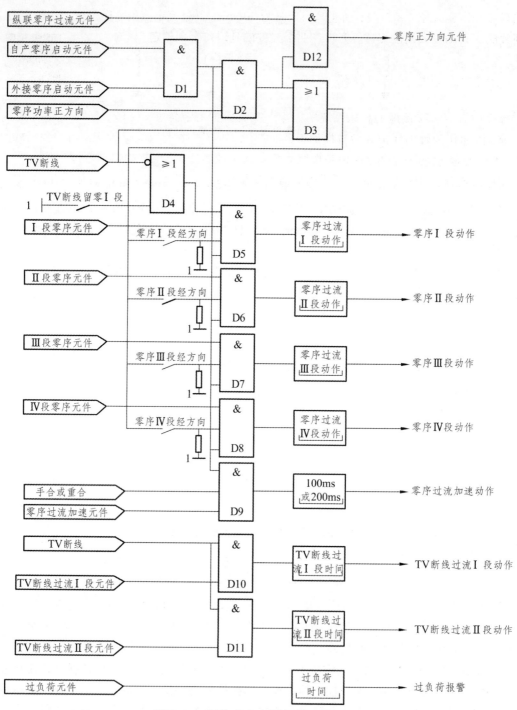

图 3-37　零序方向电流保护逻辑框图

　　上述零序方向保护逻辑框图中设置了 4 个带延时段的零序方向电流保护，各段零序可由用户选择经或不经零序方向元件控制。在 TV 断线时，零序 I 段可由用户选择是否退出；各段零序电流保护均不经方向元件控制。所有零序电流保护都受启动过电流元件控制，因此各零序电流保护定值应大于零序启动电流定值。当最小相电压小于 $0.8U_N$ 时，零序加速延时为 100 ms；

当最小相电压大于 $0.8U_N$ 时，加速时间延时为 200 ms，其过流定值用零序过流加速段定值。TV 断线时，自动投入两段相过流元件，两个元件的延时可分别整定。

六、零序电流保护评价

零序电流保护评价

在中性点直接接地的高压系统中，零序电流保护由于简单、经济、可靠，因而作为辅助保护和后备保护得到了广泛的应用。它与电流保护相比有着独特的优点。

（1）相间短路的过电流保护是按照大于负荷电流整定，继电器的启动电流一般为 5~7 A，而零序过电流保护则按照躲开不平衡电流的原则整定，一般为 2~3 A。由于发生单相接地短路时，故障相的电流与零序电流 $3I_0$ 相等，因此，零序过电流保护的灵敏度高，且零序过电流保护的动作时限也比电流保护要短。尤其对于两侧电源的线路，当线路内部靠近任一侧发生接地短路时，本侧零序Ⅰ段动作跳闸后，对侧零序电流增大可使对侧零序Ⅰ段也相继动作跳闸，从而使总的故障切除时间更加缩短。

（2）相间短路的电流速断和限时电流速断保护受系统运行方式变化的影响很大，而零序电流保护受系统运行方式变化的影响要小得多。此外，由于线路零序阻抗比正序阻抗大得多，故线路始端与末端短路时，零序电流变化显著，曲线较陡，因此零序Ⅰ段的保护范围较大也较稳定，零序Ⅱ段的灵敏系数也易于满足要求。

（3）当系统中发生某些不正常运行状态（如系统振荡、短路过负荷）时，三相是对称的，相间短路的电流保护均将受它们的影响而可能误动，因而需要采取必要的措施防止，而零序保护则不受它们的影响。

（4）在 110 kV 及以上的高压和超高压系统中，单相接地故障约占全部故障的 70%~90%，而且其他的故障也往往是由单相接地故障发展起来的，因此，采用专门的零序保护就具有显著的优势。（零序保护在 110 kV 及以上的系统中应用比较广泛）

当然零序保护也有自身的缺点：

（1）对于短线路或运行方式变化很大的情况，保护往往不能满足系统运行所提出的要求。

（2）随着单相自动重合闸的广泛应用，在重合闸动作的过程中将出现非全相运行状态，再考虑系统两侧的电机发生摇摆，则可能出现较大的零序电流，因而影响零序电流保护的正确工作，此时应从整定计算上予以考虑，或在单相自动重合闸动作过程中使之短路退出运行。

（3）当采用自耦变压器联系两个不同电压等级的网络时，则任一网络的接地短路都将在另一网络中产生零序电流，这将使零序保护的整定配合复杂化，并将增大第Ⅲ段保护的动作时限。

实际上，在中性点直接接地的电网中，零序电流保护由于简单、经济、可靠，因而得到了广泛的应用。

内容五　中性点不接地系统的单相接地保护

一、中性点不接地系统中单相接地故障的特点

图 3-38 所示为中性点不接地系统（又称小接地短路电流系统）接线示意图。图中母线上

接有一个电源和两条馈电线路。电源和每条馈电线路对地都有电容，设分别以 C_{0S}、C_{0I}、C_{0II} 等集中电容来表示。正常运行时，三相的对地电容相当于中性点接地的三相对称星形容性负载，三相的对地电压仍然是对称的相电压，对地电容电流也三相对称，并分别比系统电势超前 90°，电源中性点的电位与地电位相等，无零序电压和零序电流。

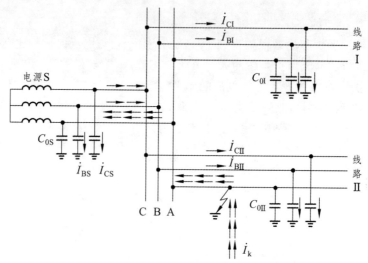

图 3-38　单相接地时的电容电流分布图

当馈电线路 II 的 A 相发生接地故障后，如果忽略负荷电流和电容电流在线路阻抗上的电压降，则全系统 A 相对地电压都等于零，因而各元件 A 相对地电容电流也等于零；同时 B 相和 C 相的对地电压和电容电流都升高到 $\sqrt{3}$ 倍，相量关系如图 3-39 所示。

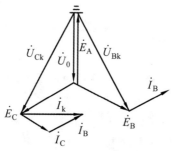

图 3-39　A 相接地时的相量图

电容电流的分布在图 3-38 中用箭头表示。这时，各相对地电压为

$$\left.\begin{aligned}
\dot{U}_{Ak} &= 0 \\
\dot{U}_{Bk} &= \dot{E}_B - \dot{E}_A = \sqrt{3}\dot{E}_A \mathrm{e}^{-\mathrm{j}150°} \\
\dot{U}_{Ck} &= \dot{E}_C - \dot{E}_A = \sqrt{3}\dot{E}_A \mathrm{e}^{+\mathrm{j}150°}
\end{aligned}\right\} \qquad (3\text{-}34)$$

故障点 k 的零序电压为

$$\dot{U}_{k0} = \frac{1}{3}(\dot{U}_{Ak} + \dot{U}_{Bk} + \dot{U}_{Ck}) = -\dot{E}_A \qquad (3\text{-}35)$$

由此引起全系统都将出现零序电压。

由图 3-38 可见，在非故障的馈电线路Ⅰ上，A 相对地电容电流为零，B 相和 C 相电流有本身的对地电容电流。因此，在馈电线路Ⅰ始端所反应的零序电流为 $3\dot{I}_{0I}=\dot{I}_{BI}+\dot{I}_{CI}$

参照图 3-39 所示的相量关系，其相位比 $3\dot{U}_{k0}$ 超前 90°，有效值为

$$3I_{0I}=3U_{ph}\omega C_{0I} \tag{3-36}$$

式中　　U_{ph}——相电压的有效值。

式（3-36）表明，在非故障的馈电线路始端所反应的零序电流为该线路本身的对地电容电流，其电容性无功功率的方向为由母线流向馈电线路。当母线上接有多条馈电线路时，此结论适用于每一条非故障的馈电线路。

在电源 S 上，本身的 A 相对地电容电流也为零，本身的 B 相和 C 相对地电容电流分别为 $\dot{I}_{BS}$、$\dot{I}_{CS}$。但是，在 A 相中要流回从故障点流来的全部对地电容电流，而在 B 相和 C 相中又要分别流出各馈电线路同名相的对地电容电流。此时，从电源出线端所反应的零序电流 $3\dot{I}_{0S}$ 仍应为三相电流之和。由图 3-38 可见，各条馈电线路的对地电容电流从 A 相流入电源后，又分别从 B 相和 C 相流出电源，故相加后又互相抵消，而只剩下电源本身的 B 相和 C 相对地电容电流，因此 $3\dot{I}_{0S}=\dot{I}_{BS}+\dot{I}_{CS}$。

参照图 3-39 所示的相量关系，其相位也比 $3\dot{U}_{k0}$ 超前 90°，有效值为

$$3I_{0S}=3U_{ph}\omega C_{0S} \tag{3-37}$$

式（3-37）表明，从电源出线端所反应的零序电流为电源本身的对地电容电流。其电容性无功功率的方向是由母线流向电源。当母线上接有多个电源时，此结论可适用于每一个电源。这个特点与非故障馈电线路是一样的。

再看 A 相发生接地故障的馈电线路Ⅱ。在 B 相和 C 相，也流有它本身的对地电容电流 I_{BII}、I_{CII}，而在 A 相的接地故障点要流回全系统 B 相和 C 相的对地电容电流之总和，即

$$\dot{I}_{k}=(\dot{I}_{BI}+\dot{I}_{CI})+(\dot{I}_{BII}+\dot{I}_{CII})+(\dot{I}_{BS}+\dot{I}_{CS})$$

其有效值为

$$I_{k}=3U_{ph}\omega(C_{0I}+C_{0II}+C_{0S})=3U_{ph}\omega C_{0\Sigma} \tag{3-38}$$

式中，$C_{0\Sigma}$ 为全系统每相对地电容的总和。$\dot{I}_{k}$ 要从 A 相流回电源，故从 A 相流出的电流可表示为 $\dot{I}_{AII}=-\dot{I}_{k}$。于是，在馈电线路Ⅱ始端所反应的零序电流为

$$3\dot{I}_{0II}=\dot{I}_{AII}+\dot{I}_{BII}+\dot{I}_{CII}=-(\dot{I}_{BI}+\dot{I}_{CI}+\dot{I}_{BS}+\dot{I}_{CS})$$

参照图 3-39 所示的相量关系，其相位比 $3\dot{U}_{k0}$ 滞后 90°，有效值为

$$3I_{0II}=3U_{ph}\omega(C_{0\Sigma}-C_{0II}) \tag{3-39}$$

式（3-39）表明，在发生接地故障的馈电线路始端所反应的零序电流，为全系统非故障元件（不包括故障线路本身）对地电容电流之总和，数值一般较大。其电容性无功功率的方向为由发生接地故障的馈电线路流向母线。

二、中性点不接地系统的单相接地保护

1. 绝缘监察装置

绝缘监察装置是利用接在母线上的三相五柱式电压互感器 TV 与一个过电压继电器 KV

构成，如图 3-40 所示。TV 二次侧有两个绕组：一个绕组接成星形，用三个电压表分别测量三个相电压；另一个绕组接成开口三角形，在开口处接一个过电压继电器 KV。

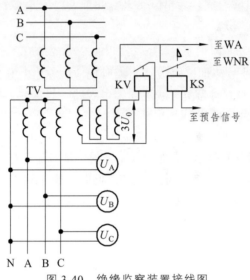

图 3-40　绝缘监察装置接线图

正常运行时，母线三相电压对称，三个电压表指示值相等（都等于相电压），KV 不动作。当连接于母线的任何一个元件发生单相接地故障时，接地相的电压表指示为零，另两相电压表指示值增加至 $\sqrt{3}$ 倍；同时 KV 线圈端子上加入数值接近 3 倍相电压的零序电压 $3U_0$，KV 动作，发出信号。

由于在发生单相接地故障时，全系统都将出现零序电压，故绝缘监察装置的动作是无选择性的，分不清哪一个元件发生单相接地。为此，通常是利用短时间断开每条馈电线路，观察零序电压是否消除的办法来寻找故障线路。其具体做法是：运行人员依次按动每条线路的"检查接地按钮"，使其断路器跳闸，并立即由自动重合闸装置动作使断路器合闸；在断开某条线路断路器的瞬间，如果接地信号消失，即表明该线路有单相接地故障。

2. 零序电流保护

零序电流保护是利用故障线路零序电流比非故障线路零序电流要大的特点，来实现有选择性地发出信号或动作于跳闸。这种保护一般使用在有条件安装零序电流互感器的线路上（如电缆线路或经电缆引出的架空线路）。当单相接地电流较大，足以克服零序电流滤过器中不平衡电流的影响时，这种保护也可以接于三个电流互感器构成的零序电流回路中。

零序电流保护的动作电流 I_{ACT} 按大于本线路的对地电容电流整定，参照式（3-36），得

$$I_{ACT} = K_{REL} \cdot 3U_{ph}\omega C_0 \quad (\text{A}) \tag{3-40}$$

式中　C_0——被保护线路每相的对地电容；

　　K_{REL}——可靠系数，若保护为瞬时动作，一般取 4～5，以防止接地电容电流的暂态分量（数值很大，但衰减极快）引起保护误动作；若保护为延时动作，可取 1.5～2.0。

零序电流保护的灵敏系数 K_{sen} 按系统最小运行方式下流经被保护线路单相接地时的零序电流来校验，参照式（3-39）得

$$K_{\text{sen}} = \frac{3U_{\text{ph}}\omega(C_{0\Sigma} - C_0)}{K_{\text{REL}}3U_{\text{ph}}\omega C_0} = \frac{C_{0\Sigma} - C_0}{K_{\text{REL}}C_0} \tag{3-41}$$

式中，$C_{0\Sigma}$ 为全系统各元件每相对地电容之总和，校验时采用系统最小运行方式下的 $C_{0\Sigma}$。对电缆线路，要求 $K_{\text{sen}} \geqslant 1.25$；对架空线路，要求 $K_{\text{sen}} \geqslant 1.5$。

采用零序电流互感器，考虑到当线路发生单相接地故障时，接地电流不仅在地中流通，也可能沿着电缆铅皮和钢铠流通。为了防止当保护区外发生单相接地故障时，该电流引起非故障线路零序电流保护误动作，同时，也为了避免该电流使故障线路零序电流保护的灵敏度降低，应将电缆端盒与金属支架绝缘，并将电缆端盒的接地线穿过零序电流互感器的铁芯再接地，如图 3-41 所示。由于零序电流保护的一次动作电流很小，所以要求采用灵敏度很高的电流继电器。

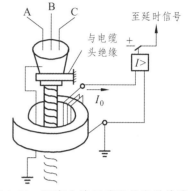

图 3-41　零序电流互感器的安装接线图

3. 零序功率方向保护

在出线较少或较短的情况下，故障线路零序电流与非故障线路零序电流差别不大，采用零序电流保护，灵敏度往往不能满足要求。这时，可采用零序功率方向保护。它利用故障线路与非故障线路零序功率方向不同的特点，来实现有选择性的保护，动作于信号或跳闸。

由式（3-39）已知，故障线路的 $3\dot{I}_0$ 比 $3\dot{U}_0$ 滞后 $90°$，因此也可选用 LG-12 型功率方向继电器，而将其电抗变压器 TX 的二次线圈 W_4 开路，使最灵敏角 $\varphi_{\text{sen}} = 90°$，动作区为 $0° \sim 180°$。该继电器外部接线也与图 3-68 相似，加入电流线圈的电流 $\dot{I}_K$ 为 $3\dot{I}_0$，但加入电压线圈的电压 $\dot{U}_K$ 为 $3\dot{U}_0$。这样，当被保护线路发生单相接地故障时，$\dot{I}_K$ 比 $\dot{U}_K$ 滞后 $90°$，即 $\varphi_K = 90°$，为最灵敏角，继电器动作；而在其他线路发生单相接地故障时，$\dot{I}_K$ 比 $\dot{U}_K$ 超前 $90°$，即 $\varphi_K = -90°$，深入非动作区，继电器能可靠不动作。

内容六　电容器保护

一、并联补偿概述

电力牵引负荷波动范围很大，一般电力机车电流很难保持 30 s 平稳不变，有时还会在更短的时间发生更突然的变化，使得日平均负荷与短时最大（如 10 min 内）负荷相差很大。同时，现在国内外普遍采用交-直型电力机车，这使牵引负荷具有低功率因数和含有丰富谐波（主要是奇次）的特点。因此，功率因数低、谐波随机性大和产生负序电流是牵引供电系统自身具有的特点，这不仅使牵引供电系统自身的技术指标变差，还使系统电能质量受损害。

技术经济计算和国内外的实践表明，并联补偿是解决用户无功功率及相关问题的最佳手段。由于电气化铁路的负序电流和谐波也都与无功功率同时产生，所以只要采用适当并联补偿就能达到综合补偿的目的。在电气化铁路上采用并联补偿实现对无功功率、负序和谐波的综合补偿。

并联补偿可以安装在牵引变电所的牵引母线上，也可以安装在牵引网的某一个特定地点或电力机车上。前者称为牵引变电所的并联补偿，后者称为牵引网的并联补偿。

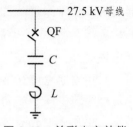

图 3-42　并联电容补偿装置接线示意图

牵引变电所通常采用单相的并联电容补偿装置，其原理接线如图 3-42 所示，并联电容补偿装置由电容器组 C 和电抗器 L 串联构成。

并联电容补偿装置在运行过程中可能发生的故障和不正常运行状态包括：

（1）电容器内部故障。电容器组是由若干台小容量电容器通过并联、串联构成，电容器极板之间的绝缘在高电场作用下，在薄弱环节处首先产生过热、游离，直到局部击穿。单个电容器的击穿，将导致与之并联的电容器被短路或导致与之串联的电容器电压升高，从而可能引起新的电容器击穿，造成剩余电容器的电压更高，从而产生恶性连锁反应，最终造成电容器的贯穿性短路。如果箱壳内部的故障电流较大，绝缘分解的气体增多，箱壳内部压力就会增高，轻则发生漏油或"鼓肚"现象，重则导致箱体爆裂、起火、酿成大患。

（2）电容器外部接地短路。电容器组和断路器之间的引线、绝缘子、导管间，电容器组与电抗器之间的连接线可能发生接地短路，对短路回路中的设备产生热和力的破坏。

（3）电容器的过电压。电容器只允许在 1.1 倍工频电压下长期运行。电容器内部有功损耗为 $P_r = \overline{\omega} C U^2 \tan\delta$（$\tan\delta$ 为电介质损耗角正切，即介质损耗因数），当运行电压 U 增高时，电容器的功率损耗和内部温度增高很快，这将影响电容器寿命，严重时将导致电容击穿。

（4）电容器的失压。电容器因故失压后仍接在系统中并存在残余电压，当再次施加电压时，电容器的残余电压可能使电容器外接端电压超过 1.1 倍额定电压；也可能因变压器带电容器合闸产生谐振过电压；空载变压器（停电后恢复供电初期）因电压过高，也能造成电容器过电压。

因此，为了保障并联电容补偿装置的安全可靠运行，必须对其设置可靠的保护。并联电容补偿装置的保护应满足如下要求：

（1）当电容器组内部发生击穿故障时，能将故障电容器迅速切除，防止事故范围扩大。

（2）当电容器组内部切除一台电容器时，需要发出报警信号；当切除若干台电容器后，导致该电容器组内部完好电容器承受的电压超过电容器额定电压的 10% 时，需将并联电容补偿装置退出运行。

（3）当牵引变电所 27.5 kV 母线发生故障时，应将并联电容补偿装置退出运行。

（4）当牵引变电所 27.5 kV 母线电压过高，对电容器组可能造成危害时，应将并联电容补偿装置退出运行；当母线电压过低或牵引变电所停电时，为了避免变压器带电容器合闸引起的工频过电压，应将并联电容补偿装置退出运行。

（5）由于谐波或过电压的影响，电容器组处于过负荷运行时，应将并联电容补偿装置退出运行。

二、并补保护基本原理

（一）电容器组内部故障保护

电容器组内部故障有一个发展过程，最初只是个别串联元件损坏，逐渐波及其他相邻元

并补保护原理

件，造成过电流和过电压击穿，击穿越多，击穿就发展得越快，直至全部击穿而短路。电容器组内部故障保护的目的就是当电容器组出现元件部分击穿但尚未引起全部击穿短路时，将其从系统中退出。电容器内部故障保护包括两个部分，即熔断器保护和继电保护。

1. 电容器的熔断器保护

并联电容器组由多台电容器经过串联和并联构成。单台电容器的熔断器保护是电容器组的第一道保护，是防止电容器组内部故障扩大为油箱爆炸事故的重要措施。故障电流直接作用于熔断器的熔丝，能够迅速切断故障，且故障电流越大动作时间越短。熔断器的熔丝保护动作后有明显的标志，易于查找故障点。熔断器保护能够快速切除故障电容器，防止事故扩大，同时使电容器组中完好的电容器继续运行。对单台电容器的熔断器保护有如下要求：

（1）熔断器宜采用喷逐式熔断器。

（2）熔断器的时间-电流特性曲线和电容器外壳的爆裂概率曲线相配合，应选择在被保护的电容器外壳的10%爆裂概率曲线的左侧。在不能给出电容器爆裂概率曲线的情况下，熔断器应能保证在电容器内部击穿50%~70%时可靠熔断。

（3）在电容器组合闸涌流的作用下，熔断器不应熔断。

（4）熔断器的熔丝额定电流选择，不应小于电容器额定电流的1.43倍，并不宜大于额定电流的1.55倍。

2. 差电压保护

1）差电压保护基本原理

电容器组是由多台电容器通过串联、并联构成，当单台电容发生内部故障由熔断器保护切除后，继续运行的电容器将出现过电压，从而使这些电容器的绝缘老化，给完好电容器造成击穿的条件。当电容器组中由熔断器保护切除多台故障电容器后，余下的电容器上承受的电压超过其额定电压的10%时，并联电容补偿装置应退出运行。因此，对并联电容补偿装置中的电容器组设置差电压保护。差电压是一种灵敏度高，保护范围大，不受合闸涌流、高次谐波及电压波动影响的保护方式。

差电压保护原理接线如图 3-43 所示。将电容器组分为容量相等的上下两段，通过两个电压互感器（TV_1 和 TV_2）获得上下两段电容器的端电压为 U_1 和 U_2，差电压为 $\Delta U = U_1 - U_2$。电容器组完好时，上下两段电容器的端电压相等即 $U_1 = U_2$，则差电压 $\Delta U = 0$；当电容器组内部电容器损坏，导致上下两段电容器容量不相等时，即 $U_1 \neq U_2$ 时，则差电压 $\Delta U \neq 0$。

2）差电压保护的整定

如图 3-43 所示，设电容器组由 N 组串联，每一组由 M 台电容器并联，单台电容器的容量为 C，电抗器基波感抗与电容器组基波容抗之比为 D。

假设某一并联组中有 K 台电容器被切除，设为故障组，则该组电容器的容量为

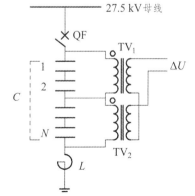

图 3-43　差电压保护原理接线示意图

$$C_{\text{故}} = (M-K)C \tag{3-42}$$

完好并联电容器组的容量为

$$C_{\text{好}} = MC \tag{3-43}$$

由式（3-42）和式（3-43）可得整个电容器组的总容量为

$$\frac{1}{C_{\text{总}}} = \frac{N-1}{MC} + \frac{1}{(M-K)C} = \frac{(N-1)(M-K)+M}{M(M-K)C} \tag{3-44}$$

则流过电容器组的电流为

$$I = \frac{U_{\max}}{X_C - X_L} = \frac{M(M-K)\tilde{\omega}C}{N(M-K)(1-D)+K}U_{\max} \tag{3-45}$$

式（3-45）中，$U_{\max}$ 为牵引变电所 27.5 kV 母线最高电压。

故障电容器组上的电压为

$$U_{\text{故}} = \frac{1}{\tilde{\omega}C_{\text{故}}} = \frac{MU_{\max}}{N(M-K)(1-D)+K} \tag{3-46}$$

完好电容器组上的电压为

$$U_{\text{好}} = \frac{1}{\tilde{\omega}C_{\text{好}}} = \frac{(M-K)U_{\max}}{N(M-K)(1-D)+K} \tag{3-47}$$

由式（3-46）和式（3-47）可得差电压为

$$\Delta U = U_{\text{故}} - U_{\text{好}} = \frac{KU_{\max}}{N(M-K)(1-D)+K} \tag{3-48}$$

从式（3-47）和式（3-48）可以看出，发生故障的并联电容器组的端电压将升高，完好的并联电容器组上的电压将降低。因此差电压保护按如下原则进行整定：

第一步：确定并联电容器组中故障电容器端电压超过 1.1 倍额定电压时，熔断器已切除电容器的台数 K，按式（3-49）计算。

$$\frac{MU_{\max}}{N(M-K)(1-D)+K} \geqslant 1.1U_{\text{N}} \tag{3-49}$$

式（3-49）中，U_{N} 为单台电容器的额定电压。

第二步：按式（3-48）确定差电压 ΔU。

第三步：按式（3-50）计算差电压保护整定值。

$$U_{\text{set}} = \frac{\Delta U}{K_{\text{rel}}} \cdot \frac{1}{K_{\text{V}}} \tag{3-50}$$

式（3-50）中，K_{rel} 为可靠系数，取 1.3 ~ 1.5，K_{V} 为 TV 变比。

为了躲过两段串联电容器组上瞬时出现的不平衡电压，差电压保护的典型时限为 0.1 ~ 1 s。

（二）电容器回路短路保护

并联电容补偿装置主要由电容器组与电抗器串联构成，当电容器组和断路器之间的引线、绝缘子、导管间，以及电容器组与电抗器之间的连接线发生接地短路时，应将并联电容补偿装置退出。

1. 电流速断保护

电流速断保护用于断路器与电容器组之间连接线短路故障的保护。电流速断保护按躲过并联电容补偿装置投入时产生的最大涌流整定，并考虑一定的裕度。

$$I_{\text{set}} = \frac{K_{\text{rel}} I_{\text{y,max}}}{K_{\text{i}}} \tag{3-51}$$

式（3-51）中，K_{rel} 为可靠系数，一般取 1.2 左右；K_{i} 为 TA 变比；$I_{\text{y,max}}$ 为并联电容装置的最大合闸涌流。《并联电容器装置设计规范》（GB 50227—2017）规定，并联电容补偿装置的最大合闸涌流按式（3-52）计算。

$$I_{\text{y,max}} = \sqrt{2} I_{\text{N}} (1 + \sqrt{X_C / X_L}) \tag{3-52}$$

式（3-52）中，I_{N} 为电容器组的额定电流；X_C 为电容器组容抗；X_L 为串联电抗器的感抗。

2. 过电流保护

过电流保护的作用是防止电容器组过负荷运行，过电流保护用于电容器组内部部分接地故障的保护，同时作为电流速断保护的后备保护。过电流保护的动作电流应考虑：

（1）电容器组的电容在 + 10% 的偏差，使负荷电流增大。

（2）电容器允许在 1.3 倍额定电流下长期运行。

（3）合闸涌流冲击下不误动。

因此，过电流保护一般根据电容器组的过电流倍数整定，并考虑一定的裕度。

$$I_{\text{set}} = \frac{K_{\text{rel}} K_{\text{pe}} I_{\text{N}}}{K_{\text{i}}} \tag{3-53}$$

式（3-53）中，K_{rel} 为可靠系数，一般取 1.2 左右；K_{pe} 为电容器组过电流倍数，一般取 1.3；K_{i} 为 TA 变比。

过电流保护的时限按躲过并联电容补偿装置合闸涌流的最大持续时间来整定，一般取 0.5 ~ 1 s。

3. 谐波过电流保护

谐波过电流保护用于防止由于谐波含量过高而引起电容器过热对电容器造成的危害《并联电容器装置设计规范》（GB 50227—2017）规定，谐波过电流保护的电流整定为

$$I_{\text{set}} = \sqrt{(1.3 I_{\text{N}})^2 - [27\,500 / (X_C - X_L)]^2} \tag{3-54}$$

典型时限为 120 s。

4. 差电流保护

电容器组 C 由多台电容器通过并联、串联后构成，如图 3-44 所示，设电容器组由 N 段串联组成。对于电容器组内部连接线上的接地短路故障，即在 1 段和 2 段之间连接线发生接地短路时的电流最大，在 $N-1$ 段和 N 段之间连接线发生接地短路时的电流最小。因此，当

靠近末端段发生接地短路时，过电流保护可能拒动。当电容器组 C 与电抗器 L 之间的连接线发生接地短路时，由于回路阻抗比并联电容补偿装置正常时的阻抗大，短路电流就比正常运行时的电流小，过电流保护不能动作。因此，针对并联电容补偿装置内部发生接地短路的这些特性，对并联电容补偿装置设置差电流保护，用于对并联电容补偿装置内部接地短路故障的保护。

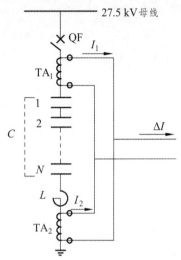

图 3-44　差电流保护示意图

差电流保护由并联电容补偿装置首端和末端的两个电流互感器（TA_1、TA_2）二次侧差接构成，如图 3-44 所示。并联电容补偿装置内部正常时，流过 TA_1 和 TA_2 的电流大小相等，即 $I_1 = I_2$，差电流 $\Delta I = I_1 - I_2 = 0$。当并联电容补偿装置内部发生接地短路故障时，流过 TA_1 和 TA_2 的电流不等，即 $I_1 \neq I_2$，差电流 $\Delta I = I_1 - I_2 \neq 0$。差电流保护具有很高的灵敏度，能够可靠地切除并联电容补偿装置内部发生接地短路故障的电容器组。

差电流保护按躲过并联电容补偿装置合闸时可能出现的最大不平衡电流整定，如式（3-55）所示。

$$I_{set} = \frac{K_{rel} K_{st} \Delta f_{max} I_{y,max}}{K_i} \qquad (3-55)$$

式（3-55）中，K_{rel} 为可靠系数，取 1.3；K_{st} 为电流互感器同型系数，TA_1 和 TA_2 同型时取 0.5，不同型时取 1；Δf_{max} 为电流互感器最大允许误差，取 0.1；K_i 为 TA 变比。

差电流保护动作时限一般按 0.1～1 s 整定。

5. 过电压保护

电容器组的过电压可能由两种情况引起，一是电容器组内部单台电容器发生故障由熔断器保护切除后，由于故障组容量减小，其承受的电压将升高，这一类故障可以由差电压保护切除；二是牵引变电所母线电压过高引起的电容器组过电压。因此设置过电压保护，防止由于牵引变电所母线电压过高引起的电容器组过电压。

电容器组只能允许在 1.1 倍额定电压下长期运行，当牵引变电所母线电压升高时，过电压保护应将并联电容补偿装置切除。过电压保护动作电压一般按电容器组额定电压的 1.05～

1.1 倍整定，如式（3-56）所示。

$$U_{set} = K_{pe} \frac{X_C - X_L}{X_C} \cdot \frac{U_N}{U_{max}} \qquad （3\text{-}56）$$

式（3-56）中，K_{pe} 为电容器组过电压倍数，取 1.05 ~ 1.1；U_N 为电容器组额定电压；U_{max} 为牵引变电所 27.5 kV 母线最高工作电压。

过电压保护的时限应躲过牵引变电所 27.5 kV 母线可能出现的瞬时过电压的持续时间，比如并联电容补偿装置投入时产生瞬时过电压的持续时间。典型时限为 1 ~ 2 s。

6. 低电压保护

设置低电压保护的目的是：

（1）防止在无负荷的情况下，并联电容补偿装置和牵引主变压器同时投入。这是因为当并联电容补偿装置和牵引主变压器同时投入时，变压器与并联电容补偿装置形成串联回路，可能引起谐振，给并联电容补偿装置和系统造成严重后果。

（2）在牵引变电所 27.5 kV 母线失压时，将并联电容补偿装置退出运行，且使电容器组通过放电线圈放电。这样可以防止在母线电压恢复时，电容器极间的残压小于 10%额定电压，从而避免电源电压和残余电压的叠加引起电容器出现超过 1.1 倍额定电压的过电压。

低电压保护的整定值应低于系统正常工作时牵引变电所 27.5 kV 母线可能出现的最低电压，一般按式（3-57）整定。

$$U_{set} = \frac{K_{pe} U_N}{K_V} \qquad （3\text{-}57）$$

式（3-57）中，K_{pe} 为系统正常运行时可能出现的最低电压系数，一般取 0.5 ~ 0.6；U_N 为牵引变电所 27.5 kV 母线额定电压；K_V 为 TV 变比。

低电压保护的动作时限一般整定为 1 ~ 3 s。

串联电容补偿装置及其保护

三、串联电容补偿装置及其保护

随着我国铁路高速、重载发展步伐的加快，牵引网供电范围和负荷增大，致使线路电压损失增大，导致牵引网末端电压降低，部分供电臂末端甚至低于非正常状态网压最低要求（19 kV），导致列车无法运行。因此，必须采取措施提高牵引网末端电压，以保证列车正常运行。

提高牵引网末端电压水平主要有三种方法：一是通过改变牵引变电所变压器抽头实现调压；二是采用增加牵引变压器容量的办法来提高牵引网末端电压水平；三是在牵引网端或中间串联电容补偿装置，它以串联电容器的容抗补偿牵引供电系统的感抗来减少电压损失，从而提高牵引网末端电压水平。第三种方法具有结构简单、工程造价低、运行可靠等优点，因此，采用串联电容补偿提高牵引网末端电压在电气化铁路中得到了广泛应用。

（一）串联电容补偿装置的构成

串联电容补偿装置主接线示意图如图 3-45 所示。串联电容补偿装置主要由串联电容器组

C、隔离开关 1QS 和 2QS、保护间隙 FJ、旁路断路器 2QF、阻尼电阻 R 和阻尼电抗 L 以及电流互感器 TA 组成。当电容器组 C 投入运行时，1QS 与 2QF 断开，2QS 合上，则牵引供电臂上有串联电容补偿；当电容器组 C 退出运行时，1QS 与 2QF 合上，2QS 断开，则牵引供电臂上无串联电容补偿。

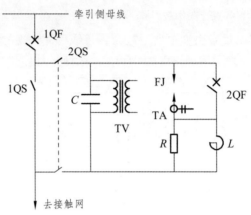

图 3-45   串联电容补偿装置主接线示意图

串联电容器组 C 为串联电容补偿装置主设备，当牵引电流通过电容器组时产生容性电压降跳变，抬高馈线出口电压，从而提高牵引网电压水平，同时可以改善牵引网功率因数。

放电间隙 FJ 的作用是保护电容器组。在正常情况下有牵引负荷且无论牵引负荷大小，放电间隙均处于断开状态；在非正常情况下，如接触网发生短路故障使串联电容器组两端出现高电压时，放电间隙将被击穿，使处于过电压状态的电容器组被暂时短接，从而保护串联电容器组不受长时间高电压的危害。

电流互感器 TA 与放电间隙 FJ 串联，在正常工作状态下，放电间隙不被击穿，电流互感器无电流流过；当放电间隙被击穿时，通过电流互感器形成串联电容器组的放电回路。因此，可以通过电流互感器检测是否有放电电流存在，来判断电容组是否处于过电压状态。

旁路断路器 2QF 与放电间隙 FJ（串电流互感器 TA）相并联，正常工作时，旁路断路器处于分闸状态；在非正常情况下，放电间隙被击穿，保护装置通过电流互感器 TA 检测到放电电流，使旁路断路器合闸。这样就能够长时间短接串联电容器组和放电间隙，使放电间隙熄弧，恢复绝缘状态。

阻尼电阻 R 和阻尼电抗 L 先并联后再与电流互感器 TA、旁路断路器 2QF 相串联。无论是放电间隙 FJ 被击穿，还是旁路断路器 2QF 合闸，都是通过 R 和 L 构成串联电容器组的放电回路，其作用是限制串联电容器组放电的过渡过程，无论在馈线断路器跳闸前还是接触网短路电流通过该回路。

（二）串联电容补偿装置的保护

1. 电容器组内部故障的保护

并联电容补偿装置中的电容器组是由多台小容量电容经过串联、并联构成，对每一台电容器装设专用的快速动作的熔断器。串联电容补偿装置的电容器组也是由若干台小容量电容器经过串联、并联构成，但不对每台电容器装设专用的熔断器，而是在电容器的一次接线和安装方面采取措施。将串联电容补偿装置的电容器分成若干小组，每个小组的电容器安装在一个辅助平台上，每个辅助平台又安装在主平台上，主平台与辅助平台之间是绝缘的。将辅助平台上的电容器按一定的接线要求进行串联、并联连接。采用装设在辅助平台上的绝缘监察装置来实现对电容器组内部故障的保护，绝缘监察装置由跌落式熔断器构成，如图 3-46 所示。

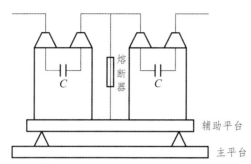

图 3-46　串联电容补偿装置的绝缘监察装置示意图

如图 3-46 所示，当电容器内部发生故障（如电容器极板与箱壳之间的绝缘损坏）时，跌落式熔断器熔断，指示该台电容器故障。这种保护方式不启动旁路断路器 2QF 合闸，电容器组不退出运行。其主要缺点是：跌落式熔断器指示的电容器故障只有靠人工巡视才能发现。

跌落式熔断器熔丝的选择应满足：保证电容器极板与箱壳之间绝缘损坏时，通过熔断器的故障电流使熔丝可靠熔断；熔断器能承受的电压应不小于 4 倍单台电容器额定电压；熔管需按遮断容量检验。

2. 过电流保护

如图 3-45 所示，当牵引网或电力机车段短路时，只要电容器组的电压升高到一定值，保护间隙 FJ 就被击穿，给短路电流形成一个放电回路。如果是电力机车内部故障，机车主断路器跳闸后，牵引变电所馈线保护不跳闸，保护间隙 FJ 的电弧将由线路上其他电力机车的负荷电流维持，这将导致保护间隙 FJ 故障。因此，只要放电间隙 FJ 中存在放电电流，就应该将旁路断路器 2QF 合闸。

（1）放电间隙击穿电压按电容器组额定电压的 2.5 ~ 3 倍整定。

（2）过电流保护按躲过放电支路的不平衡电流整定，如式（3-58）所示。

$$I_{set} = \frac{K_{rel} I_{dsp}}{K_i} \qquad (3-58)$$

式（3-58）中，K_{rel} 为可靠系数，一般取 1.2；I_{dsp} 为放电间隙的不平衡电流，可按 150 A 整定，并根据实际情况调整；K_i 为 TA 变比。

过电流保护的时限一般整定为 0.01 ~ 0.1 s。

3. 过电压保护

过电压保护作为放电间隙击穿的后备保护，一般按电容器组额定电压的 2.5 倍进行整定，如式（3-59）所示。

$$U_{\text{set}} = \frac{2.5U_{\text{N}}}{K_{\text{V}}} \tag{3-59}$$

式（3-59）中，U_{N} 为电容器组额定电压；K_{V} 为并联于串联电容组两端的电压互感器变比。

内容七　牵引网保护

一、概　述

牵引网保护是指当牵引网发生短路故障后，保护装置能够自动发出跳闸命令，将与短路点有关的断路器跳闸的过程。

牵引网采用的主要保护原理有距离保护、电流速断保护、低电压启动过电流保护、电流增量保护等。

牵引网的继电保护配置及整定计算应满足可靠性、选择性、灵敏性和速动性等要求。当灵敏性与选择性难以兼顾时，应首先考虑以保证灵敏度为主，防止保护拒动。牵引网上下级保护配合的时限级差Δt 宜取 0.2 s。

牵引网保护宜根据运行方式配置多组整定值，并进行分区，且具备远方或就地切换定值区的条件。

牵引供电方式

二、牵引网保护的配置

采用不同供电方式和不同运行方式的牵引网，其保护配置不同。典型的牵引网保护配置表见表 3-3 ~ 表 3-5。表 3-3 列出了直接供电时不同运行方式下的保护配置，表 3-4 列出了 AT 供电时不同运行方式下的保护配置，表 3-5 列出了典型开闭所的保护配置。

表 3-3　直接供电牵引网保护配置

供电方式	供电设施	运行方式	
		正常供电（定值 0 区）	越区供电（定值 1 区）
直供单线	牵引变电所	距离Ⅰ段、电流速断、低电压启动过电流、电流增量、重合闸	距离Ⅰ段、电流速断、低电压启动过电流、电流增量、重合闸
直供复线	牵引变电所	距离Ⅰ段、距离Ⅱ段、电流速断、低电压启动过电流、电流增量、重合闸	距离Ⅰ段、距离Ⅱ段、电流速断、低电压启动过电流、电流增量、重合闸
	分区所	正反向距离Ⅰ段、过电流、电流增量、检双侧有压重合闸	正反向距离Ⅰ段、过电流、电流增量、检双侧有压重合闸

表 3-4 AT 供电牵引网保护配置

供电设施		运行方式			
		正常供电（定值 0 区）	越区供电（定值 1 区）		断路器 1 带 2 运行（定值 2 区）
			Ⅰ型分区所（四边形接线，采用户外断路器）	Ⅱ型分区所（母线式接线，采用户内 GIS 柜）	
变电所		距离Ⅰ段、电流速断、低电压启动过电流、电流增量、重合闸	距离Ⅰ段、电流速断、低电压启动过电流、电流增量、重合闸	距离Ⅰ段、距离Ⅱ段、电流速断、低电压启动过电流、电流增量、重合闸	距离Ⅰ段、电流速断、低电压启动过电流、电流增量、重合闸
AT 所		失压保护、检有压重合闸	失压保护、检有压重合闸	失压保护、检有压重合闸	失压保护、检有压重合闸
分区所	供电侧	失压保护、检有压重合闸	失压保护、检有压重合闸	失压保护、检有压重合闸	失压保护、检有压重合闸
	越区侧	—	失压保护、检有压重合闸	距离Ⅰ段、低电压启动过电流、电流增量、重合闸	—

表 3-5 典型开闭所保护配置

位置			运行方式
			正常供电（定值 0 区）
变电所馈线			距离Ⅰ段、距离Ⅱ段、电流速断、低电压启动过电流、电流增量、重合闸
开闭所	馈线		距离Ⅰ段、低电压启动过电流、电流增量、重合闸
	进线	单进线运行	失压自投
		双进线并联	距离Ⅰ段、检有压重合闸

三、牵引网保护的原理

（一）距离保护

1. 距离保护的概念

1）距离保护的定义

距离保护是通过测量被保护线路始端电压和线路电流的比值而动作的一种保护。距离保护示意图如图 3-47 所示，它反应短路点到保护安装点之间阻抗的大小，阻抗值与短路点到保护安装点的距离成正比，所以称为距离保护，也称为阻抗保护。

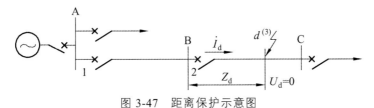

图 3-47 距离保护示意图

距离保护基本原理

2）距离保护的基本原理

距离保护有一个保护范围，短路发生在这一范围内，保护动作，否则不动作，这个保护范围通常只用给定阻抗 Z_{set} 的大小来实现。

正常运行时保护安装处测量到的线路阻抗为负荷阻抗 Z_{fh}，即

$$Z_d = \frac{\dot{U}_d}{\dot{I}_d} = Z_{fh} \qquad (3\text{-}60)$$

在被保护线路任一点发生故障时，测量阻抗为保护安装地点到短路点的短路阻抗 Z_d，即

$$Z_d = \frac{\dot{U}_d}{\dot{I}_d} = \frac{\dot{U}_残}{\dot{I}_d} \qquad (3\text{-}61)$$

距离保护的实质是用整定阻抗 Z_{set} 与被保护线路的测量阻抗 Z_d 比较，当短路点在保护范围以外，即 $|Z_d| > |Z_{set}|$ 时保护不动；当短路点在保护范围内，即 $|Z_d| < |Z_{set}|$ 时保护动作。

3）距离保护的意义

根据距离保护的工作原理可知，它不仅反应短路时电流的增大，而且还反应电压的降低，因而灵敏度比反应单一物理量的电流、电压保护高，一般用作牵引网的主保护。

2. 距离保护的动作时限特性

距离保护的动作时间 t 与保护安装处到故障点之间的距离 l 的关系，称为距离保护的时限特性。当短路点距保护安装处近时，其测量阻抗小，动作时间短；当短路点距保护安装处远时，其测量阻抗增大，动作时间增长。目前获得广泛应用的是阶梯型时限特性，如图 3-48 所示。这种时限特性与三段式电流保护的时限特性相同，一般也做成三阶梯式，即有与三个动作范围相应的三个动作时限：t'、t''、t'''。

距离 I 段的保护范围为被保护线路全长的 80% ~ 85%。动作时限 t' 为保护装置的固有动作时间。

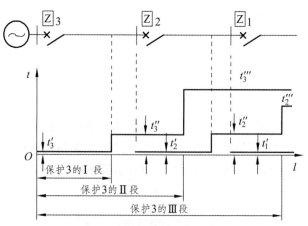

图 3-48　距离保护的时限特性

距离 II 段的保护范围需与下一线路的保护定值相配合，一般为被保护线路全长及下一线路全长的 30% ~ 40%。动作时间 t'' 要与下一线路距离保护 I 段的动作时限相配合，一般约为 0.5 s。

距离Ⅲ段为后备保护，保护范围较长，包括本线路和下一线路的全长乃至更远。动作时限 t''' 按梯阶原则整定。

3. 阻抗继电器动作特性

1）阻抗继电器动作区域的概念

阻抗继电器是距离保护装置的核心元件，其主要作用是测量短路点到保护安装地点之间的阻抗，并与整定阻抗值进行比较，以确定保护是否应该动作。测量阻抗，可用公式（3-62）表示

$$Z_{\mathrm{m}} = \frac{\dot{U}_{\mathrm{m}}}{\dot{I}_{\mathrm{m}}} \qquad (3\text{-}62)$$

式中，Z_{m} 为测量阻抗，$\dot{U}_{\mathrm{m}}$ 为保护安装处测得的电压相量，$\dot{I}_{\mathrm{m}}$ 为保护安装处测得的电流相量。Z_{m} 可以写成如公式（3-63）的复数形式。

$$Z_{\mathrm{m}} = R_{\mathrm{m}} + \mathrm{j}X_{\mathrm{m}} \qquad (3\text{-}63)$$

式中，R_{m} 为测量电阻，X_{m} 为测量电抗，在阻抗复平面上，Z_{m} 在动作区域内，称为区内故障；Z_{m} 在动作区域外，称为区外故障。Z_{m} 在区域边界，为临界动作。

动作区域的形状，称为动作特性。动作区域为圆形，称为圆特性；动作区域为四边形，称为四边形特性。动作特性用复数的数学方程描述，称为动作方程。

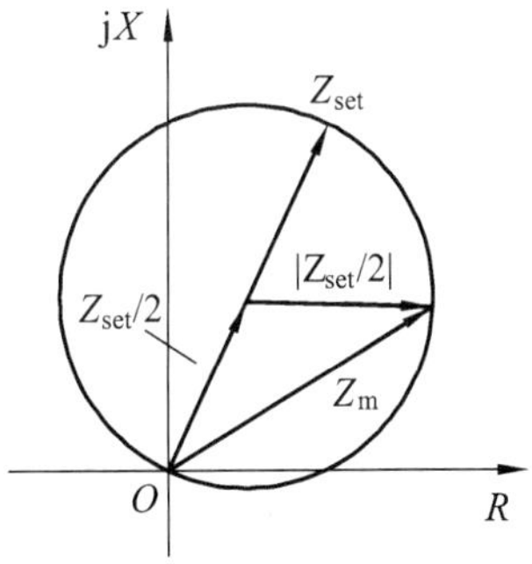

2）阻抗继电器方向圆动作特性

阻抗继电器方向圆动作特性如图 3-49 所示。

图中，Z_{set} 为阻抗继电器的整定值，其动作方程为

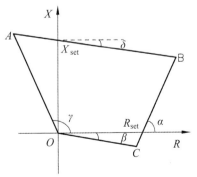

图 3-49　方向圆特性

$$\left| Z_{\mathrm{m}} - \frac{1}{2} Z_{\mathrm{set}} \right| \leqslant \left| \frac{1}{2} Z_{\mathrm{set}} \right|, \quad -90° \leqslant \arg \frac{Z_{\mathrm{set}} - Z_{\mathrm{m}}}{Z_{\mathrm{m}}} \leqslant 90° \qquad (3\text{-}64)$$

3）阻抗继电器方向性四边形动作特性

阻抗继电器的方向性四边形动作特性如图 3-50 所示，四边形以内为继电器的动作区，四边形以外为不动作区。在双端电源线路上，考虑经过渡电阻短路时，始端故障时的附加测量阻抗比末端故障时小，所以 α 小于线路阻抗角，如取 $60°\sim65°$；为保证正向出口经过渡电阻短路时的可靠动作，β 应有一定大小，一般取 $20°\sim30°$；为保证被保护线路发生金属性短路故障时可靠动作，γ 可取 $105°\sim120°$；为防止保护区末端经过渡电阻短路时可能出现超范围动作，δ 可取 $7°\sim10°$。由图 3-50 可以看出，要确定四边形，还需要确定直线 AB 与 X 轴的交点 X_{set} 和直线 BC 与 R 轴的交点 R_{set}。其中，X_{set} 为继电器整定阻抗中的电抗部分。R_{set}

图 3-50　阻抗继电器方向性四边形动作边界图

的整定原则是躲过系统的负荷阻抗，考虑 0.7 倍的可靠系数，其计算公式为：

$$R_{\text{set}} = 0.35 \frac{U^2}{P} \qquad (3\text{-}65)$$

式中 U ——系统电压；

P ——系统有功功率。

当阶段式距离保护采用四边形特性时，AO、OC、BC 段是各段共用的，仅 AB 段不同，它由各段的整定阻抗中的电抗确定。

四边形阻抗特性的继电器可以实现距离测量、方向判别、躲负荷三种功能。在图 3-50 中，直线 AB 可以由电抗元件（X 元件）来实现，它实现了四边形继电器的测距功能；直线 BC 可由电阻元件（R 元件）来实现，它实现了四边形继电器的躲负荷功能；折线 AOC 可由动作范围小于 $180°$ 的方向元件（D 元件）来实现，它实现了四边形继电器的方向判别的功能。

三种元件的动作判据如下：

X 元件的动作条件为：

$$-90° \leqslant \arg\tan \frac{\dot{I} \cdot X_{\text{set}} \cos\delta - \dot{U}}{\dot{I} X_{\text{set}} \cos\delta} \leqslant 90° \qquad (3\text{-}66)$$

R 元件的动作条件为：

$$-90° \leqslant \arg\tan \frac{\dot{I} \cdot R_{\text{set}} \cos\alpha - \dot{U}}{\dot{I} R_{\text{set}} \cos\alpha} \leqslant 90° \qquad (3\text{-}67)$$

D 元件动作条件为：

$$-90° + \theta \leqslant \arg\tan \frac{\dot{U}}{\dot{I}} \leqslant 90° + \theta \qquad (3\text{-}68)$$

对于直线 AO 而言，式（3-68）中的 θ 取 $\gamma - 90°$；对于直线 OC 而言，式（3-68）中的 θ 取 $90° - \beta$；两条动作特性直线相与即为折线 AOC 的动作特性。

4）阻抗继电器的多边形动作特性

牵引网距离保护多采用图 3-51 所示的多边形特性。

X_{set} 为电抗边整定值，R_{set} 为电阻边整定值，φ_1 为躲涌流偏移角整定值，取 $85°$，φ_{L} 为线路阻抗角整定值，X_1 为电抗偏移量整定值，φ_2 为固定角度，取值为 $15°$。

在计算测量阻抗时，电压取母线电压 U；对于 AT 供电方式，电流取保护电流 $\dot{I}$ 与 F 线保护电流 $\dot{I}_{\text{F}}$ 的相量差，即 $\dot{I} - \dot{I}_{\text{F}}$；对于非 AT 供电方式，电流取保护电流 $\dot{I}$。测量阻抗按照公式（3-69）计算。

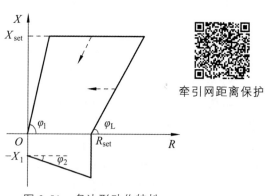

牵引网距离保护

图 3-51　多边形动作特性

$$R = \frac{U_{\text{S}} I_{\text{S}} + U_{\text{C}} I_{\text{C}}}{I_{\text{S}}^2 + I_{\text{C}}^2}, \quad X = \frac{U_{\text{C}} I_{\text{S}} - U_{\text{S}} I_{\text{C}}}{I_{\text{S}}^2 + I_{\text{C}}^2} \qquad (3\text{-}69)$$

式中 U_{S}、U_{C}——基波电压正弦分量、余弦分量；

I_{S}、I_{C}——基波电流正弦分量、余弦分量；

R、X——测量电阻和电抗。

根据图 3-51 所示的动作特性，可以得出其动作方程如下：

$$\begin{cases} \left[-R\tan\varphi_2 - X_1 \leqslant X \leqslant 0 \quad \text{and} \quad 0 \leqslant R \leqslant R_{set}\right] \\ or\left[0 \leqslant X \leqslant X_{set} \quad \text{and} \quad X\cot\varphi_1 \leqslant R \leqslant X\cot\varphi_L + R_{set}\right] \end{cases} \tag{3-70}$$

4. 影响距离保护动作的因素

（1）电压回路断线。

当电压互感器（TV）回路断线时，二次回路的相电压和线电压降低，距离保护的测量阻抗减小，会引起距离保护装置误动作。可以采用断线闭锁，当电压互感器回路断线时，闭锁距离保护，防止距离保护误动作。

（2）振荡闭锁。

当电力系统失去同步而发生振荡时，电流、电压将在很大范围内作周期性变化，阻抗继电器的测量阻抗也将随之变化。当电流增大、电压降低时，测量阻抗减小，可能引起保护装置误动作。运行经验表明，当系统中发电机失去同步时，往往经过一定时间后能够通过自动装置的调节，自行恢复同步运行。如果不允许长期异步运行，可有控制地将系统解列运行。就是说，当系统振荡时，不允许保护装置动作。可以采用振荡闭锁装置，当电力系统发生振荡时，闭锁距离保护。

（3）过渡电阻的影响。

在短路点一般都有过渡电阻，接地短路时，过渡电阻主要由金属杆塔或高压电器设备外壳的接地电阻构成。它的存在使短路电流减小，阻抗增大，阻抗角变小，对于阻抗继电器有时会影响到保护的正确动作。

振荡与振荡闭锁

过渡电阻的影响
与对策

5. 自适应保护原理

1）TV 断线闭锁

电压互感器断线（TV 断线）时，二次回路的相电压和线电压降低，距离保护的测量阻抗减小，会引起距离保护装置误动作。可以采用断线闭锁，当电压互感器回路断线时，闭锁距离保护，防止距离保护误动作。

TV 断线闭锁

判定 TV 断线需要同时满足电压电流两个条件：$U < U_{set}$ 且 $0.1I_n < I < I_{set}$，U_{set} 为电压整定值，I_n 为额定电流值，I_{set} 为电流整定值。

TV 断线电压定值按躲过最低运行电压整定，如式（3-71）所示。

$$U_{set} = \frac{U_{min}}{K_k K_{lm} n_{TV}} \tag{3-71}$$

式中　U_{min}——保护安装处最低运行电压，单位为伏特（V）；

　　　K_k——可靠系数，取 1.2；K_{lm} 为灵敏系数，取 1.5；

　　　n_{TV}——电压互感器变比。

电压定值一般整定为 30 ~ 50 V。

TV 断线电流定值按躲过最大负荷电流并保证末端故障有足够灵敏度整定，如式（3-72）所示。

$$I_{set} = \min\left(K_k I_{fh.max}, \frac{1}{K_{lm}} I_{d.min}\right)\frac{1}{n_{TA}} \tag{3-72}$$

式中　K_k——可靠系数，取 1.2；

　　　K_{lm}——灵敏系数，取 1.2；

　　　$I_{fh.max}$——最大负荷电流，单位为安培（A）；

　　　$I_{d.min}$——末端最小短路电流，单位为安培（A）；

　　　n_{TA}——电流互感器变比。

（1）AT 供电方式下的 TV 断线。

AT 供电方式下，当检测到 T 线和 F 线任一侧发生 TV 断线时，发告警信号。只有两侧都发生 TV 断线时闭锁距离保护，如图 3-52 所示。

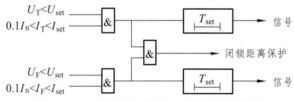

图 3-52　AT 供电方式下 TV 断线原理框图

图中，U_T、I_T、U_F、I_F 分别为 T 线电压、T 线保护电流、F 线电压、F 线保护电流；I_n 为额定电流；U_{set}、I_{set} 为 TV 断线电压、电流整定值。

（2）非 AT 供电方式下的 TV 断线。

非 AT 供电方式下，当检测到 TV 断线时，闭锁距离保护并发告警信号，判据如图 3-53 所示。

图 3-53　非 AT 供电方式下 TV 断线原理框图

二次谐波闭锁

图中，U、I 分别为母线电压值、保护安装处的电流值。

2）二次谐波闭锁

（1）二次谐波概述。

导致谐波产生的根本原因是系统中存在非线性负载。电流流经负载时，与所加的电压不呈线性关系，就形成非正弦电流，从而产生谐波。谐波频率是基波频率的整倍数，根据法国数学家傅里叶（M.Fourier）分析原理证明，任何重复的波形都可以分解为含有基波频率和一系列为基波倍数的谐波的正弦波分量。谐波是正弦波，每个谐波都具有不同的频率、幅度与相角。谐波可分为偶次谐波与奇次谐波，3、5、7……次谐波为奇次谐波，而 2、4、6、8……次谐波为偶次谐波。基波频率为 50 Hz 时，二次谐波频率为 100 Hz。

变压器开始送电瞬间会出现励磁涌流，这个涌流是不平衡电流，会造成保护误动，而涌流的特征是二次谐波分量占比很多。机车的励磁涌流从数值上虽然大大超过正常负荷电流，甚至接近故障电流，但它却含有大量二次谐波，因此可以利用二次谐波含量区分励磁涌流和故障电流。加上二次谐波闭锁后，就可以不考虑变压器励磁涌流对保护装置的影响。

（2）二次谐波闭锁判据。

投入二次谐波闭锁元件，当电流中的二次谐波含量大于或等于整定值时，闭锁距离保护。二次谐波闭锁判据如式（3-73）所示。

$$I_2 / I_1 \geqslant K_{2.\text{set}} \tag{3-73}$$

式中　I_1——基波电流；

　　　I_2——二次谐波电流；

　　　$K_{2.\text{set}}$——二次谐波含量整定值。

3）综合谐波抑制

为了提高距离保护躲负荷能力，可以采用自适应动作特性，当电流中的综合谐波含量大于整定值时，自动将距离保护的动作边界向内收缩。定义 $K_{\Sigma} = (I_2 + I_3 + I_5)/I_1$ 为综合谐波含量，I_1、I_2、I_3、I_5 分别为基波电流、2 次谐波电流、3 次谐波电流、5 次谐波电流。

投入综合谐波抑制元件，当 $K_{\Sigma} \geqslant K_{\Sigma\text{set}}$（$K_{\Sigma\text{set}}$ 为综合谐波含量整定值）时，自动将式（3-69）中的测量电阻 R 和电抗 X 按式（3-74）放大。

$$R' = (1 + K_{\text{res}} K_{\Sigma})R , \quad X' = (1 + K_{\text{res}} K_{\Sigma})X \tag{3-74}$$

式中　K_{res}——综合谐波抑制系数；

　　　R'、X'——放大后的测量电阻和测量电抗。

（二）电流速断保护

1. 电流速断保护原理框图

电流速断保护原理框图如图 3-54 所示。I_{set} 为动作电流，t_{set} 为动作时限，一般整定为 0。

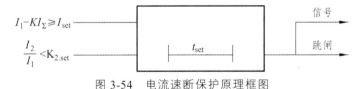

图 3-54　电流速断保护原理框图

电流速断保护动作方程为：

$$\begin{cases} I_1 - KI_{\Sigma} \geqslant I_{\text{set}} \\ \dfrac{I_2}{I_1} < K_{2.\text{set}} \end{cases} \tag{3-75}$$

式中，I_{Σ} 为综合谐波电流；K 是综合谐波加权系数；I_{set} 表示电流速断保护整定值；$K_{2.\text{set}}$ 为二次谐波含量整定值；I_1、I_2 分别为基波和二次谐波电流。

2. 电流速断保护动作电流

电流速断保护按躲过最大负荷电流和末端最大短路电流整定，如式（3-76）所示。

$$I_{\text{set}} = \frac{K_k \cdot \max(I_{\text{fh.max}}, I_{\text{dn.max}})}{n_{\text{TA}}} \tag{3-76}$$

式中　　K_k——可靠系数，取 1.2；

　　　　$I_{dn.max}$——末端最大短路电流，单位为安培（A）；

　　　　$I_{fh.max}$——在该运行方式下的馈线最大负荷电流，单位为安培（A）；

　　　　n_{TA}——电流互感器变比。

按变电所馈线断路器处最大短路电流校验灵敏度，如式（3-77）所示。

$$K_{lm} = \frac{I_{d.max}}{n_{TA} I_{set}} > 1 \qquad\qquad (3-77)$$

式中，$I_{d.max}$ 表示变电所馈线断路器处的最大短路电流，单位为安培（A）。若灵敏度不满足可不投入电流速断。

说明：传统教科书上是按照线路 15%～20%处的最小短路电流校验灵敏度，但该校验是针对电磁式继电器而言的，不满足可以节省一台继电器、减少投资。对于微机保护，由于每个保护元件只是一段代码，电流保护应按照有用即投入的原则。

低电压启动的
过电流保护

（三）低压启动过电流保护

1. 原理框图

过电流保护与电流速断保护相比，整定值和动作时限发生变化，一般而言，整定值变小，而动作时限延长。原理图如图 3-55 所示。

图 3-55　过电流保护原理框图

牵引网的过电流保护为低压启动过电流保护，低压启动是为了避免短时大负荷电流导致的误动，其原理图如图 3-56 所示。

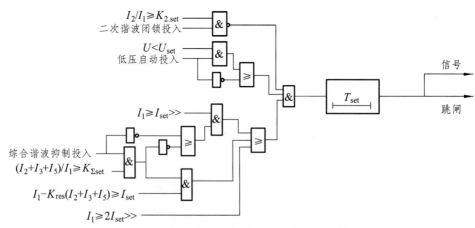

图 3-56　牵引网低压起动过电流保护原理框图

图 3-56 中，I_1、I_2、I_3、I_5 为当前时刻的基波、2 次谐波、3 次谐波和 5 次谐波电流，U 为母线电压；$K_{2.set}$ 为 2 次谐波含量整定值，$K_{\Sigma set}$ 为综合谐波含量整定值，K_{res} 为综合谐波抑

制系数；U_{set} 为低压启动整定值，I_{set} 为过电流整定值，T_{set} 为过电流时限整定值。

下面分析牵引网的低压启动过电流保护的启动条件。

1）低压启动不投入

（1）综合谐波抑制投入，且 $(I_2 + I_3 + I_5)/I_1 \geqslant K_{\Sigma set}$ 与 $I_1 - K_{res}(I_2 + I_3 + I_5) \geqslant I_{set}$ 同时满足时，过电流保护的动作需满足以下条件：

- $I_2/I_1 \geqslant K_{2.set}$
- $I_1 \geqslant 2I_{set}$

（2）上述（1）中任一条件不满足，则过流保护动作的条件为：

- $I_2/I_1 \geqslant K_{2.set}$
- $I_1 \geqslant I_{set}$

2）低压启动投入

（1）综合谐波抑制投入，且 $(I_2 + I_3 + I_5)/I_1 \geqslant K_{\Sigma set}$ 与 $I_1 - K_{res}(I_2 + I_3 + I_5) \geqslant I_{set}$ 同时满足时，过电流保护的动作需满足以下条件：

- $I_2/I_1 \geqslant K_{2.set}$
- $U < U_{set}$
- $I_1 \geqslant 2I_{set}$

（2）上述（1）中任一条件不满足，则过流保护动作的条件为：

- $I_2/I_1 \geqslant K_{2.set}$
- $U < U_{set}$
- $I_1 \geqslant I_{set}$

2. 动作电压

低压启动过电流保护的动作电压按照躲过最低运行电压整定，如式（3-78）所示：

$$U_{set} = \frac{U_{min}}{K_k n_{TV}} \tag{3-78}$$

式中　U_{min}——母线最低运行电压；

　　　K_k——可靠系数，取 1.2；

　　　n_{TV}——电压互感器变比。

3. 动作电流

低压启动过电流保护的动作电流值按躲过馈线最大负荷电流并保证末端故障有足够灵敏度整定，如式（3-79）所示。

$$I_{set} = \min\left(K_k I_{fh.max}, \frac{1}{K_{lm}} I_{d,min}\right) \frac{1}{n_{TA}} \tag{3-79}$$

式中　K_k——可靠系数，取 1.2；

　　　K_{lm}——灵敏系数，一般取 1.2；

　　　$I_{fh.max}$——该运行方式下的馈线最大负荷电流，单位为安培（A）；

　　　$I_{d,min}$——本线路末端最小短路电流，单位为安培（A）；

　　　n_{TA}——电流互感器变比。

TV 断线会闭锁距离保护，但不闭锁低压启动过电流保护，因此动作电流按保证线路末端故障时有足够灵敏度整定，且不需要做灵敏度校验。

动作时限与距离保护相配合，不同供电方式下，动作时限整定值也不同。

电流增量保护

（四）电流增量保护

1. 电流增量保护的概念

在正常负荷与故障状态下，短时间内电流的增量是不同的，利用这个差异可以构成馈线电流增量保护。正常情况下，由于电力机车电路中大电感的作用，机车电流在短时间内的增量不会很大，尤其是在机车启动时。当牵引网或机车发生短路故障时，馈线的短路电流将急速增加，其速度将比正常情况高数倍或数十倍。根据这个特点构成的保护称为电流增量保护。

电流增量保护的主要优点是选择能力比普通电流保护强，因为一般电流保护是根据最大负荷电流整定的，一个供电分区的最大负荷电流一般能达到一列车最大电流的 2 倍左右，而电流增量保护除了反应稳态最大负荷以外，还同时反应短时间内电流的增量，因此其电流整定值可适当减至一列车的最大电流。例如，某高铁线路上的一般过电流保护整定值为 2000 A 左右，而电流增量保护整定值为 1000 A，所以它的保护范围大大延长。不仅如此，电流增量保护还可以在发生高电阻接地故障、异相短路故障时可靠动作。

电流增量保护的主要缺点是动作时间较长。因为机车变压器或线路上的自耦变压器空载投入时，励磁涌流短时间的增量也是很大的，可能造成电流增量保护误动作，为此，必须增加保护的延时达 300 ms 以上，所以此类型保护的动作时间较长。

2. 电流增量保护原理

1）原理框图

电流增量保护的原理框图如图 3-57 所示。

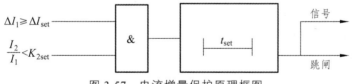

图 3-57　电流增量保护原理框图

如图 3-57 所示，电流增量保护的动作方程为：

$$\begin{cases} \Delta I \geqslant \Delta I_{set} \\ \dfrac{I_2}{I_1} < K_{2.set} \end{cases} \tag{3-80}$$

其中，电流增量为

$$\Delta I = I_1 - I_1' - K_h(I_2 + I_3 + I_5 - I_2' - I_3' - I_5') \tag{3-81}$$

式中　I_1、I_1'——当前和一周波前馈线基波电流；

　　　I_2、I_3、I_5——当前二、三、五次谐波电流；

I'_2、I'_3、I'_5——一周波前二、三、五次谐波电流；

K_h——加权抑制系数；

$K_{2.set}$——二次谐波含量整定值；

ΔI_{set}——电流增量保护整定值。

2）动作电流

电流增量保护的定值 ΔI_{set} 可按一列机车的起动电流进行整定，即

$$\Delta I_{set} = K_{rel} \cdot \Delta I_{ss}$$ （3-82）

式中　　K_{rel}——可靠系数，可取 1.2；

　　　　ΔI_{ss}——一列电力机车的起动电流，跟机车类型有关，一般在 200 A 左右。

3）动作时限

电流增量保护的动作时限与距离保护相配合，增加一个 Δt，不同供电方式下，动作时限整定值也不同。

内容八　变压器保护

牵引变电所中，一般安装两台（或两组）牵引变压器。正常情况下，一台（或一组）变压器运行，另一台（或一组）作为固定备用。牵引变压器是十分贵重的供电设备，应配置完善的继电保护。

牵引变压器一般应配置下列保护：

（1）比率差动保护；

（2）差动速断保护；

（3）瓦斯保护；

（4）低电压启动的过电流保护；

（5）零序过电流保护；

（6）低压侧过电压保护；

（7）高压侧低电压保护；

（8）过负荷保护；

（9）其他非电量保护。

变压器保护配置的原则

AT 供电方式时，牵引变电所、分区所、开闭所、AT 所中还会安装自耦变压器。自耦变压器一般应配置瓦斯保护，客运专线系统中的自耦变压器也会配置差动保护。

变压器差动保护

一、差动保护

普速铁路牵引变压器的容量一般为 20～40 MV·A，客运专线牵引变压器的容量可达 60～80 MV·A。根据《电力装置的继电保护和自动装置设计规范》（GB 50062—2008）的规定，牵引变压器应配置差动保护作为其主保护之一。牵引变压器的差动保护一般包括二次谐波闭锁的比率差动保护和差动速断保护，可以保护变压器绕组、套管及引出线上的故障。

（一）差动保护接线和电流平衡关系

当前，新投入运行的牵引变压器差动保护都是微机式保护。根据差动保护接线以及变压器高低压侧电流的平衡关系，差动电流和制动电流可以由软件计算得到。在我国的牵引供电系统中，直供和 BT 供电方式中常用的变压器有双绕组单相变压器、Y/d11 接线变压器、V/v 接线变压器、阻抗匹配平衡变压器等，AT 供电方式中常用的变压器有三绕组单相变压器、SCOTT 变压器、V/x 接线变压器、十字接线变压器等。另外，客运专线供电系统的自耦变压器一般也要配置差动保护。下面分别介绍各种常用变压器的差动保护接线和电流平衡关系。

1. 单相变压器

双绕组单相变压器的高压侧绕组跨接于 110 kV（或 220 kV）的三相高压输电线的两线上，取用线电压；低压侧绕组则一端连于牵引变电所的牵引母线上，另一端连至钢轨。单相变压器差动保护接线如图 3-58 所示。单相变压器接线最简单，容量利用率最高，且可取消变电所电分相，有利于高速行车。但是，这种牵引变压器对电力系统负序影响最大，一般仅适用于电力系统比较发达的地方。我国的秦沈线采用双绕组单相牵引变压器。

根据安匝平衡原理，单相变压器正常运行时，图 3-58 中的电流满足式（3-83）的要求。

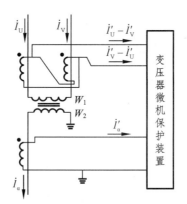

图 3-58　单相变压器差动保护接线

$$\left.\begin{array}{l} W_1 \dot{I}_U = W_2 \dot{I}_\alpha \\ \dot{I}_V = -\dot{I}_U \\ K_T = \dfrac{W_1}{W_2} \end{array}\right\} \tag{3-83}$$

考虑到变压器两边的电流互感器变比 K_{i1} 和 K_{i2}，引入变压器保护装置的电流平衡关系为

$$\begin{bmatrix} \dot{I}'_U - \dot{I}'_V \\ \dot{I}'_V - \dot{I}'_U \end{bmatrix} = \frac{2K_{i2}}{K_T K_{i1}} \begin{bmatrix} \dot{I}'_\alpha \\ -\dot{I}'_\alpha \end{bmatrix} \tag{3-84}$$

AT 供电方式中的单相变压器为三绕组单相变压器，其低压侧有一中心抽头，形成两个绕组。绕组的中心抽头与钢轨相连接，另外两端分别与牵引变电所的正馈线和负馈线母线相连接。三绕组单相变压器用于 AT 供电方式时，除了具有双绕组单相变压器的优点外，还可以节省牵引变电所自耦变压器，其差动保护接线如图 3-59 所示。

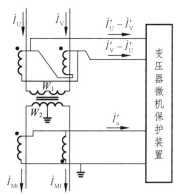

图 3-59　三绕组单相变压器差动保护接线

根据安匝平衡原理，三绕组单相变压器正常运行时，图 3-59 中的电流满足式（3-48）的要求。

$$W_1\dot{I}_U = W_2\dot{I}_{Mt} - W_2\dot{I}_{Mf}$$
$$\dot{I}_V = -\dot{I}_U \qquad\qquad (3\text{-}85)$$
$$K_T = \frac{W_1}{W_2}$$

引入变压器保护装置的电流平衡关系为

$$\begin{bmatrix} \dot{I}'_U - \dot{I}'_V \\ \dot{I}'_V - \dot{I}'_U \end{bmatrix} = \frac{2}{K_T K_{i1}} \begin{bmatrix} \dot{I}_{Mt} - \dot{I}_{Mf} \\ -\dot{I}_{Mt} + \dot{I}_{Mf} \end{bmatrix} = \frac{2K_{i2}}{K_T K_{i1}} \begin{bmatrix} \dot{I}'_\alpha \\ -\dot{I}'_\alpha \end{bmatrix} \qquad (3\text{-}86)$$

2. Y/d11 接线变压器

Y/d11 接线变压器的高压侧绕组连接于 110 kV（或 220 kV）的三相高压输电线上，低压侧绕组的 W 相连至钢轨，U 相和 V 相分别连于牵引变电所的 α 相和 β 相牵引母线上，其差动保护接线如图 3-60 所示。Y/d11 接线变压器具有接线简单、技术成熟、原边中性点可接地等优点，在我国早期的牵引变电所应用范围较广。但由于其容量利用率低，新建变电所一般很少采用。

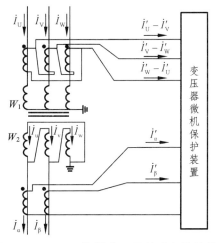

图 3-60　Y/d11 接线变压器差动保护接线

根据安匝平衡原理，Y/d11 接线变压器正常运行时，图 3-60 中的电流满足式（3-50）的要求。

$$\left.\begin{array}{l} W_1\dot{I}_U = W_2\dot{I}_u \\ W_1\dot{I}_V = W_2\dot{I}_v \\ W_1\dot{I}_W = W_2\dot{I}_w \\ \dot{I}_\alpha = \dot{I}_u - \dot{I}_v \\ \dot{I}_\beta = \dot{I}_v - \dot{I}_w \\ K_T = \dfrac{\sqrt{3}W_1}{W_2} \end{array}\right\}$$ （3-87）

考虑到电流互感器变比，引入变压器保护装置的电流平衡关系为

$$\begin{bmatrix} \dot{I}'_U - \dot{I}'_V \\ \dot{I}'_V - \dot{I}'_W \\ \dot{I}'_W - \dot{I}'_U \end{bmatrix} = \frac{\sqrt{3}K_{i2}}{K_T K_{i1}} \begin{bmatrix} 1 & 0 \\ 0 & 1 \\ -1 & -1 \end{bmatrix} \begin{bmatrix} \dot{I}'_\alpha \\ \dot{I}'_\beta \end{bmatrix}$$ （3-88）

3. V/v 接线变压器

V/v 接线，即用两台单相变压器连接成开口三角形。两台单相变压器的高压侧分别接入 UW 相与 VW 相，低压侧各取一端接到牵引变电所的 α 相和 β 相牵引母线上，另一端接到接地网和钢轨。如果将两台单相变压器的器身安装在同一油箱内，且连接成 V/v 接线，就是所谓的三相 V/v 接线变压器。V/v 接线变压器结构简单，两套绕组容量可分别配置。与 Y/d11 接线变压器相比提高了容量利用率，与单相变压器相比对电力系统的负序影响较少。V/v 接线变压器的差动保护接线如图 3-61 所示。

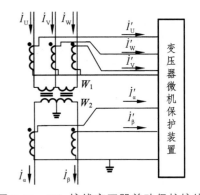

图 3-61　V/v 接线变压器差动保护接线

根据安匝平衡原理，V/v 接线变压器正常运行时，图 3-61 中的电流满足式（3-89）的要求。

$$\left.\begin{array}{l} W_1\dot{I}_U = W_2\dot{I}_\alpha \\ W_1\dot{I}_V = W_2\dot{I}_\beta \\ \dot{I}_U + \dot{I}_V + \dot{I}_W = 0 \\ K_T = \dfrac{W_1}{W_2} \end{array}\right\}$$ （3-89）

考虑到电流互感器变比，引入变压器保护装置的电流平衡关系为

$$\begin{bmatrix} \dot{I}'_U \\ \dot{I}'_V \\ \dot{I}'_W \end{bmatrix} = \frac{K_{i2}}{K_T K_{i1}} \begin{bmatrix} 1 & 0 \\ 0 & 1 \\ -1 & -1 \end{bmatrix} \begin{bmatrix} \dot{I}'_\alpha \\ \dot{I}'_\beta \end{bmatrix}$$ （3-90）

4. 阻抗匹配平衡变压器

阻抗匹配平衡变压器是我国自行发展研究的一种将三相对称系统变换为两相平衡供电系

统的新型牵引变压器。阻抗匹配平衡变压器是在普通的 Y/d11 接线变压器的自由相（V 相）上端部增加了两个绕组，并使其次边绕组阻抗 $Z_{ab} = K_z Z_{bc} = K_z Z_{ca}(K_z = \sqrt{3}+1)$ 的匹配原则而达到原边平衡的变压器。阻抗匹配平衡变压器能较好地抑制负序电流对电力系统影响、高压侧中性点可以接地、容量利用率较高，但其接线复杂，要满足阻抗匹配关系对制造及工艺要求较高。阻抗匹配平衡变压器差动接线如图 3-62 所示。

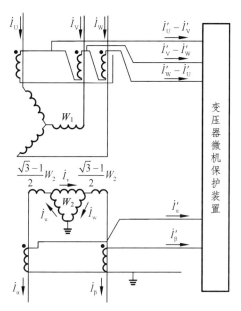

图 3-62　阻抗匹配平衡变压器差动保护接线

根据安匝平衡原理，阻抗匹配平衡变压器正常运行时，图 3-62 中的电流满足式（3-91）的要求。

$$\left.\begin{aligned}
W_1 \dot{I}_U &= W_2 \dot{i}_u \\
W_1 \dot{I}_V &= W_2 \dot{i}_v - \frac{\sqrt{3}-1}{2} W_2 \dot{i}_\alpha + \frac{\sqrt{3}-1}{2} W_2 \dot{i}_\beta \\
W_1 \dot{I}_W &= W_2 \dot{i}_w \\
\dot{i}_\alpha &= \dot{i}_u - \dot{i}_v \\
\dot{i}_\beta &= \dot{i}_v - \dot{i}_w \\
K_T &= \frac{\sqrt{2}W_1}{W_2}
\end{aligned}\right\} \quad (3\text{-}91)$$

由图 3-62，引入变压器保护装置的电流平衡关系为

$$\begin{bmatrix} \dot{I}'_U - \dot{I}'_V \\ \dot{I}'_V - \dot{I}'_W \\ \dot{I}'_W - \dot{I}'_U \end{bmatrix} = \frac{\sqrt{2}K_{i2}}{K_T K_{i1}} \begin{bmatrix} \dfrac{\sqrt{3}+1}{2} & \dfrac{\sqrt{3}-1}{2} \\ -\dfrac{\sqrt{3}-1}{2} & \dfrac{\sqrt{3}+1}{2} \\ -1 & -1 \end{bmatrix} \begin{bmatrix} \dot{I}'_\alpha \\ \dot{I}'_\beta \end{bmatrix} \quad (3\text{-}92)$$

5. Scott 接线变压器

在图 3-63 所示的 Scott 接线变压器中，设 Scott 接线变压器底（M）座绕组原边（带中间抽头）接入电力系统 UW 相（线电压），高（T）座绕组原边一端接底座绕组的中间抽头，另一端接入 V 相。

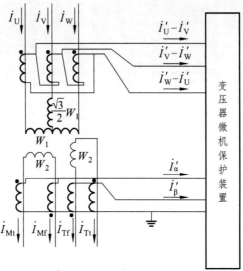

图 3-63　Scott 接线变压器差动保护接线

根据安匝平衡原理，Scott 接线变压器正常运行时，图 3-63 中的电流满足式（3-93）的要求。

$$\left.\begin{array}{l}\dfrac{1}{2}W_1\dot{I}_U - \dfrac{1}{2}W_1\dot{I}_W = W_2\dot{I}_{Mt} \\[2mm] \dfrac{\sqrt{3}}{2}W_1\dot{I}_V = W_2\dot{I}_{Tt} \\[2mm] \dot{I}_U + \dot{I}_V + \dot{I}_W = 0 \\[2mm] \dot{I}_{Tt} = -\dot{I}_{Tf} \\[2mm] \dot{I}_{Mf} = -\dot{I}_{Mt} \\[2mm] K_T = \dfrac{W_1}{W_2}\end{array}\right\} \qquad (3\text{-}93)$$

引入变压器保护装置的电流平衡关系为

$$\begin{bmatrix} \dot{I}'_U - \dot{I}'_V \\ \dot{I}'_V - \dot{I}'_W \\ \dot{I}'_W - \dot{I}'_U \end{bmatrix} = \frac{1}{2K_T K_{i1}}\begin{bmatrix} 1 & \sqrt{3} \\ 1 & \sqrt{3} \\ -2 & 0 \end{bmatrix}\begin{bmatrix} \dot{I}_{Mt} - \dot{I}_{Mf} \\ \dot{I}_{Tt} - \dot{I}_{Tf} \end{bmatrix} = \frac{K_{i2}}{2K_T K_{i1}}\begin{bmatrix} 1 & \sqrt{3} \\ 1 & \sqrt{3} \\ -2 & 0 \end{bmatrix}\begin{bmatrix} \dot{I}'_\alpha \\ \dot{I}'_\beta \end{bmatrix} \qquad (3\text{-}94)$$

6. V/x 接线变压器

将两台三绕组单相变压器 V 接，就形成了 V/x 接线变压器组。V/x 变压器组具有容量利用率高、两套绕组容量可分别配置、节省牵引变电所自耦变压器等优点，已在我国的京津（北京—天津）城际铁路上采用，并成为我国客运专线牵引变压器的主要选择方案之一。V/x 接线变压器组差动保护接线如图 3-64 所示。

根据安匝平衡原理，V/x 接线变压器组正常运行时，图 3-64 中的电流满足式（3-95）的要求。

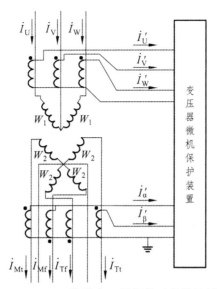

图 3-64　V/x 接线变压器组差动保护接线

$$\left.\begin{array}{r}W_1\dot{I}_U = W_2\dot{I}_{Mt} - W_2\dot{I}_{Mf}\\ W_1\dot{I}_V = W_2\dot{I}_{Tt} - W_2\dot{I}_{Tf}\\ \dot{I}_U + \dot{I}_V + \dot{I}_W = 0\\ K_T = \dfrac{W_1}{W_2}\end{array}\right\} \qquad (3\text{-}95)$$

由图 3-64，引入变压器保护装置的电流平衡关系为

$$\begin{bmatrix}\dot{I}'_U\\ \dot{I}'_V\\ \dot{I}'_W\end{bmatrix} = \frac{\sqrt{3}}{K_T K_{i1}}\begin{bmatrix}0 & -1\\ 1 & 0\\ -1 & 1\end{bmatrix}\begin{bmatrix}\dot{I}_{Mt} - \dot{I}_{Mf}\\ \dot{I}_{Tt} - \dot{I}_{Tf}\end{bmatrix} = \frac{\sqrt{3}K_{i2}}{K_T K_{i1}}\begin{bmatrix}0 & -1\\ 1 & 0\\ -1 & 1\end{bmatrix}\begin{bmatrix}\dot{I}'_\alpha\\ \dot{I}'_\beta\end{bmatrix} \qquad (3\text{-}96)$$

7. 十字交叉接线变压器

三相三绕组的十字交叉接线变压器，其低压侧由两个同容量、等电压、对顶连接的三角形绕组构成。十字交叉接线变压器结构上对称性强，并可节省牵引变电所自耦变压器。十字交叉接线变压器差动保护接线如图 3-65 所示。

根据安匝平衡原理，十字交叉接线变压器正常运行时，图 3-65 中的电流满足式（3-97）的要求。

$$\left.\begin{array}{r}W_1\dot{I}_U = W_2\dot{I}_{a1} + W_2\dot{I}_{a2}\\ W_1\dot{I}_V = W_2\dot{I}_{b1} + W_2\dot{I}_{b2}\\ W_1\dot{I}_W = W_2\dot{I}_{c1} + W_2\dot{I}_{c2}\\ \dot{I}_{Mt} = \dot{I}_{b1} - \dot{I}_{c1}\\ \dot{I}_{Mf} = \dot{I}_{c2} - \dot{I}_{b2}\\ \dot{I}_{Tt} = \dot{I}_{b2} - \dot{I}_{a2}\\ \dot{I}_{Tf} = \dot{I}_{a1} - \dot{I}_{b1}\\ K_T = \dfrac{\sqrt{3}W_1}{W_2}\end{array}\right\} \qquad (3\text{-}97)$$

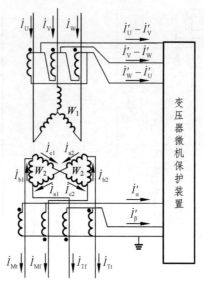

图 3-65　十字交叉接线变压器差动保护接线

由图 3-65，引入变压器保护装置的电流平衡关系为

$$\begin{bmatrix} \dot{I}'_U - \dot{I}'_V \\ \dot{I}'_V - \dot{I}'_W \\ \dot{I}'_W - \dot{I}'_U \end{bmatrix} = \frac{\sqrt{3}}{K_T K_{i1}} \begin{bmatrix} 0 & -1 \\ 1 & 0 \\ -1 & 1 \end{bmatrix} \begin{bmatrix} \dot{I}_{Mt} - \dot{I}_{Mf} \\ \dot{I}_{Tt} - \dot{I}_{Tf} \end{bmatrix} = \frac{\sqrt{3}K_{i2}}{K_T K_{i1}} \begin{bmatrix} 0 & -1 \\ 1 & 0 \\ -1 & 1 \end{bmatrix} \begin{bmatrix} \dot{I}'_\alpha \\ \dot{I}'_\beta \end{bmatrix} \qquad （3-98）$$

8. 自耦变压器

普速铁路 AT 供电系统中，自耦变压器一般只设瓦斯保护。但在客运专线供电系统中，自耦变压器也设有差动保护，如图 3-66 所示。

自耦变压器的电流平衡关系为

$$\dot{I}_T = \dot{I}_F \qquad （3-99）$$

引入变压器保护装置的电流平衡关系为

$$\dot{I}'_T = \dot{I}'_F \qquad （3-100）$$

（二）差动保护原理框图

按照差动保护接线和电流平衡关系，差动保护软件实时计算变压器各相的差动电流和制动电流，并按照变压器比率

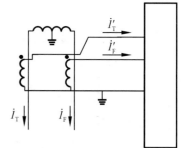

图 3-66　自耦变压器
差动保护接线

差动和差动速断动作特性来判断每一相差动保护是否应该动作。任一相比率差动保护或差动速断保护动作，都应该跳开变压器两侧断路器。

牵引变压器的比率差动保护一般采用二次谐波闭锁判据，以防止励磁涌流引起的差动保护误动，并采用三相或门方案，其原理框图如图 3-67 所示。

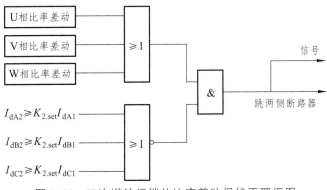

图 3-67　二次谐波闭锁的比率差动保护原理框图

图 3-67 中，I_{dA2}、I_{dB2}、I_{dC2} 和 I_{dA1}、I_{dB1}、I_{dC1} 分别表示变压器 U、V、W 相差动电流中的二次谐波电流和基波电流，$K_{2.set}$ 为二次谐波闭锁系数整定值。

差动速断保护的原理框图如图 3-68 所示。

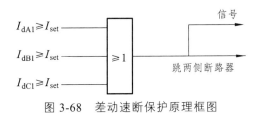

图 3-68　差动速断保护原理框图

二、瓦斯保护

瓦斯保护

牵引变压器通常利用变压器油作为绝缘和冷却介质。当变压器油箱内发生故障时，在故障电流和故障点电弧的作用下，变压器油和其他绝缘材料会受热分解，产生大量气体。同时，气体的上升会引起油流的变化。利用这个特点构成的保护叫作瓦斯保护或称气体保护。

瓦斯保护的主要元件是气体继电器，它安装在油箱和油枕之间的连接管道上，如图 3-69 所示。

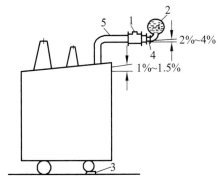

1—气体继电器；2—油枕；3—钢垫块；4—阀门；5—导油管。

图 3-69　气体继电器安装位置

气体继电器有两个输出触点：一个反映变压器油箱内的不正常或轻微故障，称为轻瓦斯；

另一个反映变压器油箱内的严重故障，称为重瓦斯。当变压器内发生轻微故障时，油箱内产生的气体较少且速度慢，由于油枕处在油箱的上方，气体沿管道上升，使气体继电器内的油面下降，当下降到动作门槛时，轻瓦斯动作；继电器发出轻瓦斯信号，使运行人员能够迅速发现故障并及时处理。发生严重故障时，故障点温度剧增，产生的大量气体迫使变压器油从油箱经过管道冲向油枕，气体继电器感受到的油速达到动作门槛时，重瓦斯动作；继电器发出重瓦斯跳闸指令，断开变压器两侧断路器。

三、低电压启动的过电流保护

过电流保护主要是为了保护外部短路引起的变压器过电流，它同时也可以作为变压器差动保护以及馈线保护的后备保护。过电流保护的工作原理与线路定时限过电流保护相同。对于牵引变压器，由于过电流保护往往不能满足灵敏度要求，所以采用 α 相和 β 相低电压启动的过电流保护。

低电压启动的过电流保护的动作电流一般按变压器的额定电流整定，计算公式如下：

$$I_{set} = \frac{K_{rel} \times I_N}{K_{re} \times K_i} \qquad (3\text{-}101)$$

式（3-101）中，I_N 为变压器额定电流；K_{rel} 为可靠系数，一般取 1.2 ~ 1.3；K_{re} 为返回系数，可取 0.95；K_i 为电流互感器变比。

低电压启动的过电流保护的电压整定值一般按牵引网额定电压的 60% ~ 70% 整定。

1. 高压侧低电压启动的过电流保护

对于阻抗匹配平衡变压器、Y/d11 接线变压器、V/v 接线变压器、Scott 接线变压器、V/x 接线变压器、十字交叉接线变压器，高压侧低电压启动过电流保护的原理框图如图 3-70 所示。

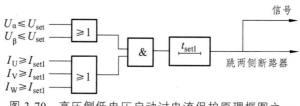

图 3-70　高压侧低电压启动过电流保护原理框图之一

对于单相变压器，其高压侧低电压启动过电流保护的原理框图如图 3-71 所示。

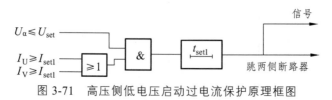

图 3-71　高压侧低电压启动过电流保护原理框图

2. α 相低电压启动过电流保护

α 相低电压启动过电流保护的原理框图如图 3-72 所示。

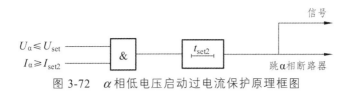

图 3-72　α 相低电压启动过电流保护原理框图

3. β 相低电压启动过电流保护

β相低电压启动过电流保护的原理框图如图 3-73 所示。

图 3-73　β 相低电压启动过电流保护原理框图

图 3-70 ~ 图 3-73 中，U_α、U_β 分别表示低压侧 α 相和 β 相电压；U_{set} 表示低电压启动定值；I_U、I_V、I_W 分别表示高压侧 U、V、W 相电流；I_{set1} 表示高压侧过电流保护动作电流定值；t_{set1} 表示高压侧过电流保护时限定值；I_{set2} 表示 α 相过电流保护动作电流定值；t_{set2} 表示 α 相过电流保护时限定值；I_{set3} 表示β相过电流保护动作电流定值；t_{set3} 表示β相过电流保护时限定值。

零序过电流保护

四、零序过电流保护

当供电系统中性点直接接地运行时，其变压器通常都采用零序过电流保护作为变压器接地故障的后备保护，其原理框图如图 3-74 所示。

图 3-74　零序过电流保护原理框图

在图 3-74 中，$3I_0$ 表示零序电流；$I_{0,set}$ 表示零序过电流保护动作电流定值；$t_{0,set}$ 表示零序过电流保护时限定值。

零序过电流保护的整定值一般根据经验公式来确定：

$$I_{0,set} = \frac{K_{rel} \times I_N}{K_{re} \times K_i} \times 70\% \qquad (3-102)$$

式（3-102）中，I_N 为变压器额定电流；K_{rel} 为可靠系数，一般取 1.2 ~ 1.3；K_{re} 为返回系数，可取 0.95；K_i 为零序电流互感器变比。

过电压保护与低电压保护

五、低压侧过电压保护

牵引变压器低压侧过电压保护可以保护变压器对抗接触网系

统带来的不允许过电压，例如几辆机车同时反馈电能带来的过电压。α 相和 β 相过电压保护原理框图如图 3-50 和图 3-51 所示。

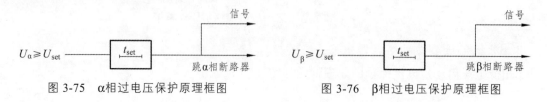

图 3-75　α 相过电压保护原理框图　　　　图 3-76　β 相过电压保护原理框图

图 3-75 和图 3-76 中，U_α、U_β 分别表示低压侧 α 相和 β 相电压；U_{set} 表示过电压保护启动电压定值；t_{set} 表示过电压保护时限定值。

根据欧标 EN50163 对牵引系统允许电压的要求，低压侧过电压保护可设为两段：一段动作时限较长，启动电压为系统标称电压 27.5 kV 的 124%，时限为 30 s；二段快速动作，启动电压为系统标称电压 27.5 kV 的 150%，时限为 0.1 s。

六、高压侧低电压保护

牵引变压器高压侧应配置低电压保护，以保护变压器对抗压降，并作为高阻故障的后备保护。

图 3-77 中，U_{UV}、U_{VW}、U_{WU} 分别表示高压侧相间电压；U_{set} 表示高压侧低电压保护的电压启动定值，一般按高压侧额定电压的 60% ~ 70% 整定；t_{set} 表示高压侧低电压保护时限定值，典型值为 2 s。

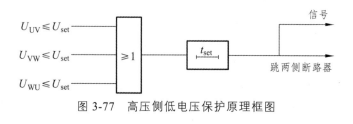

图 3-77　高压侧低电压保护原理框图

变压器过负荷保护

七、过负荷保护

牵引变压器的不正常工作状态包括过负荷运行，对此应配置反时限过负荷保护。反时限过负荷保护反应变压器绕组的平均发热状况，防止变压器过热而受损坏。反时限过负荷保护的方案框图如图 3-78 所示。

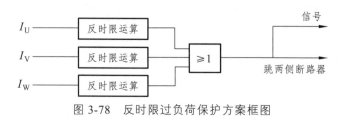

图 3-78　反时限过负荷保护方案框图

IEC255-3 提供三种反时限特性曲线：一般反时限、甚反时限和极度反时限。

一般反时限特性

$$t = \frac{0.14}{\left(\dfrac{I}{I_{set}}\right)^{0.02} - 1} \times \frac{t_{set}}{10} \tag{3-103}$$

甚反时限特性

$$t = \frac{13.5}{\dfrac{I}{I_{set}} - 1} \times \frac{t_{set}}{10} \tag{3-104}$$

极度反时限特性

$$t = \frac{80}{\left(\dfrac{I}{I_{set}}\right)^{2} - 1} \times \frac{t_{set}}{10} \tag{3-105}$$

式（3-103）~ 式（3-105）中，I_{set} 表示启动电流整定值，t_{set} 表示时间常数整定值。

八、其他非电量保护

对变压器温度及油箱内压力升高和冷却系统故障，可专设作用于信号或动作于跳闸的非电量保护，如，反应变压器内部压力过大的瓦斯保护；反应变压器油温偏高的温度Ⅰ段、温度Ⅱ段等温度保护。非电量保护在变压器的继电保护配置中有着不可替代的作用，是对常规配置的模拟量保护的重要补充。

【思政故事·人物】

中国继电保护的开创者——杨奇逊

1982 年的 1 月，杨奇逊带着他在两年多时间里取得的"突破性成果"、带着受到国际同行专家重视的论文《微机距离保护》、也带着被认为是"解决了继电保护领域一个难题"的耀眼光环和高度评价，回到了祖国、回到了学校。

1982 年 2 月，杨奇逊成立了最初的研究团队，开始主持研制国内第一台微机保护装置。他们的样机一次次失败、一次次改进，经历了模拟现场的充分考验。

1984 年 5 月 14 日，我国第一台微机距离保护样机，终于成功地在河北马头电厂投入运行。这台微机保护设备的运行。在全国电力系统引起很大的震动，大家对电力系统出现状况后，保护装置能及时正确地反映，感到非常新奇，以致后来只要现场出现故障，大家都会在第一时间说，"赶紧看看微机是怎么说的。"

1984 年 11 月，微机距离保护行业的软件专家原理鉴定会于河北马头电厂举行，全国继电保护行业的权威专家齐聚于此。与会专家一致认定该机的成功运行，填补了国内该领域的空白，达到了国际先进水平，顺利通过了省级鉴定。接着河北省电力局及时召开会议，全面推广这项技术，东北电网则下发了红头文件，表达对这项科研成果的浓厚兴趣，希望尽快制成成套工业产品……

全国六大继电器制造厂商闻讯，都赶来请求转让技术。将技术毫无保留地转让之后的杨奇逊，则仿若被绑缚在全国电力系统安全故障报警之上。那时，每当家中电话铃声响起，他都"紧张得要命，因为马上要赶到现场，要到处去救火"。

有一次，鞍钢的系统自动检测出现了问题，发出了告警。他们匆匆前往检查后，发现装置并无大问题。然而，让杨奇逊始终难以忘怀的是，鞍钢总工彼时语重心长地对他说道："杨老师！这一声告警，便是 220 kV 线路在告警，谁还敢安心入睡啊！"

这样的现场历练，加上数年的摸索以及对各种情形的现场处置，令杨奇逊团队日益成熟，而保护装置设备也在稳定运行之后，也得以大范围地推广。

1990 年，全国的电力系统保护基本上换成了微机保护，避免了许多重大隐患。更重要的是：我国大范围地运用了我们自己的继电保护技术后，极大地降低了对国外设备与技术的进口。在该领域，截至当下，依然如此。

有底蕴、有能力，承担起世界一个领域领先的重任！这，值得杨奇逊骄傲！更值得中国人骄傲！

杨奇逊，这位驻足并奉献于我国继电保护领域里的学者，凭自己的才智与信念、用实实在在的科研成果，实现了青年时代就树立的科技强国梦想！

课题四　自动装置

课题四课件

【学前导读】

　　本课题主要介绍发生故障且继电保护装置动作后能够尽快恢复供电的自动重合闸装置、备用电源和备用变压器自动投入装置、故障测距装置以及自动按频率减负荷装置等内容。

【学习目标】

1. 知识目标

（1）掌握自动重合闸装置工作原理及电容器充放电条件。

（2）掌握备自投装置动作条件及动作过程。

（3）掌握故障测距装置工作原理。

2. 能力目标

（1）能够独立分析自动重合闸充电和放电条件。

（2）能够在主接线图中熟练地进行运行方式的切换。

（3）能够正确地分析故障测距报告。

3. 素质目标

（1）培养严谨的思维逻辑和踏实认真的学习态度。

（2）养成安全保供电的责任意识。

（3）养成自主查阅学习资料的好习惯。

内容一　自动重合闸装置

一、自动重合闸及对其基本要求

自动重合闸的作用与要求

1. 自动重合闸装置的作用和影响

　　当断路器跳闸之后，经过整定的动作时限，能够使断路器重新合闸的自动装置，称为自动重合闸装置，用 ARD 表示。

　　电力系统和牵引供电系统的运行经验证明，架空输电线路和接触网的短路故障大多数是瞬时性、自消性的。例如，大气过电压引起的绝缘子表面闪络，大风引起的导线短时碰接，鸟类等身体引起的放电等。当继电保护动作，断路器跳闸，把故障线路切除后，短路点的电弧即自行熄灭，绝缘强度随即恢复，此时，如果将断路器重新合闸，线路就能恢复正常供电。

运行资料统计表明，60%~90%的重合闸是成功的（指重合后恢复正常供电）。自动重合闸减少了停电时间，提高了供电的可靠性。

采用自动重合闸装置的利害关系分析：

（1）有利之处：采用自动重合闸对于瞬时性故障可迅速恢复正常运行，大大提高了供电可靠性，减少了停电损失，对单侧电源的单回线路尤为明显。对因为继电保护误动、工作人员误碰、断路器操作机构失灵等原因导致的断路器误跳闸，可通过自动重合闸补救，从而提高系统并列运行的稳定性，提高输电线路的输送容量。由于自动重合闸本身投资很低，工作可靠，采用自动重合闸后可避免因瞬消性故障停电而造成的损失，因此适用于单侧电源线路的一次重合闸在电力系统和牵引供电系统中获得了广泛的应用。

（2）不利影响：当断路器重合于永久性故障时，电力系统将再次受到故障的冲击，给线路及负载带来不利的影响；断路器在短时间内跳闸两次，电弧多次重燃，对其绝缘及灭弧能力造成不利影响。

2. 对自动重合闸装置的基本要求

（1）自动重合闸装置动作时间应尽可能短。动作时间短是为了缩短停电时间；有一定时限是为了保证在重合时短路点的绝缘以及断路器的灭弧性能恢复，这样能够提高重合闸成功率和设备工作可靠性，而且双侧电源线路的自动重合闸必须保证在两侧的断路器都跳闸以后才能重合。根据运行经验，一般要求动作时间为 0.5~1.5 s。

（2）自动重合闸装置动作后，应能自动复归，做好下次动作的准备，在雷雨季节时，自动重合闸自动复归显得尤其重要。

（3）自动重合闸装置的动作次数必须预先规定，不能无限制地进行多次重合。如一次重合闸应保证重合一次，当遇到永久性故障时再次跳闸后就应不再重合，因为在永久性故障时，多次重合将使系统多次遭受短路电流的冲击，还可能会使断路器损坏，扩大事故。

（4）自动重合闸的启动方式，优先采取控制开关的位置（合闸）与断路器的实际位置（分闸）不对应原则来启动自动重合闸。

（5）自动重合闸装置应该与继电保护装置配合，加速故障的切除。

（6）当断路器处于不正常运行状态而不允许实现重合闸时，应将重合闸装置可靠闭锁。

（7）在下列情况下，自动重合闸装置不应动作：

① 由运行人员手动操作或通过遥控装置操作使断路器跳闸时。例如检修线路。

② 手动投入断路器而断路器随即被继电保护操作断开时。这表明在合闸前就存在有持续、永久性故障，比如安全地线未拆除或存在检修隐患等。

二、单侧电源线路的三相一次重合闸

在电力系统和牵引供电系统中，适用于单侧电源线路的三相一次重合闸应用十分广泛。三相一次重合闸的跳、合闸方式为：无论本线路发生何种类型的故障，继电保护装置均将三相断路器跳开，重合闸启动，经预定延时（可整定，一般为 0.5~1.5 s）发出重合闸脉冲，将三相断路器一起合上。若是瞬时性故障，因故障已经消失，重合成功，线路继续运行；若是永久性故障，继电保护再次动作跳开三相断路器，不再重合。

单侧电源线路的三相一次自动重合闸的实现比较简单。因为在单侧电源的线路上，不需要考虑电源间的同步检查问题。而且三相同时跳开，重合不需要区分故障类别和选择故障相，只需要在希望重合时断路器满足允许重合的条件下，经预定的延时，发出一次合闸脉冲。

牵引供电系统主要供电方式是单边供电方式，其自动重合闸方式一般为一次重合闸。当线路发生故障时，进行一次重合闸，如果重合闸不成功，后加速保护动作使断路器快速跳闸。

在上下行并联运行的分区所，线路发生故障时，必须检测到上下行母线有压方可进行重合闸，由于供电来自变压器同一相位出口馈线，所以不需要检测相角。

三相一次重合闸

1. 电磁型三相一次重合闸装置

电磁型三相一次自动重合闸装置通常由启动元件、延时元件、一次合闸脉冲元件和执行元件四部分组成。启动元件的作用是当断路器跳闸之后，使重合闸的延时元件启动；延时元件是为了保证断路器跳开之后，在故障点有足够的去游离时间和断路器及传动机构能准备再次动作的时间；一次合闸脉冲元件用于保证重合闸装置只能重合一次；执行元件则是将重合闸动作信号送至合闸回路和信号回路，使断路器重新合闸，并发出信号让值班人员知道重合闸装置已动作。

现以图 4-1 所示 DH-2A 型三相一次自动重合闸装置为例来说明其工作情况。它是用断路器控制开关 SA 位置与断路器实际位置不对应作为启动自动重合闸的条件。

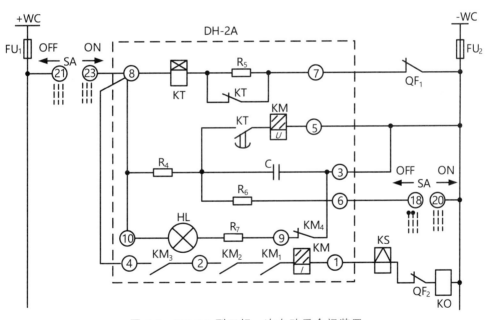

图 4-1 DH-2A 型三相一次自动重合闸装置

自动重合闸装置主体部分包括：

时间元件 KT：用于整定自动重合闸装置的动作时间。

中间元件 KM：是自动重合闸装置的出口元件，用于发出接通断路器合闸回路的脉冲。

电容器 C：用于保证 ARD 只动作一次。

充电电阻 R_4：用于限制电容器的充电速度，防止一次重合闸不成功时而发生多次重合。

放电电阻 R_6：在不需要重合闸时，电容器 C 通过 R_6 放电。

电阻 R_5：用于保证时间元件 KT 线圈的热稳定性。

信号灯 HL：用于监视中间元件 KM 和 SA 的触点是否良好。

信号灯 HL 的串联电阻 R_7：用于限制信号灯 HL 的电压和电流。

（1）正常运行时，断路器 QF 处于合闸状态，其辅助常闭接点 QF_1 断开，KT、KM 线圈不受电。控制开关 SA 在"合后"位置，其触点 21-23 闭合。电容 C 经充电电阻 R_4 而充满电，两端的电压等于电源电压。用于监视中间继电器 KM 和 SA 的触点是否完好的灯光监视回路接通，HL 灯亮。

（2）线路短路保护动作时，SA 在"合后"位置，而断路器 QF 实际跳闸，即满足不对应原则，自动重合闸装置启动。KT 线圈受电动作，经过整定的动作时限，KT 延时闭合的常开触点闭合，电容 C 对 KM 电压线圈放电而 KM 动作，KM_1、KM_2、KM_3 常开触点闭合，KM 电流线圈、信号继电器 KS、合闸接触器 KO 线圈串联受电。信号继电器动作，给出 ARD 动作的信号；KO 动作，使断路器 QF 重合闸。中间继电器电流线圈是自保持线圈，只要电压线圈被短时启动，便可保证使中间继电器于合闸过程中一直处于动作状态，从而使断路器可靠合闸。KT 常闭触点的目的是将 R_5 串入 KT 线圈回路，使 KT 线圈不至于因较长时间带电而过热。

如果线路上的故障是瞬消性的，自动重合闸成功，则断路器 QF 常闭触点断开，KM、KT 恢复原位，电容 C 继续充电，经 15～25 s 后，C 两端充满电压，即 ARD 自动复归，准备好再次动作。

如果线路上的故障是永久性的，则在断路器合闸后，继电保护将再次动作，使断路器重新跳闸，QF_1 闭合，时间继电器将再次启动，KT 延时常开触点闭合，电容 C 向中间继电器 KM 放电。因为 C 充电时间太短，两端电压较低，不足以使中间继电器 KM 启动，故断路器不能再次重合闸，从而保证了重合闸只动作一次。

（3）手动操作断路器分闸时，SA 触点 21-23 断开，使重合闸回路失去正电源，不可能再次动作于合闸；SA 触点 18-20 闭合，使电容 C 通过放电电阻 R_6 放电，两端电压迅速降低，以确保不会发生重合闸。

（4）手动操作重合闸时，如果线路有短路故障，断路器合闸后继电保护随即动作，使断路器立即跳闸，电容 C 来不及充满电，不足以使中间继电器动作，所以不会发生重合闸。

在 ARD 出口回路中串联多个 KM 常开触点，有利于防止发生意外的触点粘住而导致不良影响；端子 2 可连线至加速继电器 KMA 线圈，以实现 ARD 与继电保护的配合。

2. 微机自动重合闸

在微机保护中，自动重合闸功能的实现非常简单，只要在微机保护装置软件和对应的硬件配置相应的自动重合闸元件即可实现该功能。图 4-2 所示为牵引供电系统馈线及其控制示意图。

微机自动重合闸装置检测断路器位置信号，当合闸超过一定时间（相当于早期的充电时间，一般整定为 15～25 s）后，置重合闸允许标志。一旦出现需要重合闸的情况，可立刻根据整定

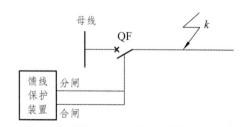

图 4-2 牵引供电系统馈线及其控制示意图

要求重合，否则即使发生故障，也不进行重合闸。

如果线路发生的是瞬时性故障，则保护首先动作，通过分闸回路使断路器 QF 断开，然后自动重合发出一次合闸控制信号使断路器合闸；断路器合闸后，因为故障已经消失，继电保护不再动作，重合闸动作成功。经过充电时间以后，整个重合闸回路自动复归，并为下一次的重合闸做好准备。

当线路上存在永久性故障时，在重合闸动作以后，继电保护将再次动作，使断路器 QF 跳闸。由于合闸时间太短，重合闸装置不再发出重合闸命令，即亦为一次重合闸。

用控制开关手动合闸于故障线路时，继电保护动作使断路器跳闸，这时的情况与重合闸重合于永久故障线路的情况类似。由于合闸前断路器是处于分闸状态，微机继电保护装置充电元件不会短时达到充电时间，重合闸允许标志处于"非"状态，不允许重合闸。

三、双侧电源线路的三相一次自动重合闸

在双侧电源的送电线路上实现重合闸时，除应满足自动重合闸装置的基本要求外，还必须满足以下两个要求：

（1）当线路上发生故障时，两侧的保护装置可能以不同时限动作于跳闸，例如在一侧为第Ⅰ段动作，而另一侧为第Ⅱ段动作，此时为了保证故障点电弧的熄灭和绝缘强度的恢复，以使重合闸有可能成功，线路两侧的重合闸必须保证在两侧的断路器都跳闸以后再进行重合。

（2）当线路上发生故障、直接有关的断路器跳闸后，在进行重合闸时，要考虑重合闸两侧电源是否同步以及是否允许非同步合闸。

双侧电源线路自动重合闸主要方式及要求

1. 双侧电源线路自动重合闸主要方式

（1）非同步重合闸方式。即当两侧断路器跳闸以后，不论两侧电源是否同步，不需要任何检查就进行重合闸，期待由系统自动拉入同步。按设计技术规定，使用非同步重合闸方式有两个条件：一是在两侧电源之间的相角差为最大值 180° 瞬间合闸时，流过发电机、同步调相机或电力变压器的冲击电流不超过允许值；二是在非同步重合闸所产生的振荡过程中，对重要负荷的影响较小，或者可以采取措施减小其影响。

（2）检查同步重合闸方式。当在两侧电源的线路上不可能采用非同步重合闸时，应该采用检查同步重合闸。即当线路发生短路故障而两侧断路器跳闸后，先让一侧的自动重合闸动作，使对应的断路器合闸；而另一侧断路器在重合时，应进行同步条件的检查，只有当断路器两侧的电压符合同步条件（幅值相等，滑差角频率 ωs 与相角差 δ 小到运行范围内）时，才能进行重合。这种合闸方式不会产生很大的冲击电流，合闸后也能很快的拉入同步。

检查同步重合闸方式原理

2. 检查同步重合闸方式原理

目前，电气化铁道牵引变电所 110 kV 进线线路上，均采用检查同步重合闸方式，检查同步重合闸方式原理接线图如图 4-3 所示。这种检查同步的重合闸方式，是在单端供电线路重合闸接线的基础上增加附加条件来实现的，在两侧的断路器上，除装设 ARD 外，在线路的两侧均装设了用以检查线路有无电压的低电压继电器 KV 和检查同步的同步检查继电器 KSD。

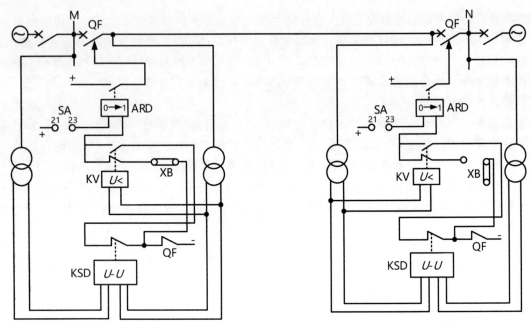

图 4-3 检查同步重合闸方式原理接线图

检无压的低电压继电器 KV 是由一般的低电压继电器完成的,其整定值的选择,应保证在确认两侧断路器均已断开后才允许重合闸动作。根据经验,通常整定为 0.5 倍的额定电压。同步检查继电器 KSD 完成对同步条件的检查,当两侧电源的电压幅值差、频率差和相位差都在一定的运行范围内时,KSD 的常闭触点闭合,允许重合闸启动。

运行时,线路的一侧(M 侧)低电压继电器 KV 和同步检查继电器 KSD 同时投入,称为"检无压"侧,如图 4-4 所示;线路的另一侧(N 侧)只投入同步检查继电器 KSD,称为"检同步"侧,如图 4-5 所示。

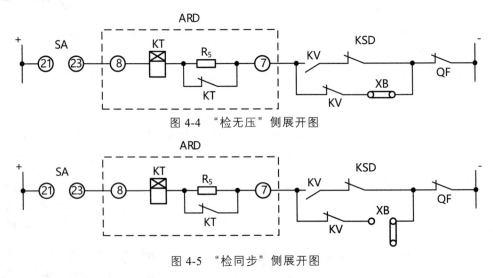

图 4-4 "检无压"侧展开图

图 4-5 "检同步"侧展开图

当线路发生故障、两侧断路器都跳闸以后,线路失去电压,KV 常开触点断开,QF 常闭触点闭合。"检无压"的 M 侧,KV 常闭触点闭合,ARD 启动,经过整定的动作时限,将该侧断路器重新合闸。如果重合至永久性故障，则该侧继电保护装置将再次动作，使断路器第二次跳闸，而后，两侧 ARD 都不启动。如果重合至暂时性故障，则 M 侧断路器重合闸成功，线路恢复电压，KV 常开触点闭合；"检同步"的 N 侧在检查两侧电源符合同步条件后，KSD 常闭触点闭合，ARD 启动，将该侧断路器重新合闸，线路即恢复正常供电。

显而易见，"检无压"侧的断路器，在线路发生持续性短路的情况下，要连续两次切断短路电流。因此，该断路器的工作条件要比"检同步"侧断路器的工作条件恶劣得多。为了解决这个问题，通常在每一侧都必须装设检查线路有无电压的低电压继电器 KV 和检查同步的继电器 KSD，利用连接片定期切换工作方式，以使两侧断路器工作的条件接近相同。

另外，在正常运行情况下，由于某种原因（如保护误动作、误碰跳闸机构等），使任一侧断路器误跳闸时，由于两侧均投入同步检查，所以均能由同步检查继电器启动 ARD 装置将误跳闸断路器重新合闸，以恢复正常运行。

值得注意的是，"检同步"侧只能投入 KSD 常闭触点，而 KV 常闭触点绝对不允许同时投入。否则，也变成了"检无压"侧，就不是"检同步"以后重合闸方式了。这可能引起在不具备非同步重合闸条件时，而误用非同步重合闸方式，将造成不良后果。

四、自动重合闸与继电保护的配合

自动重合闸与继电保护配合，可加快切除故障，提高供电可靠性，对保持系统暂态稳定有利，有时在保证供电可靠性的同时还可以简化继电保护。自动重合闸与继电保护的配合，主要有自动重合闸前加速保护和自动重合闸后加速保护两种。

1. 自动重合闸前加速保护

自动重合闸前加速保护又简称为"前加速"，一般用于具有几段串联的辐射形线路中，自动重合闸仅安装在靠近电源的一段线路上。当线路上（包括相邻线路及以后的线路）发生故障时，靠近电源侧的保护首先无选择性地瞬时动作跳闸，而后借助自动重合闸来纠正这种非选择性动作。当重合于故障时，无选择性的保护自动解除，保护按各段线路原有选择性要求动作。

图 4-6 为重合闸前加速保护的说明图。单电源供电的辐射形网络中，QF$_1$、QF$_2$、QF$_3$ 上均安装了按阶梯形时限特性配合整定的过电流保护，QF$_1$ 上的过电流保护动作时限 t_1 最长。

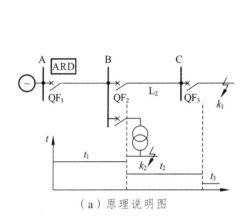

（a）原理说明图

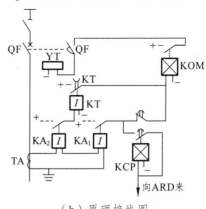

（b）原理接线图

图 4-6 自动重合闸前加速保护

为实现前加速保护，在 QF_1 上还装设了能保护到线路 CD 的电流速断保护以及 ARD（ARD 含在保护装置中）。若在 AB、BC 或 CD 上发生故障（如图 4-6 中的 k_1 点），则 QF_1 上的电流速断保护首先动作将 QF_1 断开（ARD 动作前加速了保护），而后 ARD 动作将 QF_1 合上，并同时将无选择性的电流速断保护闭锁。如果故障为瞬时性的，则重合成功，恢复供电；如故障为永久性的，则各段线路保护有选择性地动作，切除故障。即 k_1 点故障，CD 段线路保护跳开 QF_3；BC 线故障，BC 段线路保护跳开 QF_2；AB 线故障，AB 段线路保护跳开 QF_1。

为使无选择性的电流速度保护范围不致延伸太长，动作电流要躲过变压器低压侧短路故障（如图 4-6 中 k_2 点）流过 QF_1 的短路电流。

实现自动重合闸前加速保护动作的方法是将重合闸装置中加速继电器 KCP 的动断触点串联接于电流速断保护出口电路，如图 4-6（b）所示，图中 KA_1 是电流速断保护继电器，KA_2 是过电流保护继电器。当线路发生故障时，因加速继电器 KCP 未动作，电流速断保护继电器 KA_1 动作后，其动合触点闭合，经加速继电器的动断触点 KCP 启动保护出口中间继电器 KOM，使电源侧断路器瞬时跳闸。随即 ARD 启动，发合闸脉冲，同时启动加速继电器 KCP，使 KCP 的动断触点瞬时打开、动合触点瞬时闭合。如果故障为瞬时性的，重合成功后 ARD 复归，KCP 失电，KCP 延时返回。如果重合于永久性故障，则 KA_1 触点再闭合，通过 KCP 动合触点使 KCP 自保持，电路速断保护经 KCP 动断触点去瞬时跳闸。只有等过电流保护时间继电器的延时触点闭合后，才能去跳闸。这样，重合闸动作后，保护只能有选择性地切除故障。

采用重合闸前加速保护的优点如下：

（1）能快速切除线路上的瞬时故障。

（2）由于快速切除线路上的瞬时故障，故障点发展成永久性故障的可能性小，从而提高了重合闸的成功率。

（3）由于能快速切除故障，能保证变电站的负荷少受影响。

（4）使用设备少，简单经济（在数字保护中该优点不存在）。

采用重合闸前加速保护的缺点如下：

（1）靠近电源一侧断路器工作条件恶化，切除故障次数与合闸次数多。

（2）当自动重合闸拒动或断路器拒合时，将扩大停电范围，甚至在最末一级线路上的故障，也能造成除 A 母线用户外其他所有用户的停电。

（3）重合于永久性故障时，故障切除的时间可能较长。

（4）在重合闸过程中除 A 母线负荷外，其他用户都要暂时停电。

重合闸前加速保护主要用于 35 kV 以下，由重要变电站引出的不太重要的直配线上。

2. 自动重合闸后加速保护

自动重合闸后加速保护一般又简称"后加速"。采用 ARD 后加速时，必须在线路各段上都装设有选择性的保护和自动重合闸装置，如图 4-7 所示。但不装设专用的电流速断保护。当任一线路上发生故障时，首先由故障线路的选择性保护动作将故障切除，然后由故障线路的自动重合闸装置进行重合。如果是瞬时故障，则重合成功，线路恢复正常供电；如果是永久性故障，则故障线路的加速保护装置不带延时地将故障再次切除。这样，就在重合闸动作后加速了保护动作，使永久性故障尽快地切除。

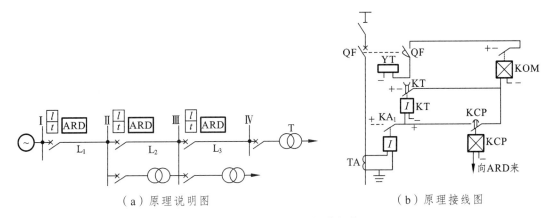

（a）原理说明图　　　　　　　　　　（b）原理接线图

图 4-7　自动重合闸后加速保护

被加速的保护对线路末端故障应有足够的灵敏度，加速保护实际是把带延时的保护动作时限变为零秒，Ⅱ段或Ⅲ段保护都可被加速。这样对全线的永久性短路故障，ARD 动作后均可快速切除。被加速的保护动作值不变，只是动作时限缩短了。加速的保护可以是电流保护的Ⅱ段、零序电流保护的Ⅱ段（或Ⅲ段）、接地距离的Ⅱ段（或Ⅲ段）、相间距离的Ⅱ段（或Ⅲ段），或者在数字式保护中加速定值单独整定的零序电流加速段、电流加速段。为了适应高压电网加速保护的要求，在手动合闸时，应利用手动合闸的信号加速相关保护，以便手动合闸于故障线路时加速切除故障。其加速的原理与重合闸加速保护的原理相似。

需要说明，在双电源线路上，为防止三相断路器主触头不同时合闸产生的零序分量可能使零序电流Ⅰ段误动作，在加速时需将零序电流Ⅰ段退出，同时使加速段延时 100 ms 左右。三相断路器主触头不同时合闸产生的零序分量在该延时后即可衰减到足够小，不致引起零序保护动作。

实现 ARD 后加速的方法是，将加速继电器 KCP 的动合触点与过电流保护的电流继电器 KA 的动合触点串联，如图 4-7（b）所示。当线路发生故障时，KA 动作，加速继电器 KCP 未动，其动合触点打开。只有当按选择性原则动作的延时触点 KT 闭合后，才启动中间继电器 KOM，跳开断路器，随后自动重合闸动作，重新合上断路器，同时也启动加速继电器 KCP，KCP 动作后，其动合触点瞬时闭合。这时若重合于永久性故障上，则 KA 再次动作，其触点经已闭合的 KCP 瞬时启动 KOM，使断路器再次跳闸。这样即实现了重合闸后加速保护动作的目的。

采用重合闸后加速保护的优点如下：

（1）故障首次切除保证了选择性，不会扩大停电范围。

（2）重合于永久性故障线路时，仍能快速、有选择性地将故障切除。

（3）采用不受网络结构和负荷条件的限制。

采用重合闸后加速保护的缺点如下：

（1）首次故障的切除可能带有时限，但对装有纵联保护的线路上发生的故障，两侧保护均可瞬时动作跳闸，该缺点并不存在。

（2）每条线路的断路器上都应设 ARD，与前加速保护相比就较复杂一些（对数字式保护来说并未增加多大的复杂性）。自动重合闸后加速保护广泛用于 35 kV 以上的供电系统中。

五、具有故障性质判别能力的智能重合闸

具有故障性质判别
能力的智能重合闸

自动重合闸是保证系统不间断供电的有效措施之一,在国内外电力系统和牵引供电系统中得到了广泛的应用。目前,传统的自动重合闸装置不能判断故障性质,即在瞬时性故障、永久性故障时都进行一次重合闸。如果线路故障是瞬时性的,重合闸成功,对系统影响不大;如果故障是永久性的,再次重合不仅会给电气设备带来损坏,对系统造成不必要的二次冲击,甚至会破坏系统的稳定性。

随着计算机技术和信号处理技术的不断发展,能够正确识别瞬时性与永久性故障,选择性地进行重合闸操作。由于牵引供电系统与常规电力系统在线路形式上有很大的不同,所以其故障性质判别具有一定的特殊性。判断故障性质后,当牵引网故障为瞬时性故障时,启动重合闸装置进行一次重合闸;当牵引网故障为永久性故障时,闭锁重合闸。

这里介绍一种故障性质判别方法。识别原理是通过与运行断路器相并联的故障性质判断支路来实现对故障性质的判断。如图 4-8 所示,故障性质判断支路由一台负荷开关、一个大功率限流电阻和一台电压互感器组成。

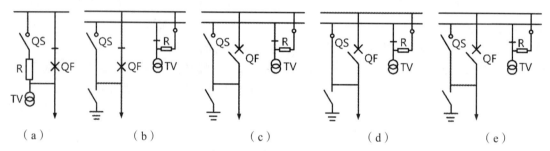

（a） （b） （c） （d） （e）

图 4-8 牵引网故障性质识别原理示意图

当牵引网正常运行时,运行断路器 QF 闭合,负荷开关 QS 断开;当牵引网发生短路故障时,运行断路器 QF 断开,负荷开关 QS 闭合,通过电阻 R 向故障点施加电压。若为瞬时性故障,由于故障点绝缘已经恢复,电压互感器 TV 检测到的电压接近牵引网工作电压,启动重合闸;若为永久性故障,电压互感器 TV 检测到的电压较小,不再启动重合闸,避免系统再次受到短路电流的冲击。

牵引变电所有许多台馈线断路器,若每一台断路器都并联一条检测支路,势必增加牵引变电所的占地面积及其主接线的复杂性,相应的可靠性也要降低。在具体实施时,牵引变电所增设一条故障识别辅助母线,工作母线与辅助母线间跨越一条由 25 kΩ 的电阻、负荷开关和电动隔离开关组成的支路,电压互感器接在电阻器与电动隔离开关之间,每一断路器上并联一个负荷开关,如图 4-8 （b）所示。工作过程如下:

（1）正常情况下,如图所示,运行断路器 QF 闭合,负荷开关 QS 断开,向牵引馈线供电,电压互感器 TV 检测到的电压接近牵引网工作电压。

（2）接触网发生故障时,如图 4-8 （c）所示,运行断路器 QF 由馈线保护分闸。QF 分闸后,电压互感器 TV 检测到的电压为牵引网工作电压。

（3）启动故障性质识别。如图 4-8 （d）所示,由 SCADA 系统投入负荷开关 QS,通过工作母线、电阻、负荷开关 QS 向故障点施加电压,通过 SCADA 系统检测电压互感器 TV 电压,

若电压较高，例如 90%U_N，表明故障为瞬时性故障；若电压较低，例如 30%U_N，表明故障为永久性故障。若故障为瞬时性故障，通过 SCADA 使负荷开关断开，如图 4-8（e），再通过手动方式确定接触网故障区间，直至找到并修复接触网后，再投入运行断路器 QF，恢复至图 4-8（b）。

智能重合闸方法原理比较简单，也有其缺点。例如增加了牵引变电所主接线的复杂性（辅助母线、负荷开关、隔离开关），相应地降低了供电的可靠性；故障识别过程借助 SCADA 系统实现，检测周期约 10 s，延长了重合闸的动作时间。

内容二　备用电源和备用变压器自动投入装置

备用电源自动投入装置是电力系统故障或其他原因使工作电源被断开后，能迅速将备用电源或备用设备或其他正常工作的电源自动投入工作，使原来工作电源被断开的用户能迅速恢复供电的一种自动控制装置，简称 AAT 装置。为了提高供电的可靠性，保证重要用户的不间断停电，在电力网络中广泛采用备用电源自投装置。铁路牵引负荷属于一级电力负荷，因此备用电源自投装置也得到了广泛应用。例如牵引变电所中的 110 kV 或 220 kV 进线自投、牵引主变压器自投；AT 供电方式下的自耦变压器自投；开闭所中的进线自投等等。

一、备用电源的备用方式

备用电源的备用方式

备用电源的配置一般有明备用和暗备用两种基本方式。

1. 明备用

明备用是指具有明确的备用电源，正常情况下备用电源不投入运行，只有当工作电源消失后，备用电源才投入运行的备用方式。明备用方式的特点就是具有明显的备用电源。

图 4-9 是明备用方式的简单接线图。

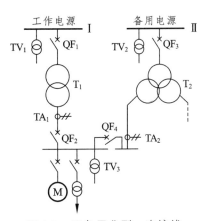

图 4-9　明备用典型一次接线

图 4-9 所示为双变压器一用一备接线图。图中的两台变压器通常情况下采用一用一备的

运行方式。现假设变压器 T_1 作为工作电源，则其高、低压侧断路器 QF_1、QF_2 处于合闸状态；变压器 T_2 作为备用电源，其高、低压侧断路器 QF_3、QF_4 处于分闸状态。当变压器 T_1 由于故障而跳闸导致低压侧母线失去电源时，变压器 T_1 高、低压侧断路器 QF_1、QF_2 自动跳闸，变压器 T_2 高、低压侧断路器 QF_3、QF_4 自动合闸，低压侧母线改由变压器 T_2 供电。

2. 暗备用

暗备用是指没有明确的备用电源，两个电源各自带负荷运行，当其中一个电源所带的负荷因非正常原因失电时，另一个电源通过中间环节（通常为母线联络断路器）向失去电源的负荷供电的备用方式。暗备用没有明显的备用电源，通常指两个工作电源互为备用。

图 4-10（a）所示为双变压器同时工作的暗备用接线图。正常情况下，图中的两台变压器均作为工作电源单独运行，其高、低压侧断路器 QF_1、QF_2、QF_3、QF_4 均处于合闸状态；连接低压侧Ⅲ段和Ⅳ段母线的母线联络断路器（简称母联断路器）QF_5 处于分闸状态。变压器 T_1、T_2 分别为Ⅲ段、Ⅳ段母线供电。如果低压侧Ⅲ段母线因非正常停电操作而失去电源时，为该段母线供电的 T_1 变压器高、低压侧断路器 QF_1、QF_2 自动跳闸，母联断路器 QF_5 自动合闸，则低压侧两段母线均由 T_2 变压器供电。同理，当低压侧Ⅳ段母线因非正常停电操作失去电源时，为该段母线供电的 T_2 变压器高、低压侧断路器 QF_3、QF_4 自动跳闸，同样母联断路器 QF_5 自动合闸，则低压侧两段母线均由 T_1 变压器供电。

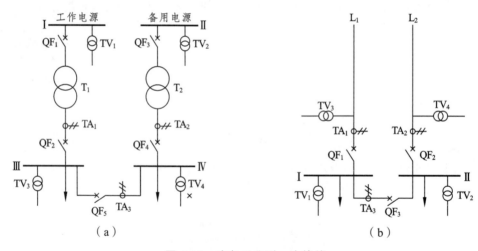

图 4-10 暗备用典型一次接线

图 4-10（b）所示为单母线分段或桥形接线，其中 L_1 和 L_2 为两条电源进线，QF_3 为桥断路器或母线分段断路器，备用方式如下。

（1）母线Ⅰ和Ⅱ分列运行，分别由进线 L_1 和 L_2 供电。QF_1 跳开后，QF_3 由 AAT 装置动作自动合上，母线Ⅰ和Ⅱ均由进线 L_2 供电；同理，QF_2 跳开后，QF_3 由 AAT 装置动作自动合上，母线Ⅰ和Ⅱ均由进线 L_1 供电。

（2）QF_3 合上，QF_2 断开，母线Ⅰ和Ⅱ由进线 L_1 供电；当 QF_1 跳开后，QF_2 由 AAT 装置动作自动合上，母线Ⅰ和Ⅱ均由进线 L_2 供电；同理 QF_3 合上，QF_1 断开，母线Ⅰ和Ⅱ由进线 L_2 供电；当 QF_2 跳开后，QF_1 由 AAT 装置动作自动合上，母线Ⅰ和Ⅱ均由进线 L_1 供电。

除上述备用方式外，同样进行其他组合以满足运行需要。从图 4-9 和图 4-10 所示接线的工作情况可以看出，采用 AAT 装置后有以下优点：

（1）提高供电可靠性，节省建设投资，特别是在变电站自用电系统中具有重要意义。

（2）简化继电保护。采用 AAT 装置之后，环形供电网络可以开环运行，变压器可以分列运行，因此，在保证供电可靠性的前提下，继电保护变得简单而可靠。

（3）限制短路电流，提高母线残余电压。在受端变电所，如果采用变压器分列运行或者环网开环运行，其出线短路电流将受到一定限制，有些场合可以不必再设置出线电抗器，并且可以采用轻型断路器，从而节省了投资；供电母线中的高压母线上的残压会相应提高，有利于系统稳定运行。

二、牵引变电所备用电源自投

牵引变电所主接线分析

目前牵引变电所主接线广泛采用双 T 接线，如图 4-11 所示。为了提高牵引供电系统的可靠性，牵引变电所采用两路进线，其中一路运行另一路备用；两台牵引主变压器，其中一台运行另一台备用。

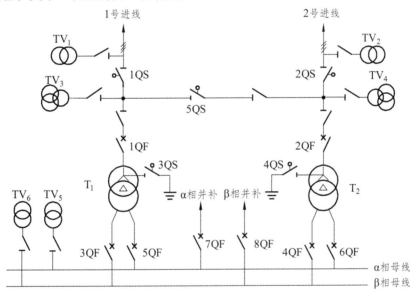

图 4-11 牵引变电所主接线示意图

在图 4-11 中，TV_1 和 TV_2 为进线电压互感器，其目的是检测两路进线是否有压。TV_3 和 TV_4 为高压侧电压互感器，用于检测高压侧母线电压。TV_5 和 TV_6 为低压侧电压互感器，用于检测低压侧 α 相、β 相电压。在正常运行时，图中的手动隔离开关均处于合位。

为了提高牵引供电系统的可靠性，牵引变电所的牵引主变压器均采用 100%固定备用方式，即牵引变电所安装两台牵引变压器。正常运行时，只有一台变压器运行，另一台处于备用状态。当运行变压器故障或需要检修时，另一台投入运行。为了缩短故障时两台变压器的投切时间，保证供电的连续性，在牵引变电所设置主变自投装置。当运行变压器故障时，保护装置将故障变压器切除后，主变自投装置迅速将备用变压器投入运行。

为了提高牵引供电系统的可靠性，牵引变电所进线采用 100%备用方式，即设置两路独立进线，一路运行，另一路备用。正常运行时，只有一路进线工作，另一路处于备用状态。

当正在工作的进线失压时，应通过所设置进线自投装置将工作进线切换到备用进线，以保障牵引供电的连续性。

备用电源自投装置应考虑如下因素：

（1）主变压器自投采用保护装置启动方式，即只有在变压器本身故障或变压器两侧断路器处于非正常运行状态（如 SF_6 断路器压力异常等），无法保障变压器安全运行的情况下，备自投装置使断路器分闸的同时，发出变压器自投指令。这种启动方式既能区别故障的性质，又能保证在变压器外部故障时自投装置不会误动作。

备自投装置的
基本要求

（2）只有在备用变压器正常的情况下，且变压器高低压侧的断路器处于分闸状态时，才允许备用电源自投装置将备用变压器投入运行。

（3）备用变压器的自动投入时间应尽量短，即在发出故障跳闸命令的同时，不经延时发出备用变压器自投命令。但断路器和隔离开关的动作顺序应严格遵照"断路器先分后合，隔离开关先合后分"的原则。

（4）当变压器检修时，应将备用电源自投撤除。

当正常工作的牵引主变压器发生故障时，变压器保护装置中差动保护、非电量保护（如：重瓦斯、温度Ⅱ段以及压力释放等）动作，将故障变压器切除，并启动备用电源自投功能，将备用变压器投入运行，以保障牵引供电系统的正常运行。

当正在工作的进线失压后，应将进线切换到备用进线保障牵引供电系统的正常运行。进线失压、进线有压的判据与牵引变电所主接线、电压互感器的配置及其安装位置有关。当进线失压后，主变压器高低压侧母线将失压，即当检测到主变压器高低压侧无压时，应将运行变压器退出，因此，在主变压器保护装置中设失压保护。对于如图 4-11 所示的牵引变电所主接线，主变压器失压判据如式（4-1）所示。

$$\left.\begin{array}{l} \max(U_{UV}, U_{VW}, U_{WU}) < U_{set} \\ \max(U_\alpha, U_\beta) < U_{set} \end{array}\right\} \qquad (4\text{-}1)$$

式（4-1）中，U_{set} 为进线失压整定值，一般按额定电压的 50%~60% 整定；U_{UV}、U_{VW}、U_{WU} 为通过电压互感器 TV_3（或 TV_4）检测到的主变压器高压侧线电压；U_α、U_β 分别为通过电压互感器 TV_5、TV_6 检测到的主变压器低压侧 α 相和 β 相电压。为了防止进线失压的误判，应带一定的延时，其时限与线路重合闸时限相配合，即应大于线路重合闸时间。

由于图 4-7 中进线有电压互感器（TV_1 和 TV_2），因此，进线有压判据为

$$U > U_{set} \qquad (4\text{-}2)$$

式（4-2）中，U 为通过进线电压互感器（TV_1 或 TV_2）检测到的电压；U_{set} 为进线有压整定值，一般按额定电压的 80% 整定。

（一）进线主变压器运行方式

如图 4-11 所示，牵引变电所正常运行时，进线隔离开关 1QS 和 2QS 中只有一台合闸，同时牵引主变压器 T_1 和 T_2 中只有一台运行，因此共有四种运行方式，即两种直列运行方式和两种交叉供电方式。为了后面叙述方便，将四种运行方式定义如下：

进线主变运行
方式分析

（1）运行方式一，为 1 号进线带 T_1 主变压器运行，则在图 4-11 中，1QS、1QF、3QF 和 5QF 处于合位；2QS、2QF、4QF、6QF 处于分位；跨桥隔离开关 5QS 处于分位。

（2）运行方式二，为 1 号进线带 T_2 主变压器运行，则在图 4-11 中，1QS、5QS、2QF、4QF 和 6QF 处于合位；2QS、1QF、3QF、5QF 处于分位。

（3）运行方式三，为 2 号进线带 T_1 主变压器运行，则在图 4-11 中，2QS、5QS、1QF、3QF 和 5QF 处于合位；1QS、2QF、4QF、6QF 处于分位。

（4）运行方式四，为 2 号进线带 T_2 主变压器运行，则在图 4-11 中，2QS、2QF、4QF 和 6QF 处于合位；1QS、1QF、3QF、5QF 处于分位；跨桥隔离开关 5QS 处于分位。

（二）进线自投

下面对运行方式一和运行方式二条件下的进线自投流程进行讨论，运行方式三和运行方式四下的进线自投与之相似。

1. 运行方式一下的进线自投

运行方式一对应于 1 号进线带 T_1 运行，当 1 号进线失压时，应该切换到 2 号进线。如果允许交叉供电运行方式，则转换为 2 号进线带 T_1 主变压器运行，即运行方式三；如果不允许交叉供电运行方式，则转换为 2 号进线带 T_2 主变压器运行，即运行方式四。因此，运行方式一下的进线自投流程为：

（1）确认 T_1 主变压器高低压侧断路器 1QF、3QF 和 5QF 是否处于分位，如果不在分位，则分 1QF、3QF 和 5QF，分闸成功则继续，否则结束。

（2）当 27.5 kV 母线上有并联电容补偿装置时，确认 α 相、β 相并联电容补偿装置断路器 7QF、8QF 是否处于分位，如果不在分位，则分 7QF、8QF，分闸成功则继续，否则结束。

（3）分 1 号进线隔离开关 1QS，如果分闸成功则继续，否则结束。

（4）检测 2 号进线是否有压（通过 TV_2），如果 2 号进线有压，则合 2 号进线隔离开关 2QS，合闸成功则继续，否则结束。

（5）如果允许交叉供电运行方式，则继续，否则执行本运行方式的流程（11）。

（6）合跨桥隔离开关 5QS，合闸成功则继续，否则结束。

（7）合 T_1 主变压器高压侧中性点隔离开关 3QS，合闸成功则继续，否则结束。

（8）合 T_1 主变压器高压侧断路器 1QF，合闸成功则继续，否则结束。

（9）合 T_1 主变压器低压侧断路器 3QF、5QF，合闸成功则继续，否则结束。

（10）分 T_1 主变压器高压侧中性点隔离开关 3QS，自投结束。

（11）合 T_2 主变压器高压侧中性点隔离开关 4QS，合闸成功则继续，否则结束。

（12）合 T_2 主变压器高压侧断路器 2QF，合闸成功则继续，否则结束。

（13）合 T_2 主变压器低压侧断路器 4QF、6QF，合闸成功则继续，否则结束。

（14）分 T_2 主变压器高压侧中性点隔离开关 4QS，自投结束。

2. 运行方式二下的进线自投

运行方式二对应于 1 号进线带 T_2 主变压器运行，当 1 号进线失压时，

运行方式二下的
进线自投

运行方式一下的
进线自投

应该切换到 2 号进线。则转换为 2 号进线带 T_2 主变压器运行，即运行方式四。因此，运行方式二下的进线自投流程为：

（1）确认 T_2 主变压器高低压侧断路器 2QF、4QF 和 6QF 是否处于分位，如果不在分位，则分 2QF、4QF 和 6QF，分闸成功则继续，否则结束。

（2）当 27.5 kV 母线上有并联电容补偿装置时，确认 α 相、β 相并联电容补偿装置断路器 7QF、8QF 是否处于分位，如果不在分位，则分 7QF、8QF，分闸成功则继续，否则结束。

（3）分跨桥隔离开关 5QS，分闸成功则继续，否则结束。

（4）分 1 号进线隔离开关 1QS，如果分闸成功则继续，否则结束。

（5）检测 2 号进线是否有压（通过 TV_2），如果 2 号进线有压，则合 2 号进线隔离开关 2QS，合闸成功则继续，否则结束。

（6）合 T_2 主变压器高压侧中性点隔离开关 4QS，合闸成功则继续，否则结束。

（7）合 T_2 主变压器高压侧断路器 2QF，合闸成功则继续，否则结束。

（8）合 T_2 主变压器低压侧断路器 4QF、6QF，合闸成功则继续，否则结束。

（9）分 T_2 主变压器高压侧中性点隔离开关 4QS，自投结束。

（三）备用变压器自投

下面对运行方式一和运行方式二条件下的主变压器自投流程进行讨论，运行方式三和运行方式四下的主变压器自投与之相似。

运行方式一下的
主变压器自投

1. 运行方式一下的主变压器自投

运行方式一对应 1 号进线带 T_1 主变压器运行，当 T_1 主变压器故障时，应该切换到 T_2 主变压器。如果允许交叉供电运行方式，则转换为 1 号进线带 T_2 主变压器运行，即运行方式二；如果不允许交叉供电运行方式，则转换为 2 号进线带 T_2 主变压器运行，即运行方式四。因此，运行方式一下的主变压器自投流程为：

（1）确认 T_1 主变压器高低压侧断路器 1QF、3QF 和 5QF 是否处于分位，如果不在分位，则分 1QF、3QF 和 5QF，分闸成功则继续，否则结束。

（2）当 27.5 kV 母线上有并联电容补偿装置时，确认 α 相、β 相并联电容补偿装置断路器 7QF、8QF 是否处于分位，如果不在分位，则分 7QF 和 8QF，分闸成功则继续，否则结束。

（3）如果允许交叉供电运行方式，则继续，否则执行本运行方式的流程（9）。

（4）合跨桥隔离开关 5QS，合闸成功则继续，否则结束。

（5）合 T_2 主变压器高压侧中性点隔离开关 4QS，合闸成功则继续，否则结束。

（6）合 T_2 主变压器高压侧断路器 2QF，合闸成功则继续，否则结束。

（7）合 T_2 主变压器低压侧断路器 4QF、6QF，合闸成功则继续，否则结束。

（8）分 T_2 主变压器高压侧中性点隔离开关 4QS，自投结束。

（9）分 1 号进线隔离开关 1QS，如果分闸成功则继续，否则结束。

（10）检测 2 号进线是否有压（通过 TV_2），如果 2 号进线有压，则合 2 号进线隔离开关 2QS，合闸成功则继续，否则结束。

（11）合 T_2 主变压器高压侧中性点隔离开关 4QS，合闸成功则继续，否则结束。

（12）合 T_2 主变压器高压侧断路器 2QF，合闸成功则继续，否则结束。

（13）合 T_2 主变压器低压侧断路器 4QF、6QF，合闸成功则继续，否则结束。

（14）分 T_2 主变压器高压侧中性点隔离开关 4QS，自投结束。

2. 运行方式二下的主变压器自投

运行方式二下的
主变压器自投

运行方式二对应 1 号进线带 T_2 主变压器运行，当 T_2 主变压器故障时，应该切换到 T_1 主变压器运行，则转换为 1 号进线带 T_1 主变压器运行，即运行方式一。因此，运行方式二下的主变压器自投流程为：

（1）确认 T_2 主变压器高低压侧断路器 2QF、4QF 和 6QF 是否处于分位，如果不在分位，则分 2QF、4QF 和 6QF，分闸成功则继续，否则结束。

（2）当 27.5 kV 母线上有并联电容补偿装置时，确认 α 相、β 相并联电容补偿装置断路器 7QF、8QF 是否处于分位，如果不在分位，则分 7QF、8QF，分闸成功则继续，否则结束。

（3）分跨桥隔离开关 5QS，分闸成功则继续，否则结束。

（4）合 T_1 主变压器高压侧中性点隔离开关 3QS，合闸成功则继续，否则结束。

（5）合 T_1 主变压器高压侧断路器 1QF，合闸成功则继续，否则结束。

（6）合 T_1 主变压器低压侧断路器 3QF、5QF，合闸成功则继续，否则结束。

（7）分 T_1 主变压器高压侧中性点隔离开关 3QS，自投结束。

三、AT 所自耦变压器自投

AT 自投

客运专线常采用全并联 AT 供电方式，全并联 AT 供电方式下 AT 所主接线如图 4-12 所示。上下行牵引网通过两台断路器 1QF、2QF 在 AT 所实现并联，正常运行时，隔离开关 1QS 处于合位。自耦变压器与母线的连接方式有两种：断路器连接方式，如图 4-12（a）所示；隔离开关连接方式，如图 4-12（b）所示。

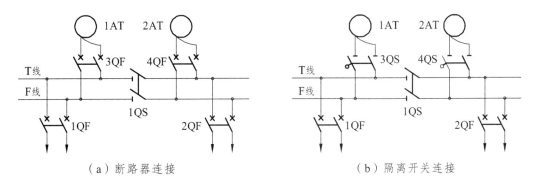

（a）断路器连接　　　　　　　　　　（b）隔离开关连接

图 4-12　AT 所主接线示意图

自耦变压器采用 100% 固定备用方式，即设置两台自耦变压器，如图 4-12 中的 1AT、2AT，一台运行，另一台备用，当运行自耦变压器发生故障时，应将其退出，同时投入备用自耦变压器。

对每一台自耦变压器配置一套 AT 保护测控装置，完成对自耦变压器的保护，同时由两套 AT 保护测控装置配合实现 AT 自投功能。

（一）断路器连接方式下的 AT 自投

如图 4-12（a）所示，假设 1AT 处于运行状态，2AT 处于备用状态，当 1AT 发生故障时，AT 自投流程如下：

（1）1AT 保护测控装置检测到故障后，将断路器 3QF 断开，同时向 2AT 保护测控装置发"启动 AT 自投"信号，该信号可以是接点信号（通过电缆连接），也可以通过通信的方式进行传送。

（2）2AT 保护测控装置收到"启动 AT 自投"信号后，确认其断路器 4QF 处于分位，若在分位则继续，否则结束。

（3）AT 保护测控装置合断路器 4QF，自投结束。

（二）隔离开关连接方式下的 AT 自投

如图 4-12（b）所示，假设 1AT 处于运行状态，2AT 处于备用状态，当 1AT 发生故障时，AT 自投流程如下：

（1）1AT 保护测控装置检测到故障后，首先分上下行并联断路器 1QF 和 2QF，确认 1QF 和 2QF 处于分位后，分隔离开关 3QS，同时向 2AT 保护测控装置发"启动 AT 自投"信号，该信号可以是接点信号（通过电缆连接），也可以通过通信的方式进行传送。

（2）2AT 保护测控装置收到"启动 AT 自投"信号后，确认其隔离开关 4QS 处于分位，若在分位则继续，否则结束。

（3）2AT 保护测控装置先合隔离开关 4QS，再合上下行并联断路器 1QF 和 2QF，自投结束。

四、开闭所进线自投

开闭所进线自投

在电气化铁路枢纽地区，客运站、编组站和电力机车机务段等铁路设施较集中的地方，为了保证枢纽供电的可靠性，缩小事故范围，一般将接触网横向分组及分区供电。因此设置开闭所，由相邻两牵引变电所的牵引馈线向它供电。通过开闭所的多路馈线和断路器向站场、电力机车机务段等牵引网供电，其主接线一般采用单母线分段带旁路母线的接线方式，如图 4-13 所示。

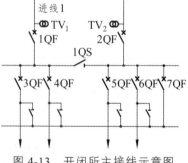

图 4-13　开闭所主接线示意图

正常运行时，母线联络手动隔离开关 1QS 处于合位，两路进线由相邻两牵引变电所供电，正常运行时开闭所由一路进线供电，另一路备用。

假设进线 1 运行、进线 2 备用，则断路器 1QF 处于合位、断路器 2QF 处于分位。当进线 1 线路上发生故障，牵引变电所馈线跳闸后，进线 1 将瞬时失压（通过 TV_1 检测），如果发生的是瞬时性故障，牵引变电所馈线重合闸成功，进线 1 电压将恢复。因此，进线失压的时限应该躲过牵引变电所馈线重合闸时间。当确认进线 1 失压后，启动进线自投，通过 TV_2 检测进线 2 是否有压，如果进线 2 有压，并且进线断路器 2QF 处于分位，则合断路器 2QF，实现备用进线的自动投入。

内容三　故障测距装置

一、概　述

故障测距是指在牵引供电系统牵引网故障时，通过测量和计算，从而得到从牵引变电所故障测距装置安装处到故障点的距离。

故障测距装置是指在牵引供电系统牵引网故障时，给出故障距离信息的电气自动化装置。故障信息包括故障距离、故障类型、故障点所在的牵引网行别等。

牵引网故障类型包括接触网对轨道—地回路故障（简称 TR 故障）、正馈线对轨道—地回路故障（简称 FR 故障）、接触网对正馈线故障（简称 TF 故障）。

AT 供电方式，需设置独立的故障测距装置。直接供电时，故障测距装置一般涵盖在馈线保护装置中，也可设置独立的故障测距装置。

二、故障测距原理

故障测距可采用电抗法、吸上电流比法、上下行电流比法和横联线电流比法等方法。各种测距方法的定义及计算方法如下。

1. 电抗法

电抗法是指利用接触网电抗和距离的线性对应关系来确定故障距离的方法。

牵引变电所馈线短路电抗 X_{cal} 计算公式如下：

TR 故障　　　$X_{cal} = \text{Im}\left(\dfrac{\dot{U}_T}{\dot{I}_T}\right)$　　　　　　　　　　　　　　（4-3）

FR 故障　　　$X_{cal} = \text{Im}\left(\dfrac{\dot{U}_F}{\dot{I}_F}\right)$　　　　　　　　　　　　　　（4-4）

TF 故障　　　$X_{cal} = \text{Im}\left(\dfrac{\dot{U}_T - \dot{U}_F}{\dot{I}_T - \dot{I}_F}\right)$　　　　　　　　　　　　（4-5）

电抗法原理的计算公式为：$l = L_i + (X_{cal} - X_i)\dfrac{L_{i+1} - L_i}{X_{i+1} - X_i}$　　　　（4-6）

式中　L_i——电抗法定值中的第 i 点的距离，km；

　　　X_i——电抗法定值中的第 i 点的短路电抗，Ω；

　　　L_{i+1}——电抗法定值中的第 $i+1$ 点的距离，km；

　　　X_{i+1}——电抗法定值中的第 $i+1$ 点的短路电抗，Ω；

　　　X_{cal}——牵引变电所测得的短路电抗，Ω；其值介于 X_i 和 X_{i+1} 之间。

针对不同类型的短路故障（TR 故障、FR 故障和 TF 故障），其对应的故障距离也应采用不同的线性—电抗表对应计算。

2. 吸上电流比法

吸上电流是指 AT 供电时通过自耦变压器中性点处的电流，当牵引变电所未设置自耦变压器时，由馈线电流合成计算。吸上电流比法是指在 AT 供电方式下，利用同一供电臂上各所亭吸上电流的比值来确定故障距离的方法。

吸上电流比原理的计算公式如下：

$$l = L_{n-1} + \frac{q_{AT} - Q_1}{1 - Q_1 - Q_2} D_n \tag{4-7}$$

$$q_{AT} = I_{ATn} / (I_{AT(n-1)} + I_{ATn}) \tag{4-8}$$

$$\dot{I}_{ATn} = \dot{I}_{at1} + \dot{I}_{at2} \tag{4-9}$$

式中　Q_1，Q_2——吸上电流比修正参数，统称 Q 值；

　　　q_{AT}——故障区间吸上电流比值；

　　　$\dot{I}_{ATn}$——第 n 个所亭的吸上电流，I_{ATn} 为其有效值，A；

　　　$\dot{I}_{at1}$，$\dot{I}_{at2}$——AT 所、分区所同方向下行、上行吸上电流，I_{at1} 及 I_{at2} 为其有效值，A。

3. 上下行电流比法

上下行电流比法是指在供电臂上下行末端并联供电方式下，利用上下行馈线电流的比值来确定故障距离的方法。

上下行电流比原理的计算公式如下

$$l = \frac{2 \times \min(I_{TF1}, I_{TF2})}{I_{TF1} + I_{TF2}} L \tag{4-10}$$

4. 横联线电流比法

横联线是指在 AT 所、分区所，对同一供电臂上下行接触网和正馈线进行并联的电气连接线。横联线电流比法是指在全并联 AT 供电方式下，利用同一供电臂各所亭横联线电流的比值来确定故障距离的方法。

变电所的横联线电流定义如下：

$$I_{HL0} = \left| \frac{\dot{I}_{TF1} - \dot{I}_{TF2}}{2} \right| \tag{4-11}$$

AT 所和分区所的横联线电流定义如下：

$$I_{HLn} = \left| \dot{I}_{T1n} - \dot{I}_{F1n} \right| \text{ 或 } I_{HLn} = \left| \dot{I}_{T2n} - \dot{I}_{F2n} \right| \tag{4-12}$$

横联线电流比法的计算公式如下：

$$l = L_{n-1} + q_{HL} \times D_n \tag{4-13}$$

$$q_{HL} = I_{HLn} / (I_{HL(n-1)} + I_{HLn}) \tag{4-14}$$

式中　q_{HL}——故障区间的横联线电流比值；

　　　I_{HLn}——第 n 个所亭的横联线电流，A。

三、故障测距装置及其应用

1. 故障测距装置

故障测距装置应根据断路器和隔离开关位置或各所亭的电压和电流的大小及方向来自动

判断牵引网运行方式，并根据不同的牵引网运行方式和故障情况自动选择合适的测距方法进行测距。当实施越区供电方式时，需人工切换整定值。

AT 供电方式中，装置采用以供电臂为单元的方式配置，由牵引变电所、AT 所、分区所处的故障测距装置组成，各所亭同方向上下行馈线配置一台故障测距装置。牵引变电所故障测距装置采用自启动或开入启动，并召唤 AT 所、分区所的故障测距装置数据，由牵引变电所处故障测距装置计算后给出测距报告。

牵引变电所测距装置应采集母线电压、馈线电流、馈线断路器位置信号等数据；AT 所、分区所测距装置应采集馈线电压、馈线电流、吸上电流、断路器位置信号等数据。

故障测距装置应能提供故障测距报告和故障录波功能，测距报告应能主动上送综合自动化系统。测距报告和故障录波要求如下：故障测距报告中应包含故障距离、故障点千米标、故障类型（TR 故障、FR 故障、TF 故障）、故障方向（上行故障、下行故障）、测距原理等参数，并包含故障时刻同一供电臂上所有测距装置采集的交流量信息。故障录波中应包含测距计算时采用的交流采样数据录波信号，故障录波采用 COMTRADE 格式，故障前录波时间不少于 100 ms，故障后录波时间不少于 200 ms；装置应在每次牵引网故障跳闸时都生成对应的测距报告。

2. 不同运行方式下的故障测距

故障测距装置的测距应适用于不同牵引网运行方式下发生的各种类型故障，牵引网的主要运行方式有：直供方式；全并联 AT 供电方式；AT 全解列的直供方式；变电所 1 台馈线断路器带两路馈线的供电方式；AT 所并联点解列、分区所并联的供电方式；单线 AT 供电方式。

（1）直供运行方式可分为复线牵引网末端并联、复线上下行不并联、单线三种情况。当牵引网末端并联时，测距方法应采用电抗法或上下行电流比法（采用上下行电流比法时，需单独配置故障测距装置）；当牵引网上下行不并联及单线运行时，测距方法应采用电抗法。

（2）全并联 AT 供电运行方式是指同一供电臂上所有所亭的上下行均并联，且都投入自耦变压器的情况。其测距方法宜采用横联线电流比法或上下行电流比原理。

（3）AT 全解列的直供运行方式可分为牵引网全并联、末端并联和上下行不并联三种情况。当牵引网全并联时，测距方法宜采用横联线电流比法或上下行电流比法；当牵引网仅末端并联时，测距方法应采用上下行电流比法；当牵引网上下行不并联时，测距方法应采用电抗法。

（4）牵引变电所 1 台馈线断路器带两路馈线的供电运行方式，是指同一供电臂上所有所亭的上下行牵引网均并联，且都投入自耦变压器，而牵引变电所的上行和下行共用一台馈线断路器的情况。测距方法宜采用横联线电流比法或吸上电流比法。

（5）AT 所并联点解列、分区所并联的供电运行方式，可分为 AT 所全部退出运行、AT 所处牵引网并联解列且 AT 所自耦变压器均投入两种方式，测距方法宜采用上下行电流比法。

（6）单线 AT 供电运行方式是指同一供电臂中所有所亭的上下行牵引网均不并联，且上下行牵引网都投入自耦变压器的情况。该供电方式下的 TR、FR 故障的测距方法应采用吸上电流比法，TF 故障的测距方法采用电抗法。

内容四　自动按频率减负荷装置

一、自动按频率减负荷装置的作用

1. 频率降低的危害

电力系统的频率是衡量电能质量的主要指标之一，它反映了发电机组发出的有功功率与负荷所需的有功功率之间的平衡情况。当系统发生较大事故时，如电网发生短路故障或大型发电机组突然被切除，均可导致系统出现严重的功率缺额。当其缺额值超出正常热备用可以调节的能力，即令系统中运行的所有发电机组都发出其设备可能胜任的最大功率，仍不能满足负荷功率的需要时，系统频率将会显著降低，降低幅度与功率缺额多少有关。

当系统频率降低较大时，将造成大量用电设备不能正常运行，甚至会产生严重的后果，主要表现在如下几个方面：

（1）由于频率降低，火电厂厂用机械的出力将显著降低，导致发电厂发出的有功功率进一步减少、功率缺额更加严重、系统频率进一步降低的恶性循环，严重时造成系统频率崩溃。

（2）频率降低时，励磁机、发电机等的转速相应降低，导致发电机的电动势下降，使系统电压水平下降，系统运行稳定性遭到破坏，严重时出现电压崩溃现象。

（3）系统频率若长时间运行在 49.5～49 Hz 以下，某些汽轮机的叶片容易产生裂纹；当频率降低到 45 Hz 附近时，汽轮机个别级别的叶片可能发生共振而引起断裂事故。

2. 自动按频率减负荷装置的作用

鉴于频率降低所造成的严重后果，运行规程规定：电力系统运行的频率偏差不超过 ±0.2 Hz；系统频率不能长时间运行在 49.5～49 Hz 以下；事故情况下，不能较长时间停留在 47 Hz 以下；系统频率的瞬时值绝对不能低于 45 Hz。因此，当系统出现较大的有功功率缺额时，必须迅速断开部分负荷，减小系统的有功缺额，使系统频率维持在正常水平或允许的范围内。自动按频率减负荷装置的作用就是根据频率下降的不同程度自动断开相应的非重要负荷，以阻止频率的下降，使系统频率恢复到可以安全运行的水平内。

二、电力系统的频率特性

电力系统的频率特性分为电力系统的静态频率特性和电力系统的动态频率特性。

1.电力系统的静态频率特性

电力系统的静态频率特性是指电力系统的总有功负荷 $P_{L,\Sigma}$ 与系统频率 f 的关系，也就是负荷的静态频率特性。负荷的静态频率特性与负荷的性质有关，不同性质的负荷消耗有功功率与频率的关系不一样。一般电力系统的负荷可分为三大类。

（1）负荷消耗的有功功率与频率无关，如白炽灯、电热设备等。

（2）负荷消耗的有功功率与频率的一次方成正比，如碎煤机、卷扬机等。

（3）负荷消耗的有功功率与频率的二次方、三次方、高次方成正比，如通风机、水泵等。

电力系统的总有功负荷由以上三类负荷按比例组合而成。当电力系统频率变化时，电力系统总有功负荷消耗的有功功率相应变化,定性画出负荷静态频率特性如图 4-14 所示。当系统频率下降时,总负荷消耗的有功功率随之减少;而频率上升时,总负荷消耗的有功功率随之增加。这种负荷消耗的有功功率随系统频率变化的现象,称为负荷调节效应。

由于负荷调节效应的存在,当电力系统因有功功率不平衡引起系统频率变化时,负荷自动改变消耗的有功功率,对电力系统频率有一定的补偿作用。当出现较少的有功功率缺额使系统频率降低时,负荷会自动减少消耗的有功功率,有利于缓解有功功率缺额,建立新的有功功率平衡,其结果是系统可以在一个较低的频率下运行。但如果有功功率缺额较大,仅靠负荷调节效应来补偿,会造成系统运行频率很低,破坏系统的安全运行,这是不允许的,此时必须再借助按频率自动减负荷装置自动切除一部分不重要的负荷,保证系统的安全运行。

2.电力系统的动态频率特性

电力系统的动态频率特性是指当电力系统出现有功功率缺额造成系统频率下降时,系统频率由额定值 f_N 变化到另一个稳定频率 f_∞ 的过程。由于电力系统是一个惯性系统,所以频率随时间按指数规律变化,电力系统动态频率特性如图 4-15 所示。

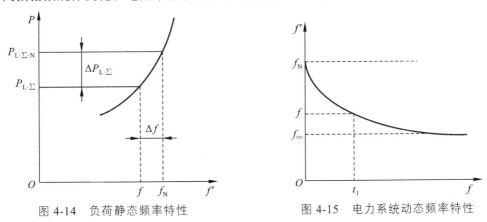

图 4-14　负荷静态频率特性　　图 4-15　电力系统动态频率特性

三、按频率自动减负荷装置的基本工作原理

按频率自动减负荷装置由 n 个基本级和 m 个附加级组成,每一级就有一套按频率自动减负荷装置,其原理如图 4-16 所示。它安装在系统内某一变电所中,属于同一级的用户共用一套装置。

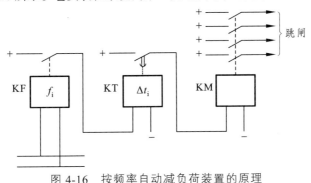

图 4-16　按频率自动减负荷装置的原理

图 4-16 中,低频率继电器取用母线电压互感器的二次电压,当系统频率降低到 KF 的动

作频率时，KF 动作闭合其触点，启动时间继电器 KT，经整定时限后启动出口中间继电器 KM，断开各自相应的负荷 P_{cuti}。

电力系统装设按频率自动减负荷装置，应根据电力系统的结构和负荷的分布情况，分散设在电力系统中相关的变电所中，图 4-17 为电力系统按频率自动减负荷装置的配置示意。图 4-18 为某一变电所的按频率自动减负荷装置原理框图。

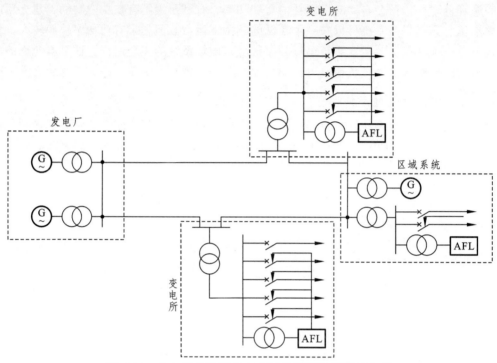

图 4-17　电力系统按频率自动减负荷装置的配置示意

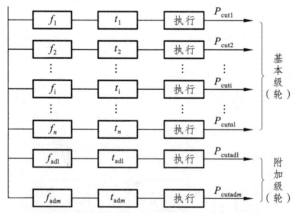

图 4-18　按频率自动减负荷装置的原理框图

由图 4-17 可见，该变电所馈电母线上有多条配电线路，按电力用户的重要性和系统稳定性的要求装设了 n 个基本级和 m 个附加级，每一级都相当于一套完整的按频率自动减负荷装置，由频率测量元件 f、延时元件 t 和执行元件三部分组成。

当电力系统发生故障，出现严重有功功率缺额，导致系统频率下降时，频率下降到 f_1，第 1 级频率测量元件启动，经延时 t_1 后执行元件动作，切除第 1 级负荷 P_{cut1}；如果系统频率继续下降到 f_2，第 2 级频率测量元件启动，经延时 t_2 后执行元件动作，切除第 2 级负荷 P_{cut2}……依次类推，系统频率继续下降，基本级的 n 级负荷有可能全部被切除，以确保系统的安全运行。

当基本级动作后，若系统频率仍长时间停留在较低水平（低于恢复频率的下限），则附加级的频率测量元件 f_{ad1} 动作，经延时 t_{ad1} 后执行元件动作，切除相应负荷 P_{cutad1}……直到系统频率回升到恢复频率范围内。

四、对按频率自动减负荷装置的基本要求

当电力系统出现有功功率缺额时，负荷调节效应和按频率自动减负荷装置共同起作用，可以保证系统的稳定运行，具体实施中，对按频率自动减负荷装置提出了一些基本要求。

（1）按频率自动减负荷装置动作后，系统频率应回升到恢复频率范围内。

事故情况下，按频率自动减负荷装置动作后使系统频率恢复到一定值是为了防止事故扩大。一般要求系统频率恢复值低于系统额定频率，剩下的恢复由运行人员完成。由于系统事故时功率缺额差异较大，考虑装置本身误差，只要求系统频率恢复到规定范围即可，我国电力系统规定恢复频率不低于 49.5 Hz。

（2）要使按频率自动减负荷装置充分发挥作用，应有足够负荷接于按频率自动减负荷装置上。

当系统出现最严重有功功率缺额时，按频率自动减负荷装置配合负荷调节效应作用，应能使系统频率回升到恢复范围内。

（3）按频率自动减负荷装置应根据系统频率的下降程度切除负荷。

实际电力系统中每次出现的有功功率缺额不同，频率下降的程度也不同，为了提高供电可靠性，同时又能使按频率自动减负荷装置动作后系统频率不超过恢复值，按频率自动减负荷装置切负荷采用分级切除、逐步逼近的方式。即当系统频率下降到一定值时，按频率自动减负荷装置的相应级动作切除一定数量的负荷，如果仍然不能阻止频率下降，则装置的下一级动作再切除一定数量的负荷，依此类推，直到频率不再下降为止。应当注意，在分级实现切负荷时，应该首先切除不重要负荷，必要时再切除部分较为重要的负荷，当按频率自动减负荷装置动作完毕后，系统频率一定回升到恢复值。

（4）按频率自动减负荷装置各级动作频率的确定应符合系统要求。

按频率自动减负荷装置的动作频率的确定包括首末级动作频率、动作频率级差和动作级数的确定。

① 首级动作频率。从提高系统稳定性出发，按频率自动减负荷装置首级动作频率 f_1 应确定高一些，但过高又不能充分发挥旋转备用的作用，对用户供电可靠性不利。兼顾两方面因素，按频率自动减负荷装置的首级动作频率一般不超过 49.1 Hz。

② 末级动作频率。按频率自动减负荷装置的末级动作频率由系统允许的最低频率下限来确定，大于核电厂冷却介质泵低频保护的整定值，并留有不小于 0.3~0.5 Hz 的裕量，以保证这些机组继续联网运行；同时为保证火电厂的继续安全运行，应限制频率低于 47.0 Hz 的时间不超过 0.5 s，以避免事故进一步恶化。

③ 动作频率级差。设 f_i 和 f_{i+1} 分别为 i 级和 $i+1$ 级动作频率，则动作频率级差 $\Delta f = f_i - f_{i+1}$。

④ 动作级数。由首级动作频率 f_1 和末级动作频率 f_n 以及动作频率级差 Δf 可以计算出按

频率自动减负荷装置的动作级数 N，$N = [(f_1 - f_n)/\Delta f] + 1$，$N$ 取整数。

（5）按频率自动减负荷装置各级的动作时间应符合要求。

从按频率自动减负荷装置的动作效果看，装置应尽量不带延时。但不带延时使按频率自动减负荷装置在系统频率短时波动时可能误动作，一般要求按频率自动减负荷装置动作可带 0.15~0.5 s 延时。对于某些负荷，按频率自动减负荷装置的动作时间可稍长，前提是保证电力系统安全运行。

（6）按频率自动减负荷装置应设置附加级。

规程规定，按频率自动减负荷装置动作后，应使系统稳定运行频率恢复到不低于恢复频率（49.5 Hz）水平。但在按频率自动减负荷装置分级动作过程中可能出现以下情况：第 i 级动作切除负荷后，系统频率稳定在恢复频率（49.5 Hz）以下，但又不足以使第 $i+1$ 级动作，这样会使系统长时间在低于恢复频率以下运行，这是不允许的。为了消除这一现象，按频率自动减负荷装置应设置较长延时的附加级，附加级动作频率通常取恢复频率下限，当附加级动作后，应使系统频率回升到恢复频率范围内。由于附加级动作时，系统频率已比较稳定，其动作时限一般为 15~25 s（约为系统频率变化时间常数的 2~3 倍），必要时，附加级也可以分成若干级，各级的动作频率相同，用延时区分各级的动作顺序。

五、按频率自动减负荷装置误动作的原因及防误动的措施

1. 按频率自动减负荷装置误动作的原因

按频率自动减负荷装置运行中，可能会因为以下几种情况发生误动作。

（1）由于水轮发电机调速机构动作较慢，若系统中旋转备用以水轮发电机为主，在旋转备用起作用前，按频率自动减负荷装置可能误动。

（2）供电电源中断，负荷反馈可能使按频率自动减负荷装置误动作。

2. 按频率自动减负荷装置防误动的措施

针对上述误动作的原因，防止按频率自动减负荷装置误动作的措施有以下几点：

（1）给按频率自动减负荷装置设置适当延时，防止频率短时波动和系统旋转备用起作用前装置误动。

（2）加快继电保护、备用电源自动投入装置、自动重合闸装置等的动作时间，缩短供电中断时间，防止负荷反馈使按频率自动减负荷装置误动作。

（3）增加低电压或低电流闭锁，在供电电源中断时闭锁按频率自动减负荷装置，防止其误动。

（4）采用频率变化率闭锁，即利用系统频率下降的速度区分是有功缺额造成的频率下降还是负荷反馈时的频率下降。运行经验表明，当频率下降速度 $df/dt < 3.0$ Hz/s 时，可以认为是系统有功功率缺额引起的频率下降；当 $df/dt > 3.0$ Hz/s 时，可以认为是负荷反馈时的频率下降。所以用 $df/dt \geqslant 3$ Hz/s 作为频率变化率判据，当 $df/dt \geqslant 3$ Hz/s 时闭锁按频率自动减负荷装置，不允许切负荷；当 $df/dt < 3$ Hz/s 时解除闭锁。

（5）采用按频率自动重合闸来纠正按频率自动减负荷装置的误动作。由于非有功功率缺额引起的频率下降，在按频率自动减负荷装置动作后频率上升很快，即频率变化率 df/dt 大，而真正由有功功率缺额造成的频率下降，在按频率自动减负荷装置动作后频率回升较慢，所

以根据频率变化率 df/dt 进行重合闸,将被误切的负荷重新投入。

六、微机型按频率自动减负荷装置

目前,我国广泛使用的是微机型按频率自动减负荷装置,其装置的基本功能、基本构成原理如下。

1. 微机型按频率自动减负荷装置的基本功能

(1)正常频率监视。监视测量频率是否在正常范围内,也可用于监视装置工作是否正常。

(2)频率闭锁。当系统频率 $f \geqslant 49.6$ Hz 时,闭锁跳闸出口中间继电器。

(3)频率变化闭锁。当 df/d$t \geqslant 3.0$ Hz/s 时,闭锁跳闸出口中间继电器。

(4)低频率动作。设有四级动作出口,各级动作频率和动作时间分别整定,动作后切除相应负荷。

(5)频率变化量动作。当 df/dt 大于整定值时,动作切除相应负荷。频率变化量整定值和动作时间可整定。

(6)低电压和低电流闭锁。在电压和电流小于整定值时,闭锁跳闸出口中间继电器并发信号。

(7)装置具有自检、自恢复功能。

2. 微机型按频率自动减负荷装置的基本构成原理

图 4-19 所示为微机型按频率自动减负荷装置的原理框图,主要由 MCS51 系列单片机及外围电路、检测电路、出口电路、整定值输入电路等组成。

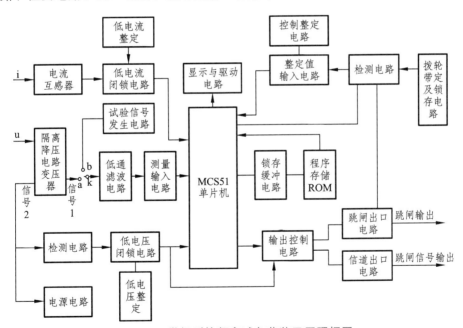

图 4-19 微机型按频率减负荷装置原理框图

输入交流电压 u 经变压器隔离降压后,其中一路经低通滤波电路、测量输入电路(包括方波形成和二分频电路)后到单片机中,该交流信号 u 经方波整形变成频率相同的方波信号,如图 4-20（a）、（b）所示。为防止过零干扰，采用了一定的门坎电压。整形后的方波信号经二分频电路形成单片机的外部中断信号，如图 4-20（c）所示。方波上升沿 t_0 时刻单片机内部计数器开始计数，方波下降沿 t_1 时刻结束计数并申请中断，从 t_0 到 t_1 时刻计数器所需时间即为输入交流电压信号的周期值 T，根据 $f = 1/T$，单片机计算出频率 f 值。对 f 值进行中值滤波，再与正常监视频率、闭锁频率和整定跳闸输出频率进行比较；与此同时，由单片机计算出 df/dt 值，与 df/dt 闭锁整定值和 df/dt 跳闸输出整定值进行比较。以上比较结果由单片机通过输出控制电路发出控制信号和显示信号。

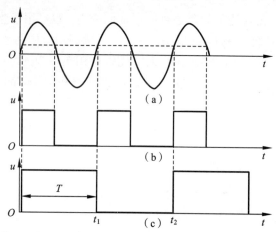

（a）交流信号正弦波形图；（b）交流信号方波波形图；（c）中断信号方波波形图.

图 4-20　测量输入电路波形图

输入交流电压的另一路至低电压闭锁电路。当输入电压小于低电压整定值时，低电压闭锁电路输出"0"电平，使单片机 $P_{3,4}$ 口置"0"，同时使输出控制电路输出端呈高阻状态，自动闭锁出口跳闸继电器，并发出低电压闭锁信号。

输入交流电流 i 经电流互感器隔离，其二次侧接入低电流闭锁电路，该电路由运算放大器电路和门电路组成，根据需要可实现各跳闸输出级的分别闭锁。

【思政故事·人物】

百年京张铁路，见证民族复兴征程

从时速 35 km 到 350 km，百年京张铁路不仅记载了中国铁路的变迁史，更是演绎出一部近代中华民族的伟大复兴史。

百年京张，变的是建设工艺，不变的是必胜决心。修建京张铁路时，面对距离长、岩层厚的八达岭隧道，詹天佑采用了先从山顶往下打两口竖井，再分别向两头开凿的中部凿井法；而如今，我们不仅研发出"长城号"全液压可调式超大断面衬砌台车等大型设备，还掌握了品字形开挖、精准微损伤控制爆破等独特的施工方法，建设出最大埋深 102 米的八达岭长城站，为世人瞩目。

百年京张，变的是旅客体验，不变的是智慧创新。青龙桥附近的坡度特别大，火车怎么才能爬上这样的陡坡呢？詹天佑顺着山势设计出巧妙的"人"字形折返线，北上的列车到了南口就用两个火车头，一个在前边拉，一个在后边推，成为中国铁路史上的一个创举；而如今，集优越空气动力学性能和漂亮外观的智能动车组在 350 公里的时速下，以北斗卫星导航系统、自动控制技术对列车全程运行进行控制，开出了一列列安全、节能、高效的自动驾驶列车，这在世界范围内尚属首次。

百年京张，变的是国家实力，不变的是拼搏斗志。百年前的中国积贫积弱，在外国人"能在南口以北修筑铁路的中国工程师还没有出世呢"的轻蔑嘲笑中，詹天佑亲自带着学生和工人，扛着标杆，背着经纬仪，在峭壁上定点、测绘；而如今，中国高铁名片早已享誉世界。我们不断突破外国技术壁垒，大数据、物联网、人工智能等前沿技术在京张高铁的动车组上交叉运用，使京张高铁的设计、建设、运营过程，成为了一个融合现代最先进技术的集合体。

一百多年前，孙中山先生公布了他的《实业计划》，憧憬能实现"人能尽其才，地能尽其利，物能尽其用，货能畅其流"的大国盛景。而今我们印发了《新时代交通强国铁路先行规划纲要》，明确提出了中国铁路 2035 年、2050 年的发展目标和主要任务。跨越百年的两部规划交相辉映，共同见证了中国铁路由弱到强，从追赶到超越的巨变。

如今，我们的智能化高速铁路建设和发展在世界遥遥领先，我们的祖国日益繁荣昌盛。我们更应该胸怀创新意识和进取精神，更好的担当起交通强国铁路先行的历史使命，在大变局与新时代的相互激荡中实现新作为。

课题五　综合自动化装置预防性试验

课题五课件

【学前导读】

本课题主要介绍了综合自动化装置实验前的准备工作,变压器保护相关预防性试验项目,馈线保护相关预防性试验项目以及自动装置相关的预防性试验项目等内容。

【学习目标】

1. 知识目标

(1)读懂主变保护屏和馈线保护屏的图纸。

(2)掌握保护或自动装置动作的触发条件。

(3)掌握保护或自动装置的工作原理。

2. 能力目标

(1)能够熟练操作继电保护测试仪。

(2)能够熟练地在保护屏上进行定值查看和压板投退。

(3)能够正确地将电流、电压试验量加至保护装置。

3. 素质目标

(1)培养学生团队协作意识和集体荣誉感。

(2)培养学生精益求精的钻研精神和吃苦耐劳的良好品质。

(3)通过预防性试验养成安全、规范的操作意识。

内容一　保护装置试验前检查

一、通电前检查

(1)检查保护装置外观是否有损坏。

(2)检查各插件中元器件是否有松动、脱落、损坏。

(3)检查各插件插拔接触是否可靠。

(4)检查液晶显示屏电缆连接是否可靠。

(5)检查盘内二次接线与设计图纸是否相符、是否松动。

二、装置通电检查

(1)装置带电后不允许插拔插件。

（2）装置无故障显示，无通信异常报警，此时装置处于正常工作状态，方可按下列步骤进行检验。

三、保护定值检查

（1）将供电段下发的保护定值导入综合自动化保护装置。

（2）检查各种保护投退、软硬压板、控制字等是否正确无误。

（3）检查通道系数、微调系数是否正确（输入到装置的各交流量通道系数出厂时已调配好，现场无须再整定）。

四、电压电流回路检查

（1）将电压 100 V 接入装置，所施加的电压值与装置的液晶显示值误差满足技术指标要求。

（2）将电流 5（1）A 接入装置，所施加的电流值与装置的液晶显示值误差满足技术指标要求。

五、误差范围

部分保护装置厂家误差范围如表 5-1 所示。

表 5-1　保护装置误差范围

保护名称	交大许继	北京国控	天津凯发	国电南自	国电南瑞
主变保护					
差动电流	±5%	±5%	±3%	±2%	<2.5%或 $0.01I_n$ 中较大者
过流	±2.5%	±2.5%	±3%	±2%	<2.5%或 $0.01I_n$ 中较大者
过流时限	±2.5%	不超过 40 ms	小于 1 s 时不大于 15 ms；1～80 s 时不大于 1.5%	不超过 30 ms	<时间定值×1%＋35 ms
失压及低电压	±2.5%	±2.5%	±3%	±2%	<2.5%或 0.10 V 中较大者
失压时限	±2.5%	不超过 40 ms	小于 1 s 时不大于 15 ms；1～80 s 时不大于 1.5%	±2%	<时间定值×1%＋35 ms
零序过流	±2.5%	±2.5%	±3%	±2%	<2.5%或 $0.01I_n$ 中较大者
零序过流时限	±2.5%	不超过 40 ms	小于 1 s 时不大于 15 ms；1～80 s 时不大于 1.5%	±2%	<时间定值×1%＋35 ms
馈线保护					
过流、速断	±2.5%	±2.5%	±3%	±2%	<2.5%或 $0.01I_n$ 中较大者
过流、速断时限	±2.5%	不超过 40 ms	小于 1 s 时不大于 15 ms；1～80 s 时不大于 1.5%	±2%	<时间定值×1%＋35 ms
电流增量	±7.5%	±7.5%		±2%	<2.5%或 $0.01I_n$ 中较大者

保护名称		交大许继	北京国控	天津凯发	国电南自	国电南瑞
馈线保护						
电流增量时限		±2.5%	不超过 40 ms	小于 1 s 时不大于 15 ms；1～80 s 时不大于 1.5%	±2%	<时间定值×1%＋35 ms
阻抗	在额定电流、线路阻抗角及精确工作电压下	±5%	±2.5%	±3%	±2%	±2.5%
	0.1～0.5 Ω	±10%	/	/		
阻抗时限	在 0.7 倍整定值下		不超过 30 ms	不超过 40 ms	±2%	不超过 30 ms
	在 0.9 倍整定值下	±2.5%	不超过 40 ms	小于 1 s 时不大于 15 ms；1～80 s 时不大于 1.5%	±2%	
并电容保护						
过流		±2.5%	±2.5%	±2.5%	±2%	<2.5%或 0.10A 中较大者
过流时限		±2.5%	±40 ms	小于 1 s 时不大于 15 ms；1～80 s 时不大于 1.5%	±2%	<时间定值×1%＋35 ms
高次谐波过流		±2.5%	±2.5%	±5%	±2%	<2.5%或 0.10A 中较大者
高次谐波过流时限		±2.5%	±1%或 ±40 ms	小于 1 s 时不大于 15 ms；1～80 s 时不大于 1.5%	±2%	<时间定值×1%＋35 ms
差压		±2.5%	±2.5%	±3%	±2%	<2.5%或 0.10V 中较大者
差压时限		±2.5%	±40 ms	小于 1 s 时不大于 15 ms；1～80 s 时不大于 1.5%	±2%	<时间定值×1%＋35 ms
低压、过压		±2.5%	±2.5%	±3%	±2%	<2.5%或 0.10V 中较大者
低压、过压时限		±2.5%	±40 ms	小于 1 s 时不大于 15 ms；1～80 s 时不大于 1.5%	±2%	<时间定值×1%＋35 ms

内容二　变压器保护预防性试验项目

一、差动速断保护预防性试验

1. 任务描述

借助继电保护测试仪，在高速铁路牵引变电所保护测控装置上，完成主变压器 A 相、B 相、C 相、α 相、β 相差动速断预防性保护试验项目。要求同学们能够熟练掌握主变压器差动速断保护预防性试验项目、方法及标准，同时培养学生在主变压器差动速断预防性试验中发现问题、处理问题的能力。

2. 任务分析

1）准备工器具分析

进行主变压器差动速断保护预防性试验项目，需要准备继电保护测试仪一台及操作说明书一本；主变压器保护测控屏图纸数册；电流试验线、电压试验线、接地试验线及若干线夹；万用表；由于要进行标准化作业，在进行试验操作前要穿戴好绝缘鞋、绝缘手套等保护用品。

2）试验过程分析

主变压器差动速断保护试验，至少需要 3 人配合完成，试验前做好小组成员分工，试验过程中做到有人操作、有人监护，试验完成后做好试验数据记录并进行误差计算，做好工器具及试验设备的恢复工作。

3）主要的技术难点

主变压器保护测控屏的结构及接线复杂，开始试验的前提条件是试验人员能够将测控屏原理图与测控屏端子图熟练对应。

注：后面预防性试验的任务分析与此类似。

3. 知识链接

1）基本原理

差动保护动作特性分为两段，即差动速断动作区和比率差动动作区。差动保护动作特性如图 5-1 所示，图中 $I_{DIFF\gg}$ 为差动速断整定值，$I_{DIFF>}$ 为比率差动整定值，I_1、I_2 为制动电流整定值，K_{res1}、K_{res2} 为斜率。

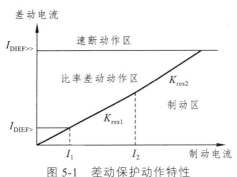

图 5-1 差动保护动作特性

2）按照差动保护接线和电流平衡关系，差动保护软件实时计算变压器各相的差动电流和制动电流，并按照变压器差动速断动作特性来判断每一相差动保护是否应该动作。任一相比率差动保护或差动速断保护动作，都应该跳开变压器两侧断路器。差动速断保护原理框图如图 5-2 所示。

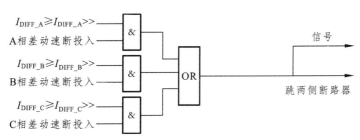

图 5-2 差动速断保护原理框图

在图 5-2 中，I_{DIFF_A}>>、I_{DIFF_B}>>、I_{DIFF_C}>>分别为 A、B、C 三相差动速断保护整定值，I_{DIFF_A}、I_{DIFF_B}、I_{DIFF_c} 分别为 A、B、C 三相差动电流。

3）本试验是基于许继集团公司的主变压器保护测控屏及其图纸进行的预防性试验项目，主变压器测控屏上交流电流回路中差动保护回路接线图如图 5-3 所示。

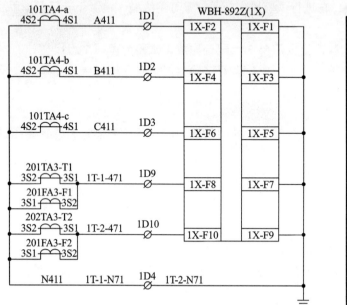

图 5-3　差动保护回路图

4. 工作实施

1）明确试验标准

试验内容：牵引变电所主变压器 A 相、B 相、C 相、α 相、β 相差动速断保护试验。

整定范围及步长：电流整定值为 $0.1I_n \sim 40I_n$，整定步长为 0.01 A。

动作误差：动作电流值误差不超过 ±2.5%。

动作时间：1.2 倍整定值时，动作时间不大于 35 ms。

主变压器 A 相差动速断保护试验（上）

主变压器 A 相差动速断保护试验（下）

2）试验准备

试验前需要准备继电保护测试仪及说明书、电源线、电流试验线、电压试验线、开关量试验线、线夹等，如图 5-4 所示。

3）保护装置参数核对

进行主变压器差动速断保护试验前，要在后台 TA21 监控系统或主变保护测控屏上查看相应相的差动速断保护定值，本装置 A 相、B 相、C 相差动速断保护的保护定值为 5.00 A，如表 5-2 所示。

NC706 六相微机继电保护测试仪

使
用
说
明
书

武汉诺仕华科技有限公司

说明书

电流试验线

电压试验线

电源线

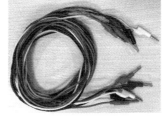

开关量试验线

线夹

图 5-4　准备材料

表 5-2　差动速断保护定值参数

序号	定值说明	定值	单位	最小值	最大值
1	差动速断|A 相差动速断	5.00	A	0.01	200.00
2	差动速断|B 相差动速断	5.00	A	0.01	200.00
3	差动速断|C 相差动速断	5.00	A	0.01	200.00

4）试验接线

试验接线时需要用到继电保护测试仪的电流输出端子和开关量输入端子，将继电保护测试仪电流输出端子的 IA、IB、IC、Ia、Ib 电流端子与差动保护 A、B、C、α、β 相对应的端子 1D1、1D2、1D3、1D9、1D10 用电流试验线进行连接，将继电保护测试仪上的 IN、In 端子与差动保护 N 相端子 1D4 用开关量试验线进行连接。同时还需要将继电保护测试仪开关量模块上的+KM 端子与控制回路中的 5D1 端子用开关量试验线进行连接，将 A 相端子与 101 断路器控制回路中保护出口连片 1TLP 的 1 端口用开关量试验线进行连接，具体连接情况如图 5-5、图 5-6 所示。

5）投入保护压板

试验线连接无误后，要在 TA21 监控系统或保护测控屏本体上投入相应相的差动速断保护压板，投退情况如图 5-7 所示。注：分相进行差动速断保护预防性试验，做哪一项试验，投入相应相的压板。

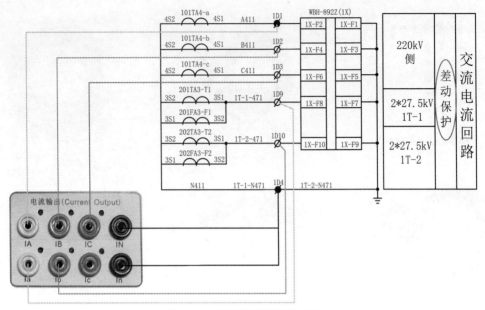

图 5-5 电流端子试验接线图

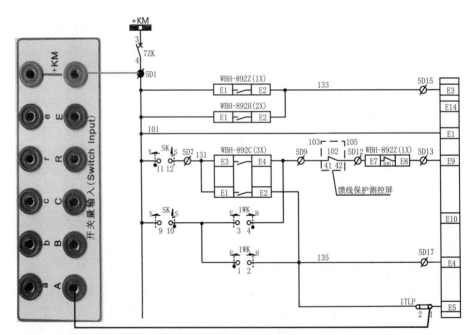

图 5-6 开关量端子试验接线图

50	保护压板 I A相差动速断	投入
51	保护压板 I B相差动速断	退出
52	保护压板 I C相差动速断	退出
53	保护压板 I A相比率差动	退出
54	保护压板 I B相比率差动	退出
55	保护压板 I C相比率差动	退出

图 5-7 投入 A 相差动速断保护压板

6）进行试验操作

检查接线和压板投入无误后即可进行试验操作。试验时先在继电保护测试仪上将 A 相电流设置为低于 5 A 的一个值（本次试验 A 相电流初始值设置为 4.5 A）。启动继电保护测试仪手动逐渐增加 A 相电流值，直到测控保护装置上对应的断路器跳闸事故白灯亮起即停止增加电流，此时的电流值 4.99 A 即为 A 相差动速断保护动作电流值。保护装置动作情况如图 5-8 所示，其他相试验按照相同步骤依次进行。

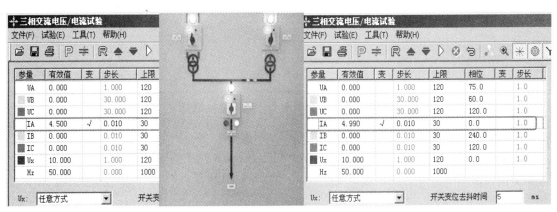

图 5-8　A 相差动速断保护试验结果

7）查看故障报告

试验完成后，在 TA21 监控系统上查看对应的故障报告信息，如图 5-9 所示。

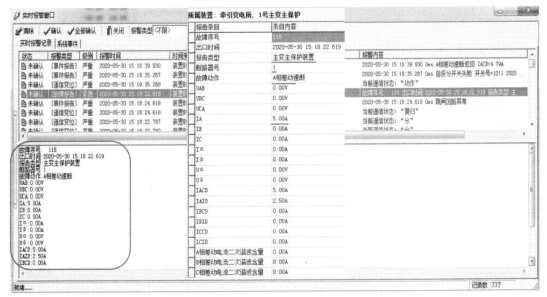

图 5-9　A 相差动速断保护试验故障报告信息

8）记录电流试验数据并计算误差

将主变压器 A、B、C、α、β 相差动速断保护预防性试验电流值结果记录在表 5-3 中，并判断试验结果是否在要求范围内。

表 5-3　主变压器各相差动速断保护动作电流值

保护	相别	单位	测试项目			
			整定电流值	实测电流值	误差	是/否在要求范围内
差动速断保护	A	A				
	B	A				
	C	A				
	α	A				
	β	A				

注：本预防性试验的实测值统一采用继电保护测试仪上的数值。

9）动作时间试验

将 A 相电流设置为 1.2 倍的整定值即 6 A，启动继电保护测试仪，待保护装置动作后，在继电保护测试仪上查看保护装置动作时间，如图 5-10 所示。

图 5-10　A 相差动速断保护动作时间

10）记录时间试验数据并计算误差

将主变压器 A、B、C、α、β 相差动速断保护预防性试验动作时间值记录在表 5-4 中，并判断是否在要求范围内。

表 5-4 主变压器各相差动速断保护动作时间值

测试项目						
保护	相别	单位	整定时间值	实测时间值	误差	是/否在要求范围内
差动速断保护	A	s				
	B	s				
	C	s				
	α	s				
	β	s				

注：本预防性试验的实测值统一采用继电保护测试仪上的数值。

12) 设备复归

关闭继电保护测试仪，拆除电流试验线、开关量试验线，恢复压板状态，整理工器具并归位。

二、比率差动保护预防性试验

1. 任务描述

借助于继电保护测试仪在高速铁路牵引变电所保护测控装置上，完成主变压器 A 相、B 相、C 相、α 相、β 相比率差动保护预防性试验项目。要求同学们能够熟练掌握主变压器比率差动保护预防性试验项目、方法及标准，同时培养学生在主变压器比率差动预防性试验中发现问题、处理问题的能力。

2. 知识链接

基本原理及回路图同"差动速断保护预防性试验"。

3. 工作实施

1) 明确试验标准

试验内容：牵引变电所主变压器 A 相、B 相、C 相、α 相、β 相比率差动保护试验。

整定范围及步长：电流整定值为 $0.1I_n \sim 40I_n$，整定步长为 0.01 A。

制动系数：$0.05 \sim 0.9$，整定步长为 0.01 A。

动作误差：动作电流值误差不超过 ±2.5%。

动作时间：1.2 倍整定值时，动作时间不大于 35 ms。

主变压器 A 相比率差动保护试验（上）

主变压器 A 相比率差动保护试验（下）

2）试验准备

试验前需要准备继电保护测试仪及说明书、电源线、电流试验线、电压试验线、开关量试验线、线夹等，见图5-4。

3）保护装置参数核对

进行主变压器比率差动保护试验前，要在后台 TA21 监控系统或主变保护测控屏上查看相应相的比率差动保护定值，本装置 A 相、B 相、C 相比率差动保护的保护定值为 1.00 A，如表 5-5 所示。

表 5-5　比率差动保护定值参数

序号	定值说明	定值	单位	最小值	最大值
1	比率差动|A 相差动	1.00	A	0.01	50.00
2	比率差动|B 相差动	1.00	A	0.01	50.00
3	比率差动|C 相差动	1.00	A	0.01	50.00

4）试验接线

试验线连接同"差动速断保护预防性试验"中的"试验接线"内容，测量动作电流的试验线连接同图5-5，测量动作时间的试验线连接同图5-6。

5）投入保护压板

试验线连接无误后，要在 TA21 监控系统或保护测控屏本体上投入相应相的比率差动保护压板，投退情况如图5-11所示。注：分相进行比率差动保护预防性试验，做哪一相试验，投入相应相的压板。

50	保护压板|A相差动速断	退出
51	保护压板|B相差动速断	退出
52	保护压板|C相差动速断	退出
53	保护压板|A相比率差动	投入
54	保护压板|B相比率差动	退出
55	保护压板|C相比率差动	退出
56	保护压板|温度1告警	退出
57	保护压板|温度2告警	退出

图 5-11　A 相比率差动保护压板投入

6）进行试验操作

检查接线和压板投入无误后即可进行试验操作。试验时先在继电保护测试仪上将 A 相电流设置为低于 1 A 的一个值（本次试验 A 相电流初始值设置为 0.9 A）。启动继电保护测试仪手动逐渐增加 A 相电流值，直到测控保护装置上对应的 101 断路器跳闸事故白灯亮起即停止增加电流，此时的电流值 1 A 即为 A 相比率差动保护动作电流值。保护装置动作情况如图5-12所示，其他相试验按照相同步骤依次进行。

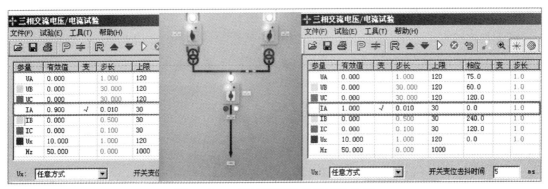

图 5-12　A 相比率差动保护试验结果

7）查看故障报告

试验完成后，在 TA21 监控系统上查看对应的故障报告信息，如图 5-13 所示。

图 5-13　A 相比率差动保护试验故障报告信息

8）记录电流试验数据并计算误差

将主变压器 A、B、C、α、β 相比率差动保护预防性试验电流值结果记录在表 5-6 中，并判断试验结果是否在要求范围内。

表 5-6　主变压器各相比率差动保护动作电流值

测试项目						
保护	相别	单位	整定电流值	实测电流值	误差	是/否在要求范围内
比率差动保护	A	A				
	B	A				
	C	A				
	α	A				
	β	A				

注：本预防性试验的实测值统一采用继电保护测试仪上的数值。

9）动作时间试验

将 A 相电流设置为 1.2 倍的整定值即 1.2 A，启动继电保护测试仪，待保护装置动作后，在继电保护测试仪上查看保护装置动作时间，如图 5-14 所示。

图 5-14　A 相比率差动保护动作时间

10）判断时间试验数据并计算误差

将主变压器 A、B、C、α、β 相比率差动保护预防性试验动作时间值记录在表 5-7 中，并判断动作时间是否在要求范围内。

表 5-7　主变压器各相比率差动保护动作电流值

测试项目						
保护	相别	单位	整定时间值	实测时间值	误差	是/否在要求范围内
比率差动保护	A	s				
	B	s				
	C	s				
	α	s				
	β	s				

注：本预防性试验的实测值统一采用继电保护测试仪上的数值。

11）设备复归

关闭继电保护测试仪，拆除电流试验线、开关量试验线，恢复压板状态，整理工器具并归位。

三、主变压器比率差动二次谐波闭锁预防性试验

1. 任务描述

借助继电保护测试仪，在高速铁路牵引变电所保护测控装置上，完成主变压器 A 相、B 相、C 相、α 相、β 相二次谐波闭锁的比率差动保护预防性试验项目。要求同学们能够熟练掌握主变压器比率差动二次谐波闭锁预防性试验项目、方法及标准，同时培养学生在主变压器比率差动二次谐波闭锁预防性试验中发现问题、处理问题的能力。

2. 知识链接

1）基本原理

差动保护原理同差动速断保护原理。

2）二次谐波闭锁原理

$$\begin{cases} I_{\text{DIFF\_A2}} \geqslant K_2 \times I_{\text{DIFF\_A}} \\ I_{\text{DIFF\_B2}} \geqslant K_2 \times I_{\text{DIFF\_B}} \\ I_{\text{DIFF\_C2}} \geqslant K_2 \times I_{\text{DIFF\_C}} \end{cases} \qquad (5\text{-}1)$$

式（5-1）中，K_2 为 2 次谐波含量整定值，$I_{\text{DIFF\_A2}}$、$I_{\text{DIFF\_B2}}$、$I_{\text{DIFF\_C2}}$ 分别为 A、B、C 三相差动电流中的 2 次谐波电流，$I_{\text{DIFF\_A}}$、$I_{\text{DIFF\_B}}$、$I_{\text{DIFF\_C}}$ 分别为 A、B、C 三相差动电流中的基波电流。根据选定的闭锁逻辑判断是否闭锁保护。

3）按照差动保护接线和电流平衡关系，差动保护软件实时计算变压器各相的差动电流和制动电流，并按照变压器比率差动动作特性来判断每一相差动保护是否应该动作。任一相比率差动保护或差动速断保护动作，都应该跳开变压器两侧断路器。二次谐波闭锁的比率差动保护原理框图如图 5-15 所示。

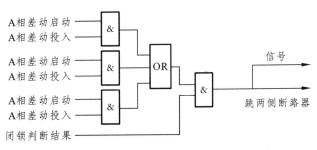

图 5-15 二次谐波闭锁的比率差动保护原理框图

4）本试验是基于许继集团公司的主变压器保护测控屏及其图纸进行的预防性试验项目，主变压器测控屏上交流电流回路中差动保护回路接线见图 5-3。

3. 工作实施

1）明确试验标准

试验内容：牵引变电所主变压器比率差动二次谐波闭锁试验。

整定范围及步长：2 次谐波含量整定值为 0.05～0.9，整定步长为 0.01。

动作误差：动作值误差不超过 ±0.02。

主变压器 A 相比率差动二次谐波闭锁试验（上）　　主变压器 A 相比率差动二次谐波闭锁试验（下）

2）试验准备

试验前需要准备继电保护测试仪及说明书、电源线、电流试验线、电压试验线、开关量试验线、线夹等，见图 5-4。

3）保护装置参数核对

进行主变压器比率差动二次谐波闭锁试验前，要在后台 TA21 监控系统或主变保护测控屏上查看相应相的比率差动保护定值，本次试验比率差动保护的保护定值为 1.00 A，比率差动保护定值参数见表 5-5。

4）试验接线

试验线连接同比率差动保护预防性试验中的电流试验接线内容，测量动作电流的试验线连接同图 5-5。

5）投入保护压板

试验线连接无误后，要在 TA21 监控系统或保护测控屏本体上投入相应相的比率差动保护压板，投退情况见图 5-11，闭锁方式及二次谐波含量如图 5-16 所示。

22	闭锁方式 | 闭锁方式	二次谐波闭锁
23	闭锁逻辑 | 闭锁逻辑	或
24	2次谐波闭锁 | 2次谐波含量	0.15
25	波形对称闭锁 | 波形对称度	0.60

图 5-16　闭锁方式及二次谐波含量

6）进行试验操作

检查接线和压板投入无误后即可进行试验操作。试验时先在继电保护测试仪上进入谐波试验的试验参数界面，波形设置为二次谐波，幅值步长设置为 1.00%，谐波表示方法选择波形百分比表示。然后进入试验项目界面，选择对应的 IA 选相，将基波电流设置为 1 A、二次谐波初始值设置为 20%，启动继电保护测试仪手动降低二次谐波含量，直到测控保护装置上对应的 101 断路器跳闸事故白灯亮起即停止降低二次谐波含量，此时的二次谐波含量 14%，低于二次谐波含量整定值 15%。说明在电流已经达到电流整定值但二次谐波含量大于 15% 时，二次谐波闭锁了比率差动保护，只有二次谐波含量不大于 15% 时比例差动保护才会被启动。保护装置动作情况如图 5-17 所示，其他相试验按照相同步骤依次进行。

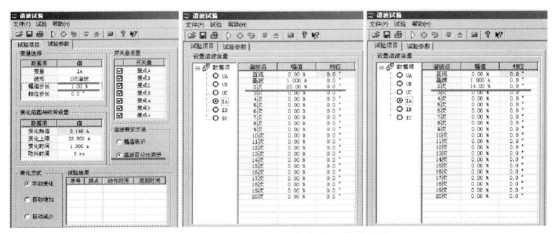

图 5-17　A 相比率差动二次谐波闭锁试验结果

7）查看故障报告

试验完成后，在 TA21 监控系统上查看对应的故障报告信息，如图 5-18 所示。

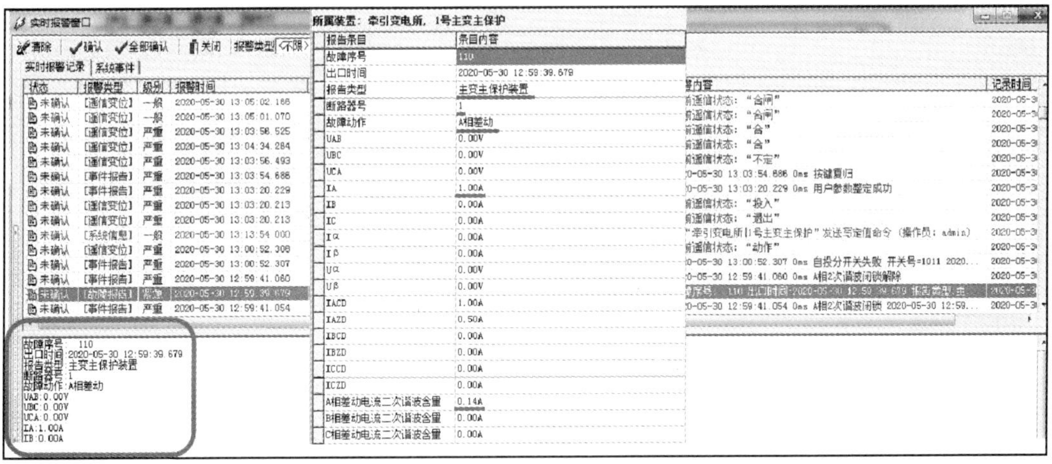

图 5-18　A 相比率差动二次谐波闭锁试验故障报告信息

8）记录试验数据并计算误差

将主变压器 A、B、C、α、β 相二次谐波闭锁的比率差动保护预防性试验结果记录在表 5-8 中，并判断试验结果是否在要求范围内。

表 5-8　主变压器各相二次谐波闭锁的比率差动保护动作电流值

测试项目						
保护	相别	单位	整定值	实测值	误差	是/否在要求范围内
二次谐波闭锁的比率差动保护	A	%				
	B	%				
	C	%				
	α	%				
	β	%				

注：本预防性试验的实测值统一采用继电保护测试仪上的数值。

9）设备复归

关闭继电保护测试仪，拆除电压试验线、电流试验线、开关量试验线，将保护压板恢复闭合状态，所有工器具恢复到原来位置。

四、低电压启动三相过电流保护预防性试验

1. 任务描述

借助于继电保护测试仪，在高速铁路牵引变电所保护测控装置上，完成主变压器低电压启动高压侧三相过电流保护预防性试验项目。要求同学们能够熟练掌握主变压器低电压启动三相过电流保护预防性试验项目、方法及标准，同时培养学生在主变压器低电压启动三相过电流保护预防性试验中发现问题、处理问题的能力。

2. 知识链接

1）基本原理

高压侧过电流保护分 A、B、C 三相，每一相可独立整定，高压侧 A 相过电流保护原理框图如图 5-19 所示。

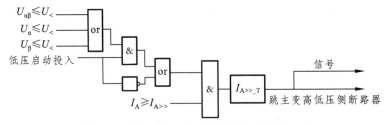

图 5-19　高压侧 A 相过电流保护原理框图

在图 5-19 中，U_α、U_β、$U_{\alpha\beta}$ 分别为主变低压侧 α 相、β 相和 $\alpha\beta$ 相间电压，I_A 为主变高压侧 A 相电流；$U_<$ 为低压启动整定值，$I_{A\gg}$ 为高压侧 A 相过电流整定值，$I_{A\gg\_T}$ 为高压侧 A 相过电流保护时限整定值。当变压器类型整定为"单相变压器"时，图 5-19 中的低压启动判据中只判断 α 相电压。

当低压启动投入时，若低压侧某相断路器为分位，则不对此相电压和相间电压进行判断。

2）本试验是基于许继集团公司的主变压器保护测控屏及其图纸进行的预防性试验项目，主变压器测控屏上交流电流回路中后备保护电流回路接线图如图 5-20 所示，低压侧交流电压回路如图 5-21 所示。

3. 工作实施

1）明确试验标准

试验内容：牵引变电所主变压器低电压启动三相过电流保护试验。

整定范围及步长：电流整定值为 $0.1I_n \sim 40I_n$，整定步长为 0.01 A。时限整定值为 $0 \sim 60\,000$ ms，整定步长为 1 ms。

动作误差：动作电流值误差不超过 $\pm 2.5\%$。

动作时间：1.2 倍整定值时，误差不超过 $\pm 2\%$整定值或 ± 40 ms。

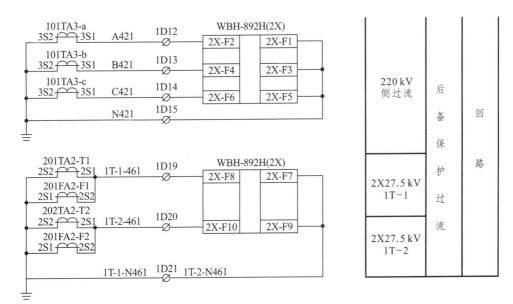

图 5-20　后备保护过流回路接线图

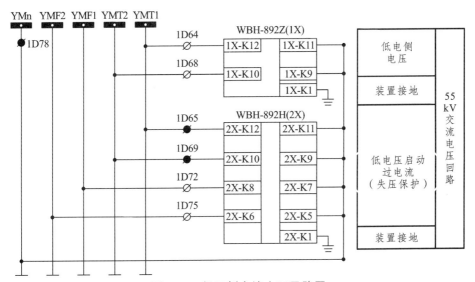

图 5-21　低压侧交流电压回路图

低压测启动 A 相过流保护试验（上）

低压测启动 A 相过流保护试验（下）

2）试验准备

试验前需要准备继电保护测试仪及说明书、电源线、电流试验线、电压试验线、开关量试验线、线夹等，见图 5-4。

3）保护装置参数核对

进行主变压器低电压启动过电流保护试验前，要在后台 TA21 监控系统或主变保护测控屏上查看高压侧过电流保护的电流整定值、时限整定值、低压启动元件的电压整定值，本次试验各相过电流保护的保护定值为 1.00 A、动作时限为 1 200 ms、低压侧电压整定值为 80 V，如表 5-9 所示。

表 5-9　低电压启动过电流保护定值参数

序号	定值说明	定值	单位	最上值	最大值
1	高压侧 A 相过电流|电流值	1.00	A	0.01	200.00
2	高压侧 A 相过电流|时限	1 200	ms	0	60 000
3	高压侧 B 相过电流|电流值	1.00	A	0.01	200.00
4	高压侧 B 相过电流|时限	1 200	ms	0	60 000
5	高压侧 C 相过电流|电流值	1.00	A	0.01	50.00
6	高压侧 C 相过电流|时限	1 200	ms	0	60 000
7	低压启动元件（U_α，U_β）|电压值	80.00	V	10.00	100.00
8	低压启动元件（$U_{\alpha\beta}$）|电压值	40.00	V	5.00	60 000

4）试验接线

　　试验接线时需要用到两根电流试验线、三根电压试验线以及两根开关量试验线，将继电保护测试仪上的 IA 电流端子与过流保护 A 相端子 1D12 进行连接，将继电保护测试仪上的 IN 相端子与过流保护 N 相端子 1D15 进行连接；将继电保护测试仪上的 UA、UB、UN 三个端子分别与低压侧交流电压回路中的 1D65、1D69 以及 1D78 端子进行连接；同时还需要将继电保护测试仪开关量模块上的 +KM 端子与控制回路中的 5D1 端子进行连接，将 A 相端子与 101 断路器控制回路中保护出口连片 1TLP 的 1 端口进行连接，具体连接情况如图 5-22（a）、图 5-22（b）和图 5-6 所示。

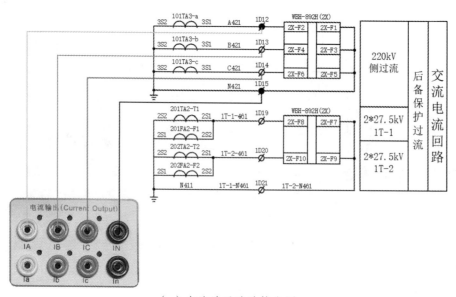

（a）电流端子试验接线图

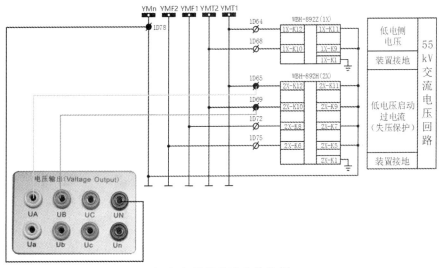

（b）电压端子试验接线图

图 5-22　试验接线图

5）投入保护压板

试验线连接无误后，要在 TA21 监控系统或保护测控屏本体上投入相应相的过电流保护压板和过电流低压启动压板，投退情况如图 5-23（a）、5-23（b）所示。

97	保护压板|高压侧A相过电流	投入
98	保护压板|高压侧B相过电流	退出
99	保护压板|高压侧C相过电流	退出
100	保护压板|低压侧α相过电流	退出
101	保护压板|低压侧β相过电流	退出
102	保护压板|高压侧A相过负荷Ⅰ段	退出

110	保护压板|低压侧α相过电压	退出
111	保护压板|低压侧β相过电压	退出
112	保护压板|过电流低压启动(Uα, Uβ)	投入
113	保护压板|高压侧PT断线	退出
114	保护压板|低压侧PT断线	退出
115	保护压板|过电流定值放大	退出
116	保护压板|过电流低压启动(Uαβ)	退出

（a）过电流保护压板投入　　（b）过电流低压启动保护压板投入

图 5-23　投入保护压板

6）进行过电流试验操作

检查接线和压板投入无误后即可进行过电流试验操作，试验时先在继电保护测试仪上将 A 相电流设置为低于 1 A 的一个值（本次试验 A 相电流初始值设置为 0.9 A）。启动继电保护测试仪，手动逐渐增加 A 相电流值，直到测控保护装置上对应的 101 断路器跳闸事故白灯亮起即停止增加电流，此时的电流值 1 A 即为 A 相过电流保护动作电流值。保护装置动作情况如图 5-24 所示，其他相试验按照相同步骤依次进行。

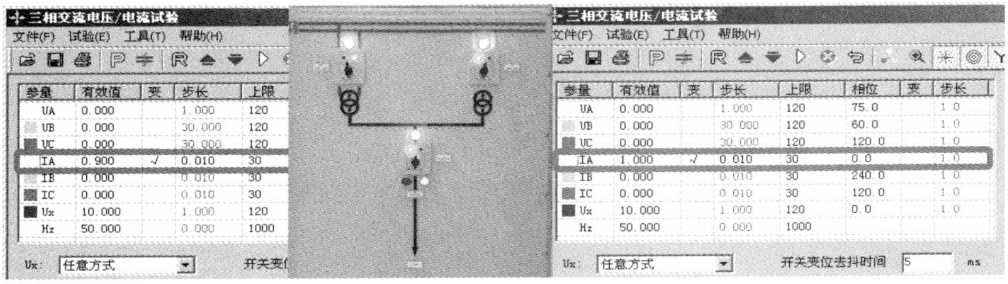

图 5-24　A 相过电流保护试验结果

7）查看故障报告

试验完成后，在 TA21 监控系统上查看对应的故障报告信息，如图 5-25 所示。

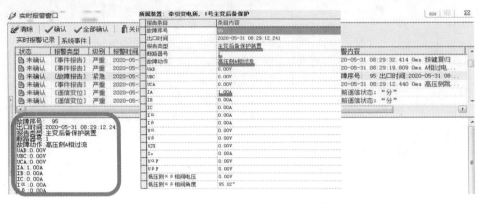

图 5-25　高压侧 A 相过电流保护试验故障报告信息

8）记录过电流试验数据并计算误差

将主变压器 A、B、C 相过电流保护预防性试验结果填写在表 5-10 中。

表 5-10　主变压器各相过电流保护动作电流值

测试项目						
保护	相别	单位	电流整定值	电流实测值	误差	是/否在要求范围内
过电流保护	A	A				
	B	A				
	C	A				

注：本预防性试验的实测值统一采用继电保护测试仪上的数值。

9）进行低电压启动过电流保护试验

将 A 相电流设置为 1.2 倍的电流整定值即 1.2 A，低压侧 α 相、β 相电压初始值设置为 85 V，启动继电保护测试仪，手动逐渐降低 α 相、β 相电压，直到测控保护装置上对应的 101 断路器跳闸事故白灯亮起即停止降低电压，此时的电压值 79 V 即为低压侧启动电压值，可见启动电压低于电压整定值 80 V。保护装置动作情况如图 5-26 所示，其他相试验按照相同步骤依次进行。

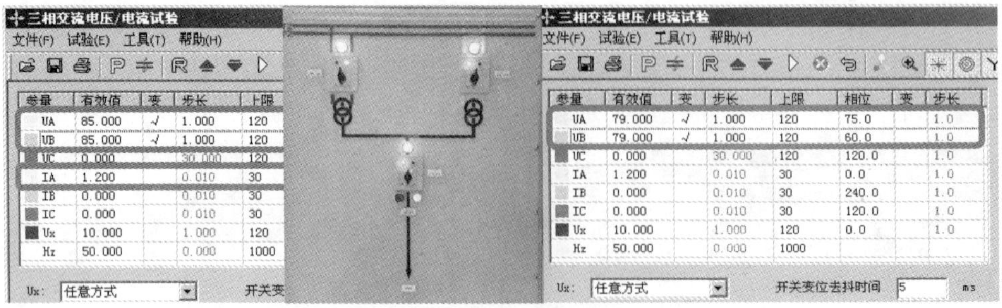

图 5-26　低电压启动 A 相过电流保护试验结果

10）查看故障报告

试验完成后，在 TA21 监控系统上查看对应的故障报告信息，如图 5-27 所示。

图 5-27 低压侧启动 A 相过电流保护故障报告信息

11）记录试验数据并计算误差

将主变压器 A、B、C 相的低电压启动值填写在表 5-11 中。

表 5-11 主变压器低电压启动值

测试项目						
保护	相别	单位	电压整定值	电压实测值	误差	是/否在要求范围内
低电压启动	A	V				
	B	V				
	C	V				

注：本预防性试验的实测值统一采用继电保护测试仪上的数值。

12）动作时限试验

将 A 相电流设置为 1.2 A，低压侧 α 相、β 相电压设置为 0 V，启动继电保护测试仪，待保护装置动作后，在继电保护测试仪上查看保护装置动作时间，如图 5-28 所示。

图 5-28 低电压启动 A 相过电流保护动作时间

13）记录数据并计算误差

将主变压器 A、B、C 相低电压启动三相过电流保护预防性试验动作时间值记录在表 5-12 中，并判断是否在要求范围内。

表 5-12　主变压器低电压启动过电流保护动作时间值

保护	相别	单位	测试项目			
			时间整定值	时间实测值	误差	是/否在要求范围内
低电压启	A	s				
动三相过	B	s				
电流保护	C	s				

注：本预防性试验的实测值统一采用继电保护测试仪上的数值。

14）设备复归

关闭继电保护测试仪，拆除电压试验线、电流试验线、开关量试验线，恢复压板状态，整理工器具并归位。

五、低电压启动单相过电流保护预防性试验

1. 任务描述

借助于继电保护测试仪，在高速铁路牵引变电所保护测控装置上，完成主变压器低电压启动 α 相、β 相过电流保护预防性试验项目。要求同学们能够熟练掌握主变压器低电压启动单相过电流保护预防性试验项目、方法及标准，同时培养学生在主变压器低电压启动单相过电流保护预防性试验中发现问题、处理问题的能力。

2. 知识链接

1）基本原理

低压侧 α 相过电流保护原理框图如图 5-29 所示。

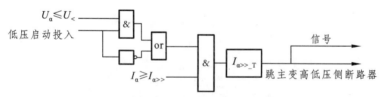

图 5-29　低压侧 α 相过电流保护原理框图

在图 5-29 中，U_α 为主变低压侧 α 相电压，I_α 为主变低压侧 α 相电流；$U_<$ 为低压启动整定值，$I_{\alpha\gg}$ 为低压侧 α 相过电流整定值，$I_{\alpha\gg\_T}$ 为低压侧 α 相过电流保护时限整定值。当主变低压侧为隔离开关时，则跳高压侧断路器。

2）本试验是基于许继集团公司的主变压器保护测控屏及其图纸进行的预防性试验项目，主变压器测控屏上交流电流回路中后备保护电流回路接线图见图 5-20，低压侧交流电压回路见图 5-21。

3．工作实施

1）明确试验标准

试验内容：牵引变电所主变压器低电压启动 α 相、β 相过电流保护试验。

整定范围及步长：电流整定值为 $0.1I_n \sim 40I_n$，整定步长为 0.01 A；时限整定值为 0 ~ 60 000 ms，整定步长为 1 ms。

动作误差：动作电流值误差不超过 ±2.5%。

动作时间：1.2 倍整定值时，误差不超过 ±2%整定值或 ±40 ms。

低电压启动α相过流保护试验（上）　　　　低电压启动α相过流保护试验（下）

2）试验准备

试验前需要准备继电保护测试仪及说明书、电源线、电流试验线、电压试验线、开关量试验线、线夹等，见图 5-4。

3）保护装置参数核对

进行主变压器低电压启动 α 相过电流保护试验前，要在后台机上查看低压侧 α 相、β 相过电流保护的电流整定值、时限整定值、低压启动元件的电压整定值，本次试验 α 相、β 相过电流保护的保护定值为 1.00 A、动作时限为 900 ms、低压侧电压整定值为 80 V。低电压启动 α 相、β 相过电流保护定值参数如表 5-13 所示。

表 5-13　低电压启动单相过电流保护定值参数

序 号	定 值 说 明	定 值	单 位	最 上 值	最 大 值
1	高压侧 C 相过电流|电流值	1.00	A	0.01	200.00
2	高压侧 C 相过电流|时限	1 200	ms	0	60 000
3	高压侧α相过电流|电流值	1.00	A	0.01	200.00
4	高压侧α相过电流|时限	900	ms	0	60 000
5	高压侧β相过电流|电流值	1.00	A	0.01	50.00
6	高压侧β相过电流|时限	900	ms	0	60 000
7	低压启动元件（U_α, U_β）|电压值	80.00	V	10.00	100.00
8	低压启动元件（$U_{\alpha\beta}$）|电压值	40.00	V	5.00	60 000

4）试验接线

试验接线时需要用到电流试验线、电压试验线以及开关量试验线。将继电保护测试仪上的 IA、IB 电流端子与过流保护 α 相、β 相端子 1D19、1D20 进行连接，将继电保护测试仪上的 IN 相端子与过流保护 N 相端子 1D21 进行连接；将继电保护测试仪上的 UA、UB、UN 三个端子分别与低压侧交流电压回路中的 1D65、1D69 以及 1D78 端子进行连接；同时还需要将继电保护测试仪开关量模块上的+KM 端子与控制回路中的 5D1 端子进行连接，将 A 相端子与101断路器控制回路中保护出口连片1TLP的1端口进行连接,具体连接情况如图5-30、图5-22(b)和图5-6所示。

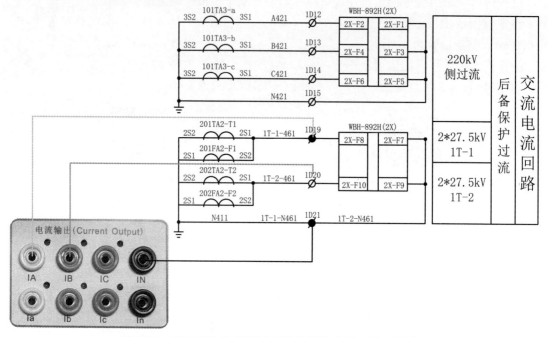

图5-30 低电压启动单相过电流保护电流端子试验接线图

5)投入保护压板

试验线连接无误后,要在TA21监控系统或保护测控屏本体上投入低电压启动相应相的过电流保护压板,投退情况如图5-31、图5-23(b)所示。

97	保护压板|高压侧A相过电流	退出
98	保护压板|高压侧B相过电流	退出
99	保护压板|高压侧C相过电流	退出
100	保护压板|低压侧α相过电流	投入
101	保护压板|低压侧β相过电流	退出
102	保护压板|高压侧A相过负荷I段	退出

图5-31 低压侧α相过电流保护压板投入

6)进行过电流试验操作

检查接线和压板投入无误后即可进行试验操作。试验时,先在继电保护测试仪上将A相电流设置为低于1 A的一个值(本次试验A相电流初始值设置为0.9 A)。启动继电保护测试仪,手动逐渐增加A相电流值,直到测控保护装置上对应的101断路器跳闸事故白灯亮起即停止增加电流,此时的电流值1 A即为α相过电流保护动作电流值。保护装置动作情况如图5-32所示,β相试验按照相同步骤依次进行。

7)查看故障报告

试验完成后,在TA21监控系统上查看对应的故障报告信息,如图5-33所示。

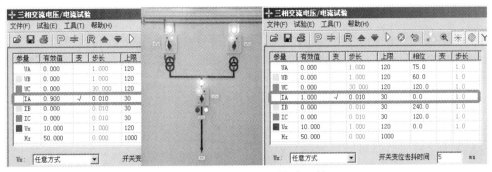

图 5-32 α 相过电流保护试验结果

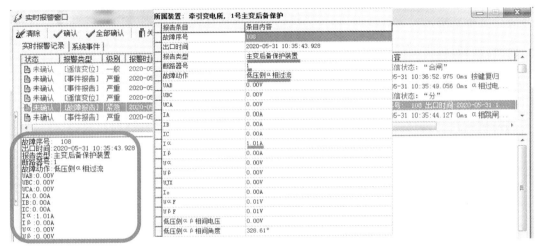

图 5-33 低压侧 α 相过电流保护试验故障报告信息

8) 记录试验数据并计算误差

将主变压器低压侧 α 相、β 相过电流保护预防性试验结果填写在表 5-14 中。

表 5-14 主变压器低压侧各相过电流保护动作电流值

测试项目						
保护	相别	单位	电流整定值	电流实测值	误差	是/否在要求范围内
过电流保护	α	A				
	β	A				

注：本预防性试验的实测值统一采用继电保护测试仪上的数值。

9) 进行低电压启动 α 相过电流保护试验

将 A 相电流设置为 1.2 倍的电流整定值即 1.2 A，低压侧 α 相、β 相电压初始值设置为 85 V，启动继电保护测试仪手，动逐渐降低 α 相、β 相电压，直到测控保护装置上对应的 101 断路器跳闸事故白灯亮起即停止降低电压，此时的电压值 79 V 即为低压侧启动电压值，可见启动电压低于电压整定值 80 V。保护装置动作情况如图 5-34 所示，β 相试验按照相同步骤依次进行。

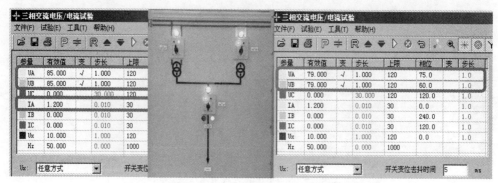

图 5-34   低电压启动 α 相过电流保护试验结果

10）查看故障报告

试验完成后，在 TA21 监控系统上查看对应的故障报告信息，如图 5-35 所示。

图 5-35   低电压启动 α 相过电流保护故障报告信息

11）记录试验数据并计算误差

将主变压器低压侧 α 相、β 相的低电压启动值填写在表 5-15 中。

表 5-15   主变压器低电压启动值

测试项目						
保护	相别	单位	电压整定值	电压实测值	误差	是/否在要求范围内
低电压启动单相 过电流保护	A	V				
	B	V				

注：本预防性试验的实测值统一采用继电保护测试仪上的数值。

12）动作时间试验

将 α 相电流设置为 1.2 A，低压侧 α 相、β 相电压设置为 0 V，启动继电保护测试仪，待保护装置动作后，在后台 TA21 监控中查看保护装置动作时间，如图 5-36 所示。

图 5-36 低电压启动 α 相过电流保护动作时间

13) 记录数据并计算误差

将主变压器低电压启动单相过电流保护预防性试验动作时间值记录在表 5-16 中,并判断是否在要求范围内。

表 5-16 主变压器低电压启动单相过电流保护动作时间值

测试项目						
保护	相别	单位	时间整定值	时间实测值	误差	是/否在要求范围内
低电压启动单相	α	s				
过电流保护	β	s				

注:本预防性试验的实测值统一采用继电保护测试仪上的数值。

14) 设备复归

关闭继电保护测试仪,拆除电压试验线、电流试验线、开关量试验线,恢复压板状态,整理工器具并归位。

六、过负荷保护预防性试验

1. 任务描述

借助继电保护测试仪,在高速铁路牵引变电所保护测控装置上,完成主变压器 A 相、B 相、C 相过负荷保护预防性试验项目。要求同学们能够熟练掌握主变压器过负荷保护预防性试验项目、方法及标准，同时培养学生在主变压器过负荷预防性试验中发现问题、处理问题的能力。

2. 知识链接

1）基本原理

过负荷保护分为两段，过负荷Ⅰ段动作于告警，过负荷Ⅱ段动作于跳闸。过负荷保护分为反时限特性和三段式定时限特性。反时限包括一般反时限、甚反时限和极度反时限三种特性。

一般反时限

$$t = \frac{0.14}{\left(\dfrac{I}{I_{set}}\right)^{0.02} - 1} \times \frac{T_{set}}{10} \tag{5-1}$$

甚反时限

$$t = \frac{13.5}{\dfrac{I}{I_{set}} - 1} \times \frac{T_{set}}{10} \tag{5-2}$$

极度反时限

$$t = \frac{80}{\left(\dfrac{I}{I_{set}}\right)^{2} - 1} \times \frac{T_{set}}{10} \tag{5-3}$$

公式（5-1）~（5-3）中，I_{set}为过负荷电流整定值；T_{set}为时间常数整定值。

三段式定时限特性如图 5-37 所示。

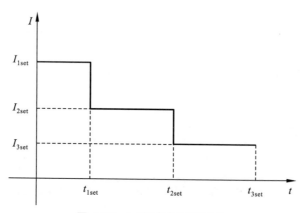

图 5-37 三段式定时限特性

2）本试验是基于许继集团公司的主变压器保护测控屏及其图纸进行的预防性试验项目，主变压器测控屏上交流电流回路中后备保护回路接线图如图 5-20 所示。

3. 工作实施

1）明确试验标准

试验内容：牵引变电所主变压器过负荷保护试验。

整定范围及步长：电流整定值为 $0.1I_n \sim 40I_n$，整定步长为 0.01 A。

时限整定值：0 ~ 600 000 ms，整定步长为 1 ms。

动作误差：动作电流值误差不超过 ± 2.5%。

动作时间：1.2 倍整定值时，定时限过负荷误差不超过 ± 2% 整定值或 ± 40 ms。

A 相过负荷保护试验（上）

A 相过负荷保护试验（下）

2）试验准备

试验前需要准备继电保护测试仪及说明书、电源线、电流试验线、电压试验线、开关量试验线、线夹等，如图 5-4 所示。

3）保护装置参数核对

进行主变压器过负荷保护试验前，要在后台机上查看 A 相过负荷保护的保护定值，A 相过负荷保护定值参数如表 5-17 所示。

表 5-17　过负荷保护定值参数

序号	定值说明	定值	单位	最上值	最大值
1	A 相过负荷Ⅰ段|特性标注	三段定时限	/	/	/
2	A 相过负荷Ⅰ段|电流 1	1.00	A	0.01	200.00
3	A 相过负荷Ⅰ段|时限 1	60 000	ms	0	600 000
4	A 相过负荷Ⅰ段|电流 2	3.00	A	0.01	200.00
5	A 相过负荷Ⅰ段|时限 2	9 000	ms	0	600 000
6	A 相过负荷Ⅰ段|电流 3	3.00	A	0.01	200.00
7	A 相过负荷Ⅰ段|时限 3	9 000	ms	0	600 000
1	A 相过负荷Ⅱ段|特性标注	三段定时限	/	/	/
2	A 相过负荷Ⅱ段|电流 1	1.00	A	0.01	200.00
3	A 相过负荷Ⅱ段|时限 1	180 000	ms	0	600 000
4	A 相过负荷Ⅱ段|电流 2	4.00	A	0.01	200.00
5	A 相过负荷Ⅱ段|时限 2	9 000	ms	0	600 000
6	A 相过负荷Ⅱ段|电流 3	4.00	A	0.01	200.00
7	A 相过负荷Ⅱ段|时限 3	9 000	ms	0	600 000

4）试验接线

试验接线时需要用一组电流试验线，将继电保护测试仪上的 IA、IB、IC、IN 电流端子与后备保护过流端子 1D12、1D13、1D14、1D15 进行连接。同时还需要将继电保护测试仪开关量模块上的 +KM 端子与控制回路中的 5D1 端子进行连接，将 A 相端子与 101 断路器控制回路中保护出口连片 1TLP 的 1 端口进行连接，具体连接情况如图 5-22（a）和图 5-6 所示。

5）投入保护压板

试验线连接无误后，要在 TA21 监控系统或保护测控屏本体上投入 A 相过负荷保护压板，投退情况如图 5-38 所示。注：分相进行过负荷保护试验，做哪一相试验，投入相应相的压板。

101	保护压板|低压侧β相电流	退出
102	保护压板|高压侧A相过负荷Ⅰ段	投入
103	保护压板|高压侧B相过负荷Ⅰ段	退出
104	保护压板|高压侧C相过负荷Ⅰ段	退出
105	保护压板|高压侧A相过负荷Ⅱ段	投入
106	保护压板|高压侧B相过负荷Ⅱ段	退出
107	保护压板|高压侧C相过负荷Ⅱ段	退出
108	保护压板|零序过电流	退出

图 5-38　A 相过负荷保护压板投入

6）进行过负荷Ⅰ段试验操作

检查接线和压板投入无误后即可进行试验操作。试验时，先在继电保护测试仪上将 A 相电流设置为低于 3 A 的一个值（本次试验 A 相电流初始值设置为 2.5 A）。A 相过负荷试验电流初始值设置如图 5-39 所示。

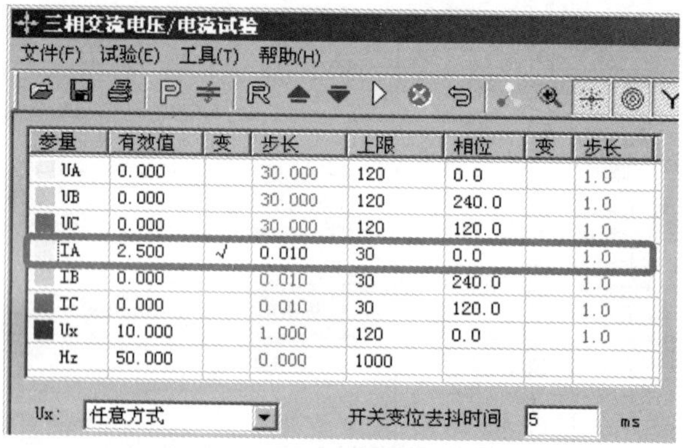

图 5-39　A 相过负荷试验初始值设定

启动继电保护测试仪，即可从后台 TA21 监控系统中看到 A 相过负荷启动信息，如图 5-40 所示。

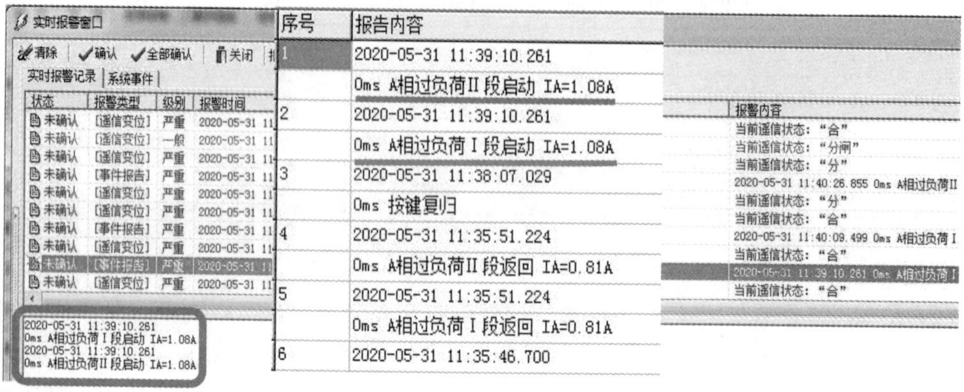

图 5-40　A 相过负荷保护启动

在继电保护测试仪上继续手动增加 A 相电流值，当电流值增大到 3.5 A 时，后台发出告警信号。继电保护测试仪上电流增加情况如图 5-41 所示。

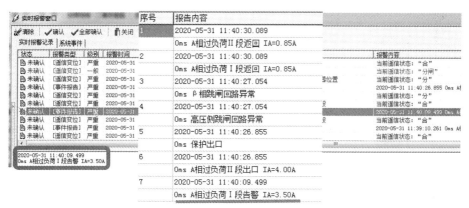

图 5-41　继电保护测试仪电流增加情况

从后台 TA21 监控系统中查看过负荷 I 段告警信息，如图 5-42 所示。

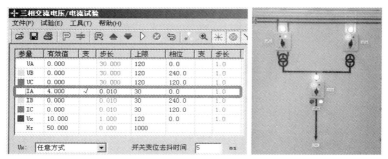

图 5-42　过负荷 I 段告警信息

7）进行过负荷 II 段试验操作

在继电保护测试仪上继续增加 A 相电流值，直到测控保护装置上对应的 101 断路器跳闸事故白灯亮起即停止增加电流，此时的电流值 4 A 即为 A 相过负荷 II 段动作电流值。保护装置动作情况如图 5-43 所示。

图 5-43　保护装置动作情况

8）查看过负荷 II 段跳闸故障报告

试验完成后，在 TA21 监控系统后台机上查看对应的故障报告信息，如图 5-44 所示。

图 5-44　A 相过负荷保护试验故障报告信息

9）记录电流试验数据并计算误差

将主变压器过负荷保护预防性试验结果填写在表 5-18 中。

表 5-18　过负荷保护预防性试验结果

测试项目						
保护	相别	单位	电流整定值	电流实测值	误差	是/否在要求范围内
过负荷 I 段	A	A				
	B	A				
	C	A				
过负荷 II 段	A	A				
	B	A				
	C	A				

注：本预防性试验的实测值统一采用继电保护测试仪上的数值。

10）动作时限试验

将 A 相电流设置为 4.8 A，启动继电保护测试仪，待保护装置动作后，在后台 TA21 监控中查看保护装置动作时间，如图 5-45 所示。

图 5-45　A 相过负荷保护动作时间

11）记录动作时间数据并计算误差

将主变压器过负荷保护试验动作时间填写在表 5-19 中。

表 5-19　过负荷Ⅱ段保护试验动作时间

测试项目						
保护	相别	单位	时间整定值	时间实测值	误差	是/否在要求范围内
过负荷Ⅱ段	A	s				
	B	s				
	C	s				

注：本预防性试验的实测值统一采用继电保护测试仪上的数值。

12）设备复归

关闭继电保护测试仪，拆除电流试验线、开关量试验线，恢复压板状态，整理工器具并归位。

七、失压保护预防性试验

1. 任务描述

借助继电保护测试仪，在高速铁路牵引变电所保护测控装置上，完成主变压器高压侧失压保护预防性试验项目。要求同学们能够熟练掌握主变压器高压侧失压保护预防性试验项目、方法及标准，同时培养学生在主变压器高压侧失压保护预防性试验中发现问题、处理问题的能力。

2. 知识链接

1）基本原理

失压保护原理框图如图 5-46 所示。

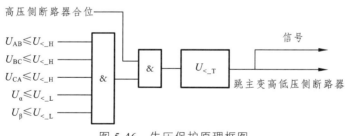

图 5-46　失压保护原理框图

在图 5-46 中，U_{AB}、U_{BC}、U_{CA} 分别为主变高压侧三相线电压，U_α、U_β 分别为主变低压侧 α 相和 β 相电压；$U_{<\_H}$、$U_{<\_L}$ 分别为高压侧失压整定值、低压侧失压整定值，$U_{<\_T}$ 为失压保护时限整定值。当变压器类型整定为"单相变压器"时，图 5-46 中仅检测高压侧 AB 相线电压 U_{AB} 和低压侧 α 相电压 U_α。

2）本试验是基于许继集团公司的主变压器保护测控屏及其图纸进行的预防性试验项目，主变压器测控屏上交流电压回路接线图如图 5-47 所示。

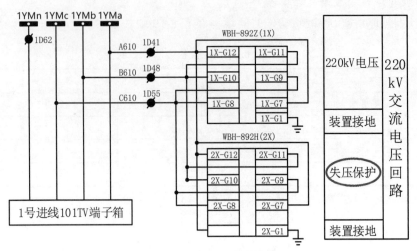

图 5-47　交流电压回路接线图

3. 工作实施

1）明确试验标准

试验内容：牵引变电所主变压器高压侧失压保护试验。

整定范围及步长：高压侧电压整定值为 $0.1U_n \sim 1U_n$，整定步长为 0.01 V。

低压侧电压整定值：$0.1U_n \sim 1U_n$，整定步长为 0.01 V。

时限整定值：$0 \sim 60\,000$ ms，整定步长为 1 ms。

动作误差：动作电压值误差不超过 ±2.5%。

动作时间：0.8 倍整定值时，误差不超过 ±2% 整定值或 ±40 ms。

高压侧失压保护试验（上）

高压侧失压保护试验（下）

2）试验准备

试验前需要准备继电保护测试仪及说明书、电源线、电流试验线、电压试验线、开关量试验线、线夹等，如图 5-4 所示。

3）保护装置参数核对

进行主变压器高压侧失压保护试验前，要在后台机上查看高压侧失压保护的保护定值，本次试验高压侧失压保护的保护定值为 60 V，失压保护定值参数如表 5-20 所示。

表 5-20　失压保护定值参数

序号	定值说明	定值	单位	最小值	最大值
1	失压保护|高压侧失压	60.00	V	10.00	100.00
2	失压保护|低压侧失压	60.00	V	10.00	100.00
3	失压保护|时限	5 000	ms	0	60 000

4）试验接线

试验接线时需要用到电压试验线和开关量试验线，将继电保护测试仪电压输出端子上的 UA、UB、UC、UN 电压端子与失压保护端子 1D41、1D48、1D55、1D62 端子进行连接。同时还需要将继电保护测试仪开关量模块上的+KM 端子与控制回路中的 5D1 端子进行连接，将 A 相端子与 101 断路器控制回路中保护出口连片 1TLP 的 1 端口进行连接，具体连接情况如图 5-48 和图 5-6 所示。

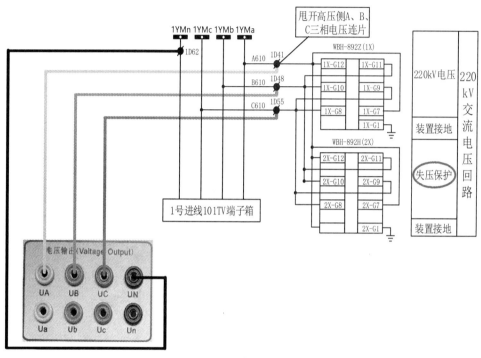

图 5-48　电压端子试验接线图

5）投入保护压板

试验线连接无误后，要在 TA21 监控系统后台机上或保护测控屏本体上投入失压保护压板，投退情况如图 5-49 所示。

107	保护压板|高压侧C相过负荷Ⅱ段	退出
108	保护压板|零序过电流	退出
109	保护压板|失压	投入
110	保护压板|低压侧α相过电压	退出
111	保护压板|低压侧β相过电压	退出
112	保护压板|过电流低压启动(Uα，Uβ)	退出
113	保护压板|高压侧PT断线	退出
114	保护压板|低压侧PT断线	退出

图 5-49　失压保护压板投入

6）进行试验操作

检查接线和压板投入无误后即可进行试验操作。试验时，先在继电保护测试仪上将 A、B、C 三相电压设置为低于 60 V 的一个值（本次试验三相电压初始值设置为 57.5 V）。启动继电保护测试仪，手动逐渐降低三相电压值，直到测控保护装置上对应的 101 断路器跳闸事故白灯亮起即停止增加电流，此时的电压值 34.61 V 即为失压保护动作电压值。保护装置动作情况如图 5-50 所示。

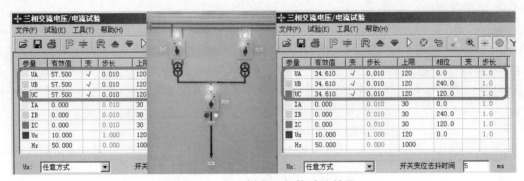

图 5-50　高压侧失压保护试验结果

7）查看故障报告

试验完成后，在 TA21 监控系统上查看对应的故障报告信息，如图 5-51 所示。

图 5-51　高压侧失压保护试验故障报告信息

8）记录试验数据并计算误差

将主变压器高压侧失压保护预防性试验结果填写在表 5-21 中。

表 5-21　高压侧失压保护预防性试验结果

测试项目						
保护	相别	单位	电压整定值	电压实测值	误差	是/否在要求范围内
高压侧失压保护预防性试验	U_{AB}	V				
	U_{BC}	V				
	U_{CA}	V				
			时间整定值	时间实测值	误差	是/否在要求范围内
	U_{AB}	s				
	U_{BC}	s				
	U_{CA}	s				

注：本预防性试验的实测值统一采用继电保护测试仪上的数值。

9）动作时间试验

将 A、B、C 相电压设置为 0.8 倍的电压整定值，启动继电保护测试仪，待保护装置动作后，在继电保护测试仪上查看保护装置动作时间，如图 5-52 所示。

图 5-52　失压保护动作时限

10）记录时间试验数据并计算误差

将主变压器失压保护预防性试验动作时间结果记录在表 5-21 中，并判断是否在要求范围内。

11）设备复归

关闭继电保护测试仪，拆除电压试验线、开关量试验线，恢复压板状态，整理工器具并归位。

内容三　馈线保护预防性试验项目

一、电流速断保护预防性试验

1. 任务描述

借助继电保护测试仪，在高速铁路牵引变电所馈线保护测控装置上，完成牵引变电所馈线电流速断保护预防性试验项目。要求同学们能够熟练掌握牵引变电所馈线电流速断保护预防性试验项目、方法及标准，同时培养学生在牵引变电所馈线电流速断保护预防性试验中发现问题、处理问题的能力。

2. 知识链接

1）电流速断保护原理

电流速断保护可以设置为正方向、反方向和无方向，其原理框图如图 5-53 所示。

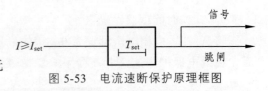

图 5-53　电流速断保护原理框图

图 5-53 中，I 为当前时刻的基波电流，I_{set} 为电流速断整定值，T_{set} 为电流速断时限整定值。阻抗角 $-15° \sim 165°$ 范围为电流正方向范围。

2）本试验是基于许继集团公司的牵引变电所馈线保护测控屏及其图纸进行的预防性试验项目，牵引变电所馈线测控屏上保护电流回路接线图如图 5-54 所示。

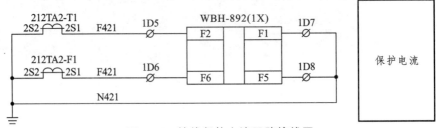

图 5-54　馈线保护电流回路接线图

3. 工作实施

1）明确试验标准

试验内容：牵引变电所馈线电流速断保护试验。

整定范围及步长：电流整定值为 $0.1I_n \sim 40I_n$，整定步长为 0.01 A。

时限整定值为 $0 \sim 10\ 000$ ms，整定步长为 1 ms。

动作误差：动作电流值误差不超过 ±2.5%。

动作时间：1.2 倍整定值时，误差不超过 ±2%整定值或 ±40 ms。

电流速断保护试验（上）　　　　　　　　　电流速断保护试验（下）

2）试验准备

试验前需要准备继电保护测试仪及说明书、电源线、电流试验线、开关量试验线、线夹等，如图 5-4 所示。

3）保护装置参数核对

进行牵引变电所馈线电流速断保护试验前，要在后台机上查看馈线电流速断保护的保护定值，本次试验馈线电流速断保护的保护定值为 1.00 A，时限整定值为 100 ms，电流速断方向为正向。馈线电流速断保护的保护定值参数如表 5-22 所示。

4）试验接线

试验接线时需用电流试验线将继电保护测试仪上的 IA 电流端子与馈线保护电流端子 1D5 进行连接，将继电保护测试仪上的 IN 相端子与馈线保护 N 相端子 1D7 进行连接。同时还需要将继电保护测试仪开关量模块上的+KM 端子与控制回路中的 1D21 端子进行连接，将 A 相端子与 101 断路器控制回路中保护出口连片 1TLP 的 1 端口进行连接，具体连接情况如图 5-55 和图 5-56 所示。

表 5-22　馈线电流速断保护定值参数

序号	定值说明	定值	单位	最小值	最大值
1	电流速断|方向	正向	/	/	/
2	电流速断|电流值	1.000	A	0.010	200.000
3	电流速断|时限	100	ms	0	10 000
4	过电流|方向	正向	/	/	/
5	过电流|电流值	1.000	A	0.010	200.000
6	过电流|时限	100	ms	0	10 000

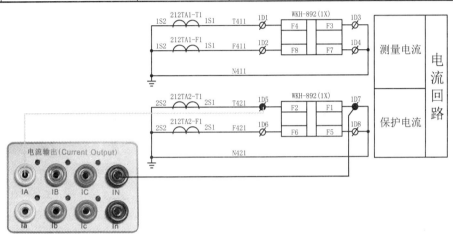

图 5-55　电流端子试验接线图

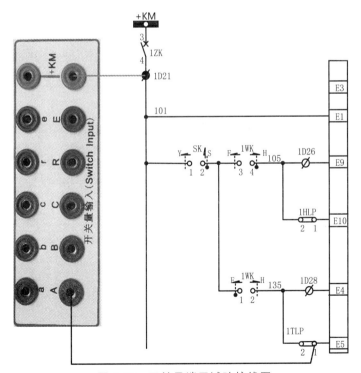

图 5-56　开关量端子试验接线图

5）投入保护压板

试验线连接无误后，要在 TA21 监控系统后台机上或保护测控屏本体上投入馈线电流速断保护压板，投退情况如图 5-57 所示。

142	保护压板|距离Ⅲ段	退出
143	保护压板|距离Ⅳ段	退出
144	保护压板|电流速断	投入
145	保护压板|过电流	退出
146	保护压板|电流增量	退出
147	保护压板|过负荷	退出

图 5-57　馈线电流速断保护压板投入

6）进行试验操作

检查接线和压板投入无误后即可进行试验操作。试验时，先在继电保护测试仪上将 A 相电流设置为低于 1 A 的一个值（本次试验 A 相电流初始值设置为 0.9 A）。启动继电保护测试仪，手动逐渐增加 A 相电流值，直到测控保护装置上对应的 212 断路器跳闸事故白灯亮起即停止增加电流，此时的电流值 1.01 A 即为馈线过电流保护动作电流值。保护装置动作情况如图 5-58 所示。

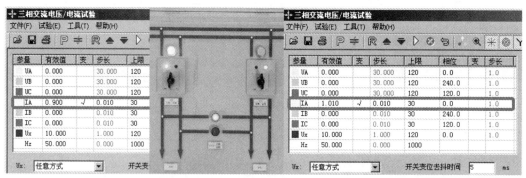

图 5-58　电流速断保护试验结果

7）查看故障报告

试验完成后，在 TA21 监控系统后台机上查看对应的故障报告信息，如图 5-59 所示。

图 5-59　电流速断保护试验故障报告信息

8）记录试验数据并计算误差

将馈线电流速断保护预防性试验结果记录在表5-23中。

表5-23 电流速断保护预防性试验结果

保护	项目	单位	整定值	实测值	误差	是/否在要求范围内
馈线电流	电流	A				
速断保护	时间	s				

9）动作时间试验

将A相电流设置为1.2倍的整定值即1.2 A，启动继电保护测试仪，待保护装置动作后，在继电保护测试仪上查看保护装置动作时间，如图5-60所示。将电流速断保护动作时间试验结果填写在表5-23中。

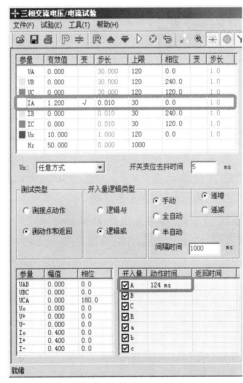

图5-60 馈线电流速断保护动作时间

10）设备复归

关闭继电保护测试仪，拆除电流试验线、开关量试验线，恢复压板状态，整理工器具并归位。

二、过电流保护预防性试验

1. 任务描述

借助继电保护测试仪，在高速铁路牵引变电所馈线保护测控装置上，完成牵引变电所馈线过电流保护预防性试验项目。要求同学们能够熟练掌握牵引变电所馈线过电流保护预防性试验项目、方法及标准，同时培养学生在牵引变电所馈线过电流保护预防性试验中发现问题、处理问题的能力。

2. 知识链接

1）过电流保护原理

过电流保护可以设置为正方向、反方向和无方向，其原理框图如图 5-61 所示。

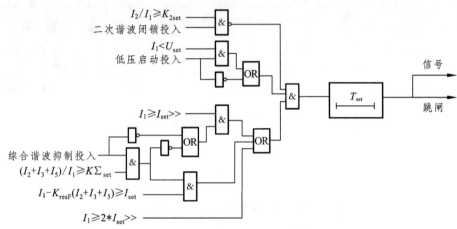

图 5-61　过电流保护原理框图

图 5-61 中，I_1、I_2、I_3、I_5 为当前时刻的基波、2 次谐波、3 次谐波和 5 次谐波电流，U 为母线电压；K_{2set} 为 2 次谐波含量整定值，$K_{\sum set}$ 为综合谐波含量整定值，U_{set} 为低压启动整定值，I_{set} 为过电流整定值，T_{set} 为过电流时限整定值。

2）本试验是基于许继集团公司的牵引变电所馈线保护测控屏及其图纸进行的预防性试验项目，牵引变电所馈线测控屏上保护电流回路接线图如图 5-54 所示。

3. 工作实施

1）明确试验标准

试验内容：牵引变电所馈线过电流保护试验。

整定范围及步长：电流整定值为 $0.1I_n \sim 40I_n$，整定步长为 0.01 A。

　　　　　　　时限整定值为 $0 \sim 10\,000$ ms，整定步长为 1 ms。

动作误差：动作电流值误差不超过 ±2.5%。

动作时间：1.2 倍整定值时，误差不超过 ±2%整定值或 ±40 ms。

过电流保护试验（上）

过电流保护试验（下）

2）试验准备

试验前需要准备继电保护测试仪及说明书、电源线、电流试验线、电压试验线、开关量试验线、线夹等，如图 5-4 所示。

3）保护装置参数核对

进行牵引变电所馈线过电流保护试验前，要在后台机上查看馈线过电流保护的保护定值，本次试验馈线过电流保护的保护定值为 1.00 A，时限整定值为 100 ms，过电流方向为正向。馈线过电流保护的保护定值参数如表 5-24 所示。

表 5-24　馈线过电流保护定值参数

序号	定值说明	定值	单位	最小值	最大值
1	电流速断|电流值	1.000	A	0.010	200.000
2	电流速断|时限	100	ms	0	10 000
3	过电流|方向	正	/	/	/
4	过电流|电流值	1.000	A	0.010	200.000
5	过电流|时限	100	ms	0	10 000
6	电流增量|电流值	1.000	A	0.010	200.000

4）试验接线

过电流保护试验接线同电流速断保护。

5）投入保护压板

试验线连接无误后，要在 TA21 监控系统后台机上或保护测控屏本体上投入馈线过电流保护压板，投退情况如图 5-62 所示。

142	保护压板|距离Ⅲ段	退出
143	保护压板|距离Ⅳ段	退出
144	保护压板|电流速断	退出
145	保护压板|过电流	投入
146	保护压板|电流增量	退出
147	保护压板|过负荷	退出
148	保护压板|低压启动	退出
149	保护压板|失压	退出

图 5-62　馈线过电流保护压板投入

6）进行试验操作

馈线过电流保护操作方法同馈线电流速断保护，过电流保护装置动作情况如图 5-63 所示。

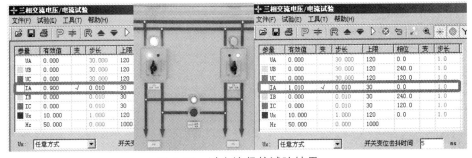

图 5-63　过电流保护试验结果

7）查看故障报告

试验完成后，在 TA21 监控系统上查看对应的故障报告信息，如图 5-64 所示。

图 5-64　过电流保护试验故障报告信息

8）记录试验数据并计算误差

将馈线过电流保护预防性试验结果填写在表 5-25 中。

表 5-25　过电流保护预防性试验结果

保护	项目	单位	整定值	实测值	误差	是/否在要求范围内
馈线过电流保护	电流	A				
	时间	S				

9）动作时间试验

将 A 相电流设置为 1.2 倍的整定值即 1.2 A，启动继电保护测试仪，待保护装置动作后，在继电保护测试仪上查看保护装置动作时间，如图 5-65 所示。将过电流保护动作时间填写在表 5-25 中。

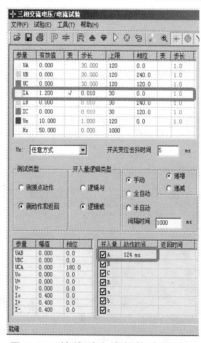

图 5-65　馈线过电流保护动作时间

10）设备复归

关闭继电保护测试仪，拆除电流试验线、开关量试验线，恢复压板状态，整理工器具并归位。

三、电流增量保护预防性试验

1. 任务描述

借助于继电保护测试仪在高速铁路牵引变电所馈线保护测控装置上，完成牵引变电所馈线电流增量保护预防性试验项目。要求同学们能够熟练掌握牵引变电所馈线电流增量保护预防性试验项目、方法及标准，同时培养学生在牵引变电所馈线电流增量保护预防性试验中发现问题、处理问题的能力。

2. 知识链接

1）电流增量保护计算

电流增量 ΔI 按公式（5-5）计算

$$\Delta I = I_1 - I_1' \tag{5-5}$$

公式（5-1）中，I_1、I_1' 为当前时刻基波电流和前一周波基波电流。

2）综合谐波抑制

投入综合谐波抑制元件，当综合谐波含量大于整定值时，自动将式（5-5）调整为式（5-6）。

$$\Delta I = I_1 - I_1' - K_{\text{res}}(I_2 + I_3 + I_5) \tag{5.1.2}$$

电流增量保护原理框图如图 5-66 所示。

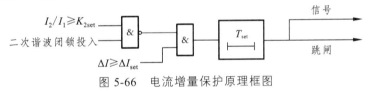

图 5-66　电流增量保护原理框图

3）本试验是基于许继集团公司的牵引变电所馈线保护测控屏及其图纸进行的预防性试验项目，牵引变电所馈线测控屏上保护电流回路接线图如图 5-54 所示。

3. 工作实施

1）明确试验标准

试验内容：牵引变电所馈线电流增量保护试验。

整定范围及步长：电流整定值为 $0.1I_n \sim 20I_n$，整定步长为 0.01 A。

时限整定值为 $0 \sim 10\,000$ ms，整定步长为 1 ms。

动作误差：动作电流值误差不超过 ±2.5%。

动作时间：1.2 倍整定值时，误差不超过 ±2%整定值或 ±40 ms。

电流增量保护试验（上）

电流增量保护试验（下）

2）试验准备

试验前需要准备继电保护测试仪及说明书、电源线、电流试验线、电压试验线、开关量试验线、线夹等，如图 5-4 所示。

3）保护装置参数核对

进行牵引变电所馈线电流增量保护试验前，要在后台机上查看馈线电流增量保护的保护定值，本次试验馈线电流增量保护的保护定值为 1.00 A，时限整定值为 100 ms。馈线电流增量保护的保护定值参数如表 5-26 所示。

表 5-26　馈线电流增量保护定值参数

序号	定值说明	定值	单位	最小值	最大值
1	过电流|电流值	1.000	A	0.010	200.000
2	过电流|时限	100	ms	0	10 000
3	电流增|电流值	1.000	A	0.010	200.000
4	电流增量|时限	100	ms	0	10 000
5	失压|电压值	10.00	A	0.010	100.000
6	失压|时限	100	ms	0	10 000

4）试验接线

试验接线同馈线电流速度保护和馈线过电流保护，如图 5-55 和图 5-56 所示。

5）投入保护压板

试验线连接无误后，要在 TA21 监控系统或保护测控屏本体上投入馈线电流增量保护压板，投退情况如图 5-67 所示。

144	保护压板|电流速断	退出
145	保护压板|过电流	退出
146	保护压板|电流增量	投入
147	保护压板|过负荷	退出
148	保护压板|低启动	退出
149	保护压板|失压	退出
150	保护压板|2次谐波闭锁阻抗	退出

图 5-67　馈线电流增量保护压板投入

6）进行试验操作

检查接线和压板投入无误后即可进行试验操作。试验时，先在继电保护测试仪上将 A 相电流设置为较小的一个电流值如 1 A，将步长设置为比整定值 1 A 小的值。启动继电保护测试仪后增加电流值，观察测控保护装置上对应的 212 断路器是否跳闸，如果没有跳闸则停止继电保护测试仪，增大步长继续试验，直至 212 断路器事故白灯亮起即停止试验，此时对应的步长 1.02 A 即为电流增量保护动作电流值。保护装置动作情况如图 5-68 所示。

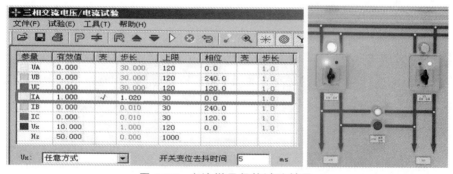

图 5-68　电流增量保护试验结果

7）查看故障报告

试验完成后，在 TA21 监控系统后台机上查看对应的故障报告信息，如图 5-69 所示。

图 5-69　电流增量保护试验故障报告信息

8）记录试验数据并计算误差

将馈线电流增量保护预防性试验结果填写在表 5-27 中。

表 5-27　电流增量保护预防性试验结果

保护	项目	单位	整定值	电流实测值	误差	是/否在要求范围内
馈线电流	电流	A				
增量保护	时间	s				

9）动作时限试验

将步长设置为 1.2 倍的整定值即 1.2，启动继电保护测试仪，增加步长，待保护装置动作后，在继电保护测试仪上查看保护装置动作时间，如图 5-70 所示，将电流增量保护动作时间填写在表 5-27 中。

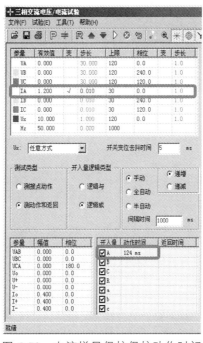

图 5-70　电流增量保护保护动作时间

10）设备复归

关闭继电保护测试仪，拆除电流试验线、开关量试验线，恢复压板状态，整理工器具并归位。

四、距离保护预防性试验

1. 任务描述

借助继电保护测试仪，在高速铁路牵引变电所馈线保护测控装置上，完成牵引变电所馈线距离保护预防性试验项目。要求同学们能够熟练掌握牵引变电所馈线距离保护预防性试验项目、方法及标准，同时培养学生在牵引变电所馈线距离保护预防性试验中发现问题、处理问题的能力。

2. 知识链接

距离保护相关原理见牵引网保护中的距离保护部分内容。

本试验是基于许继集团公司的牵引变电所馈线保护测控屏及其图纸进行的预防性试验项目，牵引变电所馈线测控屏上保护电流回路接线图见图 5-54 所示：

3. 工作实施

1）明确试验标准

试验内容：牵引变电所馈线距离保护试验。

整定范围及步长：电阻边整定值为 0.1 ~ 500 Ω，整定步长为 0.01 Ω。

电抗边整定值：0.1 ~ 500 Ω，整定步长为 0.01 Ω。

时限整定值为 0 ~ 10 000 ms，整定步长为 1 ms。

偏移电抗值为 0 ~ 50 Ω，整定步长为 0.01 Ω。

阻抗动作值误差：在额定电流、线路阻抗角及电压范围 0.5 ~ 120 V 条件下，动作误差不超过 ± 5%，其中 0.1 ~ 0.5 Ω 时，动作误差不超过 ± 10%。

动作时限误差：0.8 倍整定值时，误差不超过 ± 2%整定值或 ± 40 ms。

距离保护试验（上）

距离保护试验（下）

2）试验准备

试验前需要准备继电保护测试仪及说明书、电源线、电流试验线、电压试验线、开关量试验线、线夹等，如图 5-4 所示。

3）保护装置参数核对

进行牵引变电所馈线距离保护试验前，要在后台机上查看馈线距离保护的保护定值，本次试验馈线距离保护电阻边的保护定值为 12 Ω，电抗边的保护定值为 3 Ω，时限整定值为 100 ms，电流速断方向为正向。馈线距离保护的保护定值参数如表 5-28 所示。

表 5-28　馈线距离保护定值参数

序号	定值说明	定值	单位	最小值	最大值
1	额定参数|额定电流	1	A	/	/
2	距离 I 段|方向	正向	/	/	/
3	距离 I 段|电阻值	12.00	Ω	0.10	500.00
4	距离 I 段|电抗值	3.00	Ω	0.10	500.00
5	距离 I 段|时限	100	ms	0	10 000
6	距离 II 段|方向	反向	/	/	/

4）试验接线

试验接线时需用电流试验线 A 相和 N 相两根线，将继电保护测试仪上的 IA 电流端子与馈线保护电流端子 1D5 进行连接，将继电保护测试仪上的 IN 相端子与馈线保护 N 相端子 1D7 进行连接。用两根电压试验线将继电保护测试仪上的 UA 电压端子与馈线保护电压端子 1D14 进行连接，将继电保护测试仪上的 UN 端子与馈线保护 N 相端子 1D18 进行连接。同时还需要将继电保护测试仪开关量模块上的 +KM 端子与控制回路中的 1D21 端子进行连接，将 A 相端子与 101 断路器控制回路中保护出口连片 1TLP 的 1 端口进行连接，具体连接情况如图 5-55、图 5-71 和图 5-56 所示。

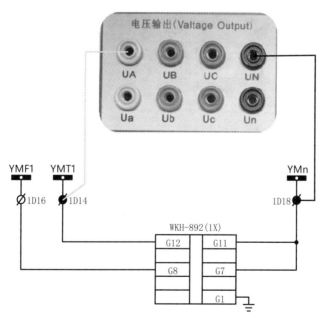

图 5-71　电压端子试验接线图

5）投入保护压板

试验线连接无误后，要在 TA21 监控系统或保护测控屏本体上投入馈线距离保护压板，投退情况如图 5-72 所示。

140	保护压板|距离Ⅰ段	投入
141	保护压板|距离Ⅱ段	退出
142	保护压板|距离Ⅲ段	退出
143	保护压板|距离Ⅳ段	退出
144	保护压板|电流速断	退出
145	保护压板|过电流	退出
146	保护压板|电流增量	退出
147	保护压板|过负荷	退出

图 5-72　馈线距离保护压板投入

6）进行电阻边试验

检查接线和压板投入无误后即可进行试验操作。试验时先在继电保护测试仪上将电压设置为 60 V，A 相电流设置为低于 5 A 的一个值（本次试验 A 相电流初始值设置为 4 A）。启动继电保护测试仪，手动逐渐增加 A 相电流值，直到测控保护装置上对应的 212 断路器跳闸事故白灯亮起即停止增加电流，此时的电流值 5.1 A 即为馈线过电流保护动作电流值。保护装置动作情况如图 5-73 所示。

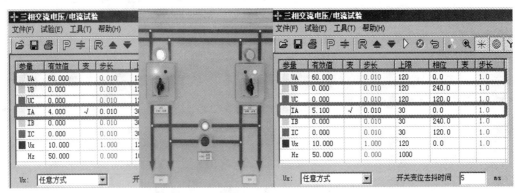

图 5-73　距离保护电阻边试验结果

7）查看故障报告

试验完成后，在 TA21 监控系统后台机上查看对应的故障报告信息，如图 5-74 所示。

图 5-74　距离保护电阻边试验故障报告信息

8）记录试验数据并计算误差

将馈线距离保护电阻边预防性试验结果填写在表 5-29 中。

表 5-29　距离保护预防性试验结果

			测试项目			
保护	项目	单位	整定值	实测值	误差	是/否在要求范围内
馈线距离保护试验	电阻	Ω				
	电抗	Ω				
	时限	s				

注：本预防性试验的实测值统一采用继电保护测试仪上的数值。

9）进行电抗边试验

试验时，先在继电保护测试仪上将电流设置为 5 A，A 相电压设置为高于 15 V 的一个值（本次试验 A 相电压初始值设置为 20 V）。启动继电保护测试仪，手动逐渐降低 A 相电压值，直到测控保护装置上对应的 212 断路器跳闸事故白灯亮起即停止降低电压，此时的电压值 15 V 除以电流 5 A 即为馈线距离保护的电抗边动作值。保护装置动作情况如图 5-75 所示。

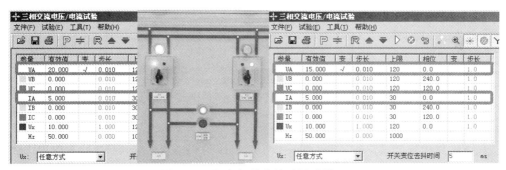

图 5-75　距离保护电抗边试验结果

10）查看故障报告

试验完成后，在 TA21 监控系统后台机上查看对应的故障报告信息，如图 5-76 所示。

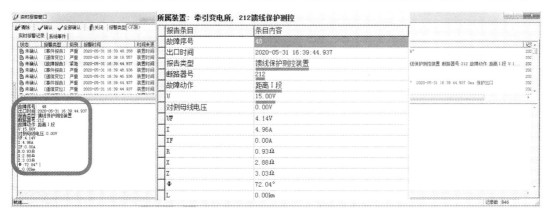

图 5-76　距离保护电抗边试验故障报告信息

11）记录试验数据并计算误差

将馈线距离保护电抗边预防性试验结果填写在表 5-29 中。

12）动作时限试验

将 A 相电压设置为 16 V，A 相电流设置为 5 A，启动继电保护测试仪，待保护装置动作后，在后台 TA21 监控中查看保护装置动作时间，如图 5-77 所示。将保护动作时间填写在表 5-29 中，并计算动作时限误差。

图 5-77　馈线距离保护动作时间

13）设备复归

关闭继电保护测试仪，拆除电压试验线、电流试验线、开关量试验线，将保护压板恢复闭合状态，所有工器具恢复到原来位置。

内容四　自动装置预防性试验项目

一、主变压器失压自投预防性试验

1. 任务描述

借助继电保护测试仪，在高速铁路牵引变电所测控保护装置上，完成牵引变电所主变压器失压自投预防性试验项目。要求同学们能够熟练掌握牵引变电所主变压器失压自投预防性试验项目、方法及标准，同时培养学生在牵引变电所主变压器失压自投预防性试验中发现问题、处理问题的能力。

2. 知识链接

两套主变测控装置协同工作，完成备自投功能，能够自动识别当前运行方式、自投允许条件、备用电源进线或主变的工作状态和牵引变电所主接线形式，当进线电源失压或主变发生故障时，实现备用电源或备用主变压器的自动投入。

1）系统运行方式识别

TA21 自动化系统的自投功能由两套主变测控装置协同工作、共同完成。两套主变测控装置分别根据下列条件对牵引变电所当前的运行方式进行识别:若一套装置识别出运行方式一，按运行方式一执行自投逻辑，对应的另一套装置将识别出运行方式四，按运行方式四执行自投逻辑；若一套装置识别出运行方式二，按运行方式二执行自投逻辑，对应的另一套装置将识别出运行方式三，按运行方式三执行自投逻辑。定值"3QS 桥隔开热备用"投入时，无论处于何种运行方式，桥隔开都闭合。

（1）运行方式一：本侧进线受电，本侧主变运行。

对侧进线、对侧主变备用条件：1QS、1QF 闭合，3QS 断开，定值"3QS 桥隔开热备用"退出；或满足条件：1QS、1QF 闭合，定值"3QS 桥隔开热备用"投入。

（2）运行方式二：本侧进线受电，对侧主变运行。

对侧进线、本侧主变备用条件：1QS、3QS 闭合，1QF 断开，定值"3QS 桥隔开热备用"退出；或满足条件：1QS 闭合、1QF 断开，定值"3QS 桥隔开热备用"投入。

（3）运行方式三：对侧进线受电，本侧主变运行。

本侧进线、对侧主变备用条件：3QS、1QF 闭合，1QS 断开，定值"3QS 桥隔开热备用"退出；或满足条件：1QS 断开，1QF 闭合，定值"3QS 桥隔开热备用"投入。

（4）运行方式四：对侧进线受电，对侧主变运行。

本侧进线、本侧主变备用条件：1QF、3QS 断开，定值"3QS 桥隔开热备用"退出；或满足条件：1QS、1QF 断开，定值"3QS 桥隔开热备用"投入。

需要注意的是：1QS 只能接进线隔离开关，1QF 只能接高压侧断路器，3QS 只能接桥隔离开关，变电所主接线图如图 5-78 所示。

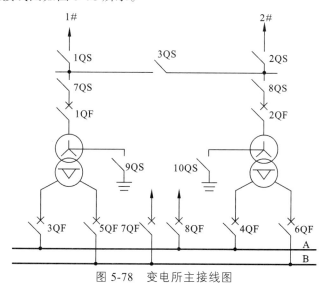

图 5-78 变电所主接线图

2）备自投工作逻辑

两套装置按当前牵引变电所的运行方式，在检测到电源失压信号或主变故障信号后，根据定值条件,完成备用进线或备用主变的自动投入。电源失压信号由本侧或对侧的 WBH-892H 主变后备保护装置提供，主变故障信号由本侧或对侧的 WBH-892Z 主变主保护装置提供。

备自投动作序列所遵循的总原则是：先合隔离开关，后合断路器；先分断路器，后分隔离开关；先合高压侧开关，后合低压侧开关；先分低压侧开关，后分高压侧开关。在执行备自投逻辑时,若出现开关不能正常断开/闭合、联络信号故障等情况,将自动中断备自投逻辑,并给出相信的信息。

3)定值约束性条件

为防止两路进线可能发生短路,与自投相关的如下定值存在约束性,如果为满足要求,将禁止自投。

(1)定值"3QS 桥隔开热备用"投入与定值"控制 3QS 桥隔开"投入只能投入其中之一。

(2)定值"3QS 桥隔开热备用"投入与定值"自投分闸 1QS 进行隔离开关"退出,互为约束。

(3)定值"主变故障自投倒交叉"方式与定值"自投分闸 1QS 进行隔离开关"退出,互为约束。

(4)定值"进线失压自投倒交叉"方式与定值"自投分闸 1QS 进行隔离开关"退出,互为约束。

4)跨条隔离开关设定

跨条隔离开关可由任一测控装置控制,当跨条隔离开关由某个测控装置控制时,就在这个装置的定值中,投入定值"控制 3QS 桥隔开",而在另一个测控装置的定值中,退出"控制 3QS 桥隔开"。

如果跨条隔离开关不进入自投逻辑,且运行过程中都处于闭合位,则需投入定值"3QS 桥隔开热备用",同时退出定值"控制 3QS 桥隔开"。

3.工作实施

1)试验准备

试验前需要准备一根短接线,用于触发 1 号主变压器的重瓦斯保护即可。

2)试验接线

试验接线时需要用两组电压试验线,第一组电压试验线的黄线、绿线、红线、黑线,分别将继电保护测试仪上的 UA、UB、UC、UN 端子与 1 号主变压器馈线保护测控屏端子排上的 220 kV 电压进线端子 1D41、1D48、1D55、1D62 进线连接,具体连接情况如图 5-79(a)所示。第二组电压试验线的黄线、绿线、红线、黑线,分别将继电保护测试仪上的 UA、UB、UC、UN 端子与 2 号主变压器馈线保护测控屏端子排上的 220 kV 电压进线端子 1D41、1D48、1D55、1D62 进线连接,具体连接情况如图 5-79(b)所示。

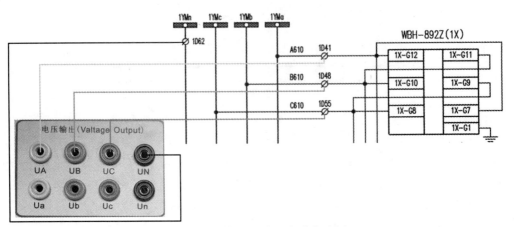

(a)1 号主变电压端子试验接线图

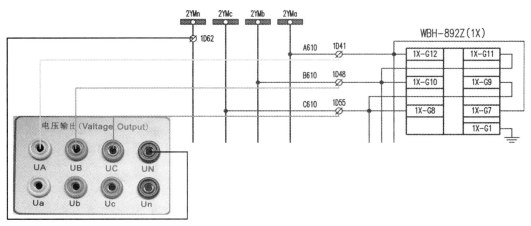

（b）2号主变电压端子试验接线图

图 5-79　试验接线

3）确认 1 号进线、2 号进线运行状态

进行主变压器失压自投试验前，确认两套系统主变压器运行状态。确认 1 号主变测控屏上的主变压器是运行状态，2 号主变测控屏上的主变压器处于备用状态。运行情况如图 5-80 所示。

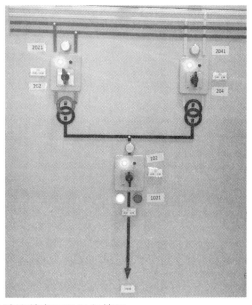

图 5-80　主变压器失压自投试验前变压器运行情况

4）进行试验操作

检查接线无误后即可进行试验操作。试验时，先将继电保护测试仪选择进入 6U 模式，将 UA、UB、UC、Ua、Ub、Uc 电压均设置为 57.7 kV。UA、UB、UC 选择变步长，步长设置为 1 V；Ua、Ub、Uc 选择步长不变。试验方式选择手动后启动继电保护测试仪，从继电保护测试仪上给两套系统加压，电压初始值设置情况如图 5-81 所示。

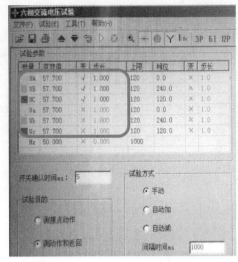

图 5-81　电压初始值设置情况

5）触发变压器重瓦斯保护动作

当变压器内部故障引起失压时，会进行主变压器失压自投，因此需要触发变压器重瓦斯保护、压力释放保护或者温度 II 段保护动作，这里以重瓦斯保护为例来触发变压器内部故障引起的变压器失压自投动作。触发重瓦斯保护动作接线图如图 5-82 所示，将 1 号主变保护测控屏上装置控制回路电源的 2D12 端子与 2D14 端子用短接线进行短接，目的是短接重瓦斯继电器触点 WSJ 来触发重瓦斯保护动作。

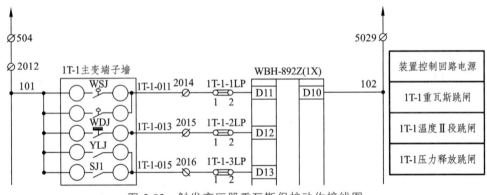

图 5-82　触发变压器重瓦斯保护动作接线图

6）保护装置动作情况

触发重瓦斯保护动作成功后，便会引起 1 号主变保护测控屏上的开关失压跳闸，启动主变压器失压自投。主变压器失压自投成功后，保护装置上的开关设备运行情况如图 5-83 所示。主变压器失压自投成功后，1 号主变测控屏上的开关设备由运行状态转换为退出状态，2 号主变测控屏上的开关设备由备用状态转为运行状态。

7）查看实时报警信号

主变压器失压自投成功后，在 TA21 监控系统后台机上查看对应的实时报警信息，如图 5-84 所示。从报警信息中可以看出，自投启动后，先退 1 号系统中的 201、202、101 断路器，再退 1011 隔离开关，2 号系统中的 1021 隔离开关、102、203、204 断路器依次投入，完成进线自投。

 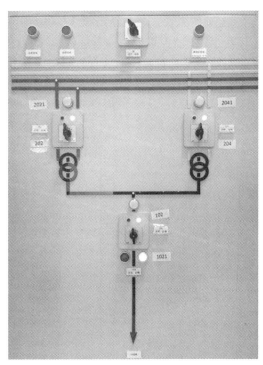

图 5-83 主变压器失压自投后的装置情况

[事件报告]	严重	2021-11-03 10:51:22.607	装置时间	牵引变电所	1号主变测控	1号主变测控	2021-11-03 10:51:22.607 0ms 主变自投成功
[通信变位]	一般	2021-11-03 10:51:56.533	装置时间	牵引变电所	2号主变测控	自投联络(A9)	当前通信状态: "解除"
[事件报告]	严重	2021-11-03 10:51:54.820	装置时间	牵引变电所	2号主变测控		2021-11-03 10:51:54.820 0ms 自投合开关成功 开关号=204
[通信变位]	一般	2021-11-03 10:51:54.820	装置时间	牵引变电所	2号主变测控	204断路器合位	当前通信状态: "合闸"
[通信变位]	严重	2021-11-03 10:30:48.612	装置时间	牵引变电所	2号主变保护	低压侧204断路器位置	当前通信状态: "合"
[通信变位]	一般	2021-11-03 10:51:54.787	装置时间	牵引变电所	2号主变测控	204断路器合位	当前通信状态: "不定"
[通信变位]	一般	2021-11-03 10:51:54.255	装置时间	牵引变电所	2号主变测控	203断路器合位	当前通信状态: "合闸"
[事件报告]	严重	2021-11-03 10:51:54.255	装置时间	牵引变电所	2号主变测控		2021-11-03 10:51:54.255 0ms 自投合开关成功 开关号=203
[通信变位]	严重	2021-11-03 10:45:03.289	装置时间	牵引变电所	2号主变后备保护	低压侧β相断路器…	当前通信状态: "合"
[通信变位]	一般	2021-11-03 10:51:20.912	装置时间	牵引变电所	2号主变测控	自投联络(A9)	当前通信状态: "产生"
[通信变位]	严重	2021-11-03 10:30:48.578	装置时间	牵引变电所	2号主变主保护	低压侧204断路器位置	当前通信状态: "不定"
[通信变位]	一般	2021-11-03 10:51:54.222	装置时间	牵引变电所	2号主变测控	203断路器合位	当前通信状态: "不定"
[通信变位]	严重	2021-11-03 10:45:02.724	装置时间	牵引变电所	2号主变后备保护	低压侧α相断路器…	当前通信状态: "合"
[通信变位]	严重	2021-11-03 10:30:48.137	装置时间	牵引变电所	2号主变测控	低压侧203断路器位置	当前通信状态: "合"
[通信变位]	一般	2021-11-03 10:51:53.657	装置时间	牵引变电所	2号主变测控	102断路器合位	当前通信状态: "合闸"
[通信变位]	一般	2021-11-03 10:51:53.618	装置时间	牵引变电所	2号主变测控	102断路器合位	当前通信状态: "不定"
[通信变位]	一般	2021-11-03 10:51:53.618	装置时间	牵引变电所	2号主变测控	1021隔开合位	当前通信状态: "合闸"
[事件报告]	严重	2021-11-03 10:51:53.690	装置时间	牵引变电所	2号主变测控		2021-11-03 10:51:53.690 0ms 自投合开关成功 开关号=102
[通信变位]	严重	2021-11-03 10:45:02.159	装置时间	牵引变电所	2号主变后备保护	高压侧断路器位置	当前通信状态: "合"
[事件报告]	严重	2021-11-03 10:51:53.618	装置时间	牵引变电所	2号主变测控		2021-11-03 10:51:53.618 0ms 自投合开关成功 开关号=1021
[通信变位]	严重	2021-11-03 10:30:47.572	装置时间	牵引变电所	2号主变主保护	高压侧102断路器位置	当前通信状态: "合"
[事件报告]	严重	2021-11-03 10:51:19.594	装置时间	牵引变电所	1号主变测控		2021-11-03 10:51:19.594 0ms 自投分开关成功 开关号=1011
[通信变位]	一般	2021-11-03 10:51:53.533	装置时间	牵引变电所	1号主变测控	自投联络(A9)	当前通信状态: "产生"
[通信变位]	一般	2021-11-03 10:51:19.591	装置时间	牵引变电所	1号主变测控	1011隔开合位	当前通信状态: "分闸"
[通信变位]	严重	2021-11-03 10:46:47.583	装置时间	牵引变电所	1号主变主保护	重瓦斯1	当前通信状态: "复归"
[事件报告]	严重	2021-11-03 10:46:47.583	装置时间	牵引变电所	1号主变保护		2021-11-03 10:46:47.583 0ms 重瓦斯1返回
[通信变位]	严重	2021-11-03 10:46:47.122	装置时间	牵引变电所	1号主变保护	低压侧201断路器位置	当前通信状态: "分"
[通信变位]	严重	2021-11-03 10:46:47.108	装置时间	牵引变电所	1号主变保护	高压侧101断路器位置	当前通信状态: "分"
[通信变位]	严重	2021-11-03 10:46:47.006	装置时间	牵引变电所	1号主变主保护	重瓦斯1	当前通信状态: "动作"
[通信变位]	严重	2021-11-03 10:46:46.984	装置时间	牵引变电所	1号主变保护	低压侧202断路器位置	当前通信状态: "分"
[故障报告]	紧急	2021-11-03 10:46:47.006	装置时间	牵引变电所	1号主变保护		故障序号: 532 出口时间:2021-11-03 10:46:47.006 报告类型:
[通信变位]	一般	2021-11-03 10:51:16.004	装置时间	牵引变电所	1号主变测控	本侧1号系统主变故障(A12)	当前通信状态: "复归"
[通信变位]	一般	2021-11-03 10:51:49.927	装置时间	牵引变电所	2号主变测控	对侧1号系统主变故障(A10)	当前通信状态: "复归"
[通信变位]	一般	2021-11-03 10:51:15.610	装置时间	牵引变电所	1号主变测控	201断路器合位	当前通信状态: "分闸"
[通信变位]	一般	2021-11-03 10:51:15.591	装置时间	牵引变电所	1号主变测控	101断路器合位	当前通信状态: "分闸"
[事件报告]	严重	2021-11-03 10:46:47.006	装置时间	牵引变电所	1号主变主保护		2021-11-03 10:46:47.006 0ms 重瓦斯1出口

图 5-84 主变压器失压自投后台实时报警信息

8）查看主变压器失压自投事件报告

在 TA21 监控系统中查看进线失压自投事件报告，如图 5-85 所示，从下往上按照事件发生的先后顺序查看进线失压自投事件发生过程。

所属装置：牵引变电所，2号主变测控	
序号	报告内容
1	2021-11-03 10:51:57.831
	0ms 主变自投成功
2	2021-11-03 10:51:54.820
	0ms 自投合开关成功 开关号=204
3	2021-11-03 10:51:54.255
	0ms 自投合开关成功 开关号=203
4	2021-11-03 10:51:53.690
	0ms 自投合开关成功 开关号=102
5	2021-11-03 10:51:53.618
	0ms 自投合开关成功 开关号=1021

图 5-85　主变压器失压自投事件报告

9）设备复归

关闭继电保护测试仪，拆除电压试验线、接地试验线，将保护压板恢复闭合状态，所有工器具恢复到原来位置。

二、进线失压自投预防性试验

1. 任务描述

借助继电保护测试仪在高速铁路牵引变电所保护测控装置上，完成牵引变电所进线失压自投预防性试验项目。要求同学们能够熟练掌握牵引变电所进线失压自投预防性试验项目、方法及标准，同时培养学生在牵引变电所进线失压自投预防性试验中发现问题、处理问题的能力。

2. 知识链接

两套主变测控装置协同工作，完成备自投功能，能够自动识别当前运行方式、自投允许条件、备用电源进线或主变的工作状态和牵引变电所主接线形式，当进线电源失压或主变发生故障时，实现备用电源或备用主变压器的自动投入。

1）系统运行方式识别

TA21 自动化系统的自投功能由两套主变测控装置协同工作、共同完成。两套主变测控装置分别根据下列条件对牵引变电所当前的运行方式进行识别：若一套装置识别出运行方式一，按运行方式一执行自投逻辑，对应的另一套装置将识别出运行方式四，按运行方式四执行自投逻辑；若一套装置识别出运行方式二，按运行方式二执行自投逻辑，对应的另一套装置将识别出运行方式三，按运行方式三执行自投逻辑。定值"3QS 桥隔开热备用"投入时，无论处于何种运行方式，桥隔开都闭合。

（1）运行方式一：本侧进线受电，本侧主变运行。

对侧进线、对侧主变备用条件：1QS、1QF 闭合，3QS 断开，定值"3QS 桥隔开热备用"退出；或满足条件：1QS、1QF 闭合，定值"3QS 桥隔开热备用"投入。

（2）运行方式二：本侧进线受电，对侧主变运行。

对侧进线、本侧主变备用条件：1QS、3QS 闭合，1QF 断开，定值"3QS 桥隔开热备用"退出；或满足条件：1QS 闭合、1QF 断开，定值"3QS 桥隔开热备用"投入。

（3）运行方式三：对侧进线受电，本侧主变运行。

本侧进线、对侧主变备用条件：3QS、1QF 闭合，1QS 断开，定值"3QS 桥隔开热备用"退出；或满足条件：1QS 断开，1QF 闭合，定值"3QS 桥隔开热备用"投入。

（4）运行方式四：对侧进线受电，对侧主变运行。

本侧进线、本侧主变备用条件：1QF、3QS 断开，定值"3QS 桥隔开热备用"退出；或满足条件：1QS、1QF 断开，定值"3QS 桥隔开热备用"投入。

需要注意的是：1QS 只能接进线隔离开关，1QF 只能接高压侧断路器、3QS 只能接桥隔离开关，变电所主接线图见图 5-78。

2）备自投工作逻辑

两套装置按当前牵引变电所的运行方式，在检测到电源失压信号或主变故障信号后，根据定值条件，完成备用进线或备用主变的自动投入。电源失压信号由本侧或对侧的 WBH-892H 主变后备保护装置提供，主变故障信号由本侧或对侧的 WBH-892Z 主变主保护装置提供。

备自投动作序列所遵循的总原则是：先合隔离开关，后合断路器；先分断路器，后分隔离开关；先合高压侧开关，后合低压侧开关；先分低压侧开关，后分高压侧开关。在执行备自投逻辑时，若出现开关不能正常断开/闭合、联络信号故障等情况，将自动中断备自投逻辑，并给出相应的信息。

3）定值约束性条件

为防止两路进线可能发生短路，与自投相关的如下定值存在约束性，如果为满足要求，将禁止自投。

（1）定值"3QS 桥隔开热备用"投入与定值"控制 3QS 桥隔开"投入只能投入其中之一。

（2）定值"3QS 桥隔开热备用"投入与定值"自投分闸 1QS 进行隔离开关"退出，互为约束。

（3）定值"主变故障自投倒交叉"方式与定值"自投分闸 1QS 进行隔离开关"退出，互为约束。

（4）定值"进线失压自投倒交叉"方式与定值"自投分闸 1QS 进行隔离开关"退出，互为约束。

4）跨条隔离开关设定

跨条隔离开关可由任一测控装置控制，当跨条隔离开关由某个测控装置控制时，就在这个装置的定值中，投入定值"控制 3QS 桥隔开"，而在另一个测控装置的定值中，退出"控制 3QS 桥隔开"。

如果跨条隔离开关不进入自投逻辑，且运行过程中都处于闭合位，则需投入定值"3QS 桥隔开热备用"，同时退出定值"控制 3QS 桥隔开"。

3. 工作实施

1）试验准备

试验前需要准备继电保护测试仪及说明书、电源线、电压试验线、开关量试验线、线夹等，见图 5-4。

2）试验接线

试验接线时需要用两组电压试验线，第一组电压试验线的黄线、绿线、红线、黑线，分别将继电保护测试仪上的 UA、UB、UC、UN 端子分别与 1 号主变压器馈线保护测控屏端子排上的 220 kV 电压进线端子 1D41、1D48、1D55、1D62 进线连接，具体连接情况如图 5-79（a）所示。第二组电压试验线的黄线、绿线、红线、黑线，分别将继电保护测试仪上的 UA、UB、UC、UN 端子分别与 2 号主变压器馈线保护测控屏端子排上的 220 kV 电压进线端子 1D41、1D48、1D55、1D62 进线连接，具体连接情况如图 5-79（b）所示。

3）确认 1 号进线、2 号进线运行状态

进行进线失压自投试验前，确认两套系统进线运行情况。将 1 号主变测控屏上的进线投入运行，2 号主变测控屏上的进线退出运行，如图 5-80 所示。

4）进行试验操作

检查接线无误后即可进行试验操作。试验时，先将继电保护测试仪选择进入 6U 模式，将 UA、UB、UC、Ua、Ub、Uc 电压均设置为 57.7 kV。UA、UB、UC 选择变步长，步长设置为 1 V；Ua、Ub、Uc 选择步长不变。试验方式选择手动后启动继电保护测试仪，电压初始值设置情况见图 5-81。

5）投入保护压板

为防止主变因失压保护启动跳闸，在继电保护测试仪启动后，在后台 TA21 监控系统中投入 1 号变压器失压保护压板。失压保护压板投退情况如图 5-86 所示。

	106	保护压板|高压侧B相过负荷Ⅱ段	退出
	107	保护压板|高压侧C相过负荷Ⅱ段	退出
	108	保护压板|零序过电流	退出
	109	保护压板|失压	投入
	110	保护压板|低压侧α相过电压	退出
	111	保护压板|低压侧β相过电压	退出
	112	保护压板|过电流低压启动(Uα,Uβ)	退出
	113	保护压板|高压侧PT断线	退出

图 5-86　1 号主变失压保护压板投入

6）继续进行试验

1 号主变保护测控屏上的失压保护投入后，继续操作继电保护测试仪，逐步手动降低 1 号进线电压，直到保护装置上的失压保护启动断路器跳闸动作后停止降低电压。此时继电保护测试仪上的电压值如图 5-87 所示，1 号、2 号主变保护测控屏动作后的情况如图 5-88 所示。

进线失压自投成功后，1 号主变测控屏上的开关设备由运行状态转换为退出状态，2 号主变测控屏上的开关设备由备用状态转换为运行状态。

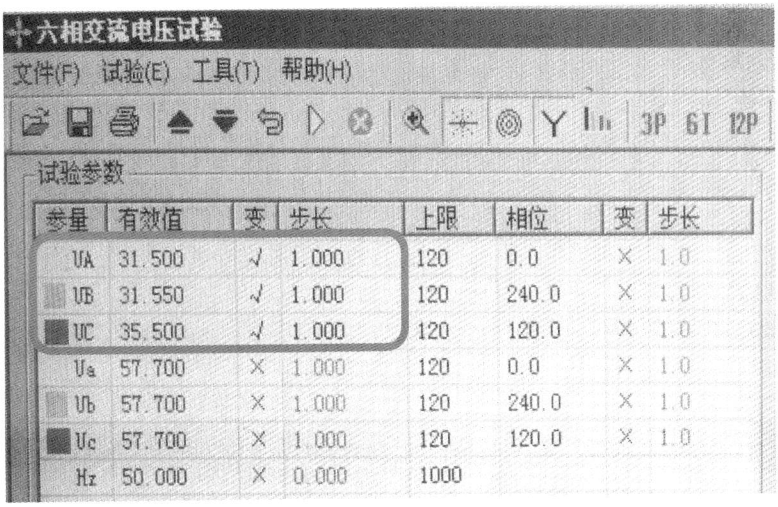

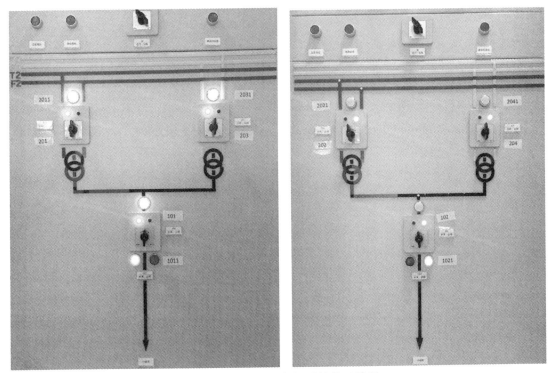

图 5-87 保护装置动作时继保仪上 1 号进线电压值

图 5-88 进线失压自投后的装置情况

7）查看实时报警信号

进线失压自投成功后，在 TA21 监控系统后台机上查看对应的实时报警信息，如图 5-89 所示。从报警信息中可以看出，自投启动后，先退 1 号系统中的 201、202、101 断路器，再退 1011 隔离开关，2 号系统中的 1021 隔离开关、102、203、204 断路器依次投入，完成进线自投。

8）查看进线失压自投事件报告

在 TA21 监控系统中查看进线失压自投事件报告，如图 5-90 所示，从下往上按照事件发生的先后顺序查看进线失压自投事件发生过程。

报警类型	级别	报警时间	时间来源	报警对象	报警内容
[事件报告]	严重	2021-11-03 10:46:36.202	装置时间	牵引变电所|2号主变测控	2021-11-03 10:46:36.202 0ms 进线自投成功
[事件报告]	严重	2021-11-03 10:46:00.975	装置时间	牵引变电所|1号主变测控	2021-11-03 10:46:00.975 0ms 进线自投成功
[遥信变位]	一般	2021-11-03 10:46:34.904	装置时间	牵引变电所|2号主变测控|自投联络(A9)	当前遥信状态："解除"
[遥信变位]	严重	2021-11-03 10:46:00.976	装置时间	牵引变电所|1号主变测控|自投	当前遥信状态："动作"
[遥信变位]	一般	2021-11-03 10:46:33.191	装置时间	牵引变电所|2号主变测控|204断路器合位	当前遥信状态："合闸"
[事件报告]	严重	2021-11-03 10:46:33.191	装置时间	牵引变电所|2号主变测控	2021-11-03 10:46:33.191 0ms 自投合开关成功 开关号=204
[遥信变位]	一般	2021-11-03 10:46:33.158	装置时间	牵引变电所|2号主变测控|204断路器合位	当前遥信状态："不定"
[遥信变位]	一般	2021-11-03 10:46:32.626	装置时间	牵引变电所|2号主变测控|203断路器合位	当前遥信状态："合闸"
[遥信变位]	严重	2021-11-03 10:39:41.660	装置时间	牵引变电所|2号主变后备保护|低压侧β相断路器…	当前遥信状态："合"
[遥信变位]	严重	2021-11-03 10:25:26.983	装置时间	牵引变电所|2号主变主保护|低压侧204断路器位置	当前遥信状态："合"
[遥信变位]	一般	2021-11-03 10:45:59.281	装置时间	牵引变电所|1号主变测控|自投联络(A9)	当前遥信状态："产生"
[事件报告]	严重	2021-11-03 10:46:32.626	装置时间	牵引变电所|2号主变测控	2021-11-03 10:46:32.626 0ms 自投合开关成功 开关号=203
[遥信变位]	严重	2021-11-03 10:25:26.956	装置时间	牵引变电所|2号主变主保护|低压侧204断路器位置	当前遥信状态："不定"
[遥信变位]	一般	2021-11-03 10:46:32.593	装置时间	牵引变电所|2号主变测控|203断路器合位	当前遥信状态："不定"
[遥信变位]	严重	2021-11-03 10:39:41.095	装置时间	牵引变电所|2号主变后备保护|低压侧α相断路器…	当前遥信状态："合"
[遥信变位]	一般	2021-11-03 10:46:32.061	装置时间	牵引变电所|2号主变测控|102断路器合位	当前遥信状态："合闸"
[遥信变位]	一般	2021-11-03 10:46:32.028	装置时间	牵引变电所|2号主变测控|102断路器合位	当前遥信状态："不定"
[遥信变位]	严重	2021-11-03 10:25:26.508	装置时间	牵引变电所|2号主变主保护|低压侧203断路器位置	当前遥信状态："合"
[事件报告]	严重	2021-11-03 10:46:32.061	装置时间	牵引变电所|2号主变测控	2021-11-03 10:46:32.061 0ms 自投合开关成功 开关号=102
[遥信变位]	一般	2021-11-03 10:46:31.990	装置时间	牵引变电所|2号主变测控|1021隔开合位	当前遥信状态："合闸"
[事件报告]	严重	2021-11-03 10:46:31.990	装置时间	牵引变电所|2号主变测控	2021-11-03 10:46:31.990 0ms 自投合开关成功 开关号=1021
[事件报告]	严重	2021-11-03 10:45:57.963	装置时间	牵引变电所|1号主变测控	2021-11-03 10:45:57.963 0ms 自投分开关成功 开关号=1011

图 5-89 A 相比率差动保护试验故障报告信息

2021-11-03 10:23:02.342

0ms 进线自投成功

2021-11-03 10:22:59.331

0ms 自投合开关成功 开关号=204

2021-11-03 10:22:58.766

0ms 自投合开关成功 开关号=203

2021-11-03 10:22:58.201

0ms 自投合开关成功 开关号=102

2021-11-03 10:22:58.130

0ms 自投合开关成功 开关号=1021

图 5-90 进线失压自投事件报告

9）设备复归

关闭继电保护测试仪，拆除电压试验线、电流试验线、开关量试验线，将保护压板恢复闭合状态，所有工器具恢复到原来位置。

三、馈线自动重合闸预防性试验

1. 任务描述

借助继电保护测试仪，在高速铁路牵引变电所保护测控装置上，完成牵引变电所馈线自动重合闸预防性试验项目。要求同学们能够熟练掌握牵引变电所馈线在瞬时性故障和永久性故障情况下的预防性试验项目、方法及标准，同时培养学生在牵引变电所馈线自动重合闸预防性试验中发现问题、处理问题的能力。

2. 知识链接

重合闸充电：当断路器处于合位时，启动重合闸充电计时器，充电延时到后，开启重合闸功能。当断路器处于分位时，重合闸充电计时器清零。

大电流闭锁重合闸：具有大电流闭锁功能，该功能可以投退，当大电流闭锁重合闸功能投入且电流大于整定值时，闭锁重合闸功能，判定为无重合闸。

永久性故障闭锁重合闸：具有永久性故障闭锁功能，该功能可以投退。当该功能投入时，检测到外部开入信号 YJGZ（永久性故障）时（高电平），闭锁重合闸功能，判定为无重合闸。

检有压：当检有压功能投入时，如果无压，则闭锁重合闸，判定为无重合闸。此功能仅在"安装位置"整定为"分区所"时有效。

后加速功能：当保护装置跳闸并发出重合闸命令后，若在 1 s 内检测到故障（保护元件启动），则发出跳闸命令，判定为重合闸失败；若在 1 s 内检测不到故障（保护元件不启动），则判定为重合闸成功。

重合闸功能原理框图如图 5-91 所示。

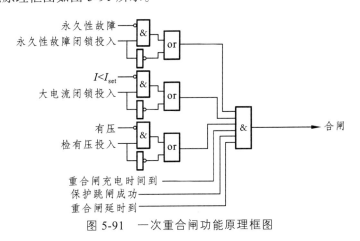

图 5-91　一次重合闸功能原理框图

3. 工作实施

1）试验准备

试验前需要准备继电保护测试仪及说明书、电源线、电流试验线、电压试验线、开关量试验线、线夹、馈线保护测控屏图纸、TA21 监控系统说明书等。

2）试验接线

自动重合闸装置是在馈线保护装置动作引起断路器跳闸后，按照控制开关（合位）与实际断路器（分位）的位置不对应原则来实现的。馈线电流速度保护、过电流保护、电流增量保护、距离保护中的任何一个保护动作，都可以启动重合闸装置，本次试验以馈线电流速断保护为例进行试验，试验接线同馈线电流速断保护。

3）确认馈线测控保护屏运行状态

进行馈线重合闸预防性试验前，需要确认馈线断路器在合位，重合闸投入指示灯亮绿灯，重合闸充电指示灯亮绿灯，如图 5-92 所示。

图 5-92　馈线测控屏运行状态

4）进行馈线重合闸试验操作

投入重合闸试验对应馈线断路器的电流速断保护压板，在相应断路器的测控装置查看电流速断保护整定值，完成电流速断保护试验接线。重合闸预防性试验分瞬时性故障和永久性故障两种情况进行。

瞬时性故障时的重合闸预防性试验：设置电流初始值，初始值应低于电流整定值；设置步长，初始值加步长需大于整定值。启动继电保护测试仪，手动增加一次电流后，保护装置启动断路器跳开，重合闸装置启动；手动降低一次电流值，断路器在重合闸装置作用下重新合闸。试验操作过程如图 5-93 所示。

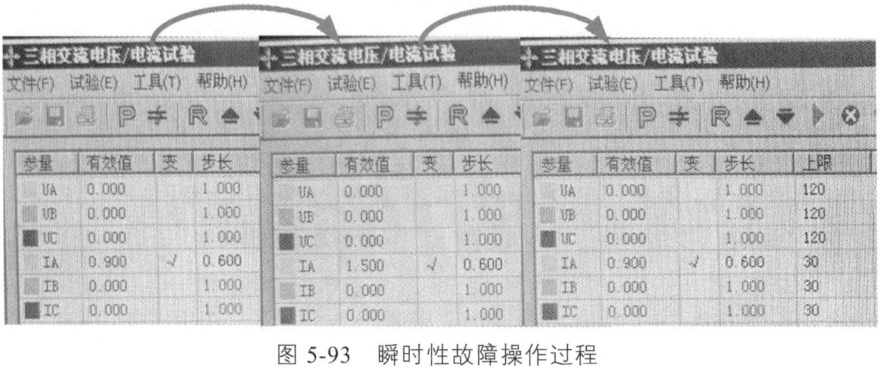

图 5-93　瞬时性故障操作过程

　　永久性故障时的重合闸预防性试验：设置电流初始值，初始值应低于电流整定值；设置步长，初始值加步长需大于整定值。启动继电保护测试仪，手动增加一次电流后，保护装置启动断路器跳开，重合闸装置启动；手动降低一次电流值，断路器在重合闸装置作用下重新合闸；再次手动增加一次电流，此时电流速断保护再次启动将断路器跳开，当再次手动操作降低电流值时，因电容未完成充电而重合闸就绪指示灯不亮，不会再次启动重合闸，从而保证重合闸装置只动作一次。试验操作过程如图 5-94 所示。

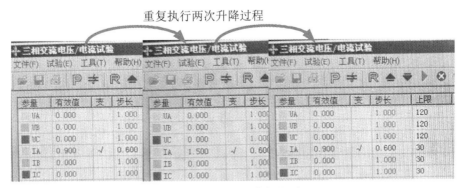

图 5-94　永久性故障操作过程

5）查看实时报警信号

　　重合闸试验完成后，在 TA21 监控系统上可以查看相应的实时报警信息，如图 5-95、图5-96 所示。

图 5-95　永久性故障时的重合闸报告信息

报警内容	
当前遥信状态："复归"	
故障序号: 950 出口时间:2024-03-11 11:03:52.430 报告类型:馈线保护测控装置 断路器号:213 故障动作:过电流,重合闸成功 U:0.00V 对侧母线..	
当前遥信状态："合闸"	
2024-03-11 11:03:54.257 0ms 过电流返回 I=0.94A 2024-03-11 11:03:54.430 0ms 重合闸出口	
当前遥信状态："合闸"	
2024-03-11 10:47:29.869 0ms 下行外启动返回	
当前遥信状态："复归"	
当前遥信状态："分闸"	
当前遥信状态："分闸"	
2024-03-11 11:03:52.430 0ms 过电流出口 I=1.10A 2024-03-11 11:03:52.430 0ms 保护出口	
2024-03-11 10:47:28.056 0ms 下行外启动出口	
2024-03-11 10:47:28.046 0ms 下行外启动	
当前遥信状态："动作"	
当前遥信状态："动作"	
2024-03-11 11:03:52.330 0ms 过电流启动 I=1.06A	

图 5-96　瞬时性故障时的重合闸报告信息

6）查看重合闸事件报告

在 TA21 监控系统中查看重合闸事件报告，如图 5-97、图 5-98 所示，从下往上按照事件发生的先后顺序查看重合闸事件发生过程。

所属装置：牵引变电所，213馈线保护测控

报告条目	条目内容
故障序号	943
出口时间	2024-03-11 10:48:20.331
报告类型	馈线保护测控装置
断路器号	213
故障动作	过电流,重合闸成功
U	0.00V
对侧母线电压	0.00V
UF	0.00V
I	1.10A

图 5-97　瞬时性故障时的重合闸事件报告

所属装置：牵引变电所，213馈线保护测控

报告条目	条目内容
故障序号	944
出口时间	2024-03-11 10:48:22.403
报告类型	馈线保护测控装置
断路器号	213
故障动作	过电流,重合闸后加速
U	0.00V
对侧母线电压	0.00V
UF	0.00V
I	1.10A

图 5-98　永久性故障时的重合闸事件报告

7）设备复归

关闭继电保护测试仪，拆除电流试验线、开关量试验线，恢复压板状态，整理工器具并归位。

【思政故事·人物】

"拼"字当头的电力女强人——全国劳模高兆丽

她很平凡，是基层一线的一名普通员工；她不平凡，在基层岗位上兢兢业业、勇于创新，靠着特有的拼劲、韧劲，把每一项工作都努力做到出色。

从 1998 年 10 月进入电力系统工作以来，高兆丽从事继电保护相关工作已有 20 多年，20 多年如一日的坚守，让她从一名普通的继电保护人员成长为全国电力行业继电保护专业领军人才。

靠着拼劲、韧劲、闯劲，她在平凡的岗位上实现了一项又一项突破，用心守护着万家灯火。带着梦想和对工作的热爱，高兆丽养成了多干多思、勤学好问的习惯，每个问题都要追根溯源、弄懂弄透，因为她深知继电保护工作的每一个问题都马虎不得，也因为她有着严谨求实的学习习惯，直到现在，高兆丽的工作服口袋里还一直揣着一个笔记本，用来记录现场工作中的遗留问题和刚刚获取的新知识。

秉承"在工作中发现问题，在创新中解决问题"的理念，在高兆丽的引领下，2010 年 1 月，一支创新团队在继电保护班自发成立。他们以提高检修专业化和班组管理精细化为导向，致力于全面提升班组员工的创新思想、创新能力，注重培育创新文化，促进成果转化。

2010 年 5 月，济南供电公司在变电检修室成立了以高兆丽命名的劳模创新工作室。随着创新工作的发展，技术过硬、创新能力突出的优秀人才汇聚成一个创新团队，现在"高兆丽劳模创新工作室"已发展成为集员工实训、科技创新、成果推广等多功能为一体的综合平台。

工作室坚持"创新+实训"的工作模式，所有进入工作室的员工必须先接受为期一年的检修专业技能实训。培训内容林林总总，涵盖了钳工基本技能、二次接线培训、110 kV SF$_6$ 断路器检修、母差保护定检、配变吊罩检修、主变压器交接试验等变电检修各专业的基本技能。

从 2010 年至今，"高兆丽劳模创新工作室"，先后有 35 项质量管理、创新成果获得市公司及以上级别奖励，其中 5 项成果获得全国优秀质量管理成果奖；获授权实用新型专利 70 余项，获授权发明专利 3 项；在国内各大知名期刊、会议上发表专业论文 40 余篇；26 项成果获得山东电力科学技术奖。这些成绩的取得离不开工作室完善的创新成果转化机制，离不开高兆丽的先锋引领。

在高兆丽身上，我们看到了什么是奉献、什么是成功，读懂了身为一名电力人的义务和责任，更读懂了在基层岗位怎样才能成长成才。

记得有人问她说："你在继电保护岗位上一干就是十几年，你是怎样坚持下来的呢？"

她却笑着回答道："因为我在这里找到了自己的人生位置，这就是最适合我自己的工作岗位。"是啊，正是靠着对电力事业的执着追求，对电力事业的执业精神，多年来，她扎根基层、无私奉献；她勤奋学习、努力工作；她任劳任怨、踏踏实实；她一丝不苟、精益求精；她岗位成才、实现价值。

如果说，我们的生活就像一首宏伟的交响曲，那么，高兆丽则像乐谱上的音符。尽管音符是那样的微小，那样的普通，可她却在自己特定的位置上发出了悦耳的音响。

梅开独显天下春，花中气节最高坚。高兆丽，正如一株傲霜的寒梅，在历经冰雪后迎春怒放。

上善若水，润物无声，无私奉献，精益求精，她就是一名"电网卫士"，以深厚的专业素养和执着的信念保卫着电网安全！

参考文献

[1]　王秋红，舒玉平，唐顺志. 电力系统继电保护及自动装置.中国电力出版社，2023.
[2]　王艳，杨利水. 电力系统继电保护与自动装置.北京：中国电力出版社，2022.
[3]　韩绪鹏，李含霜. 电力系统自动装置.武汉：华中科技大小出版社，2015.
[4]　丁书文. 变电站综合自动化原理及应用. 2 版. 北京：中国电力出版社，2010.
[5]　路文梅. 变电站综合自动化技术. 3 版. 北京：中国电力出版社，2012.
[6]　孙淼洋. 铁路供电继电保护原理及应用. 成都：西南交通大学出版社，2015.
[7]　陈小川. 铁路供电继电保护与自动化. 北京：中国铁道出版社，2010.
[8]　陈奇志. 铁路供电调度自动化与信息化. 北京：中国铁道出版社，2013.
[9]　郭光荣. 电力系统继电保护. 北京：高等教育出版社，2006.
[10]　谭秀炳. 铁路电力与牵引供电系统继电保护. 5 版. 成都：西南交通大学出版社，2023.
[11]　张保会，尹项根. 电力系统继电保护. 北京：中国电力出版社，2005.
[12]　张晓春. 变电站综合自动化. 北京：高等教育出版社，2006.
[13]　丁书文. 变电站综合自动化现场技术. 北京：中国电力出版社，2008.
[14]　丁书文. 电力系统自动装置原理. 北京：中国电力出版社，2007.
[15]　杨新民，杨隽琳. 电力系统微机保护培训教材. 北京：中国电力出版社，2008.